북한의
관광산업

현대사총서 064

북한의 관광산업

초판 1쇄 발행   2022년 2월 28일

지은이	장영주
펴낸이	윤관백
펴낸곳	도서출판 **선인**

등 록	제5-77호(1998.11.4)
주 소	서울시 마포구 마포대로 4다길 4(마포동 324-1) 곳마루 B/D 1층
전 화	02) 718-6252 / 6257
팩 스	02) 718-6253
E-mail	sunin72@chol.com

정가   26,000원
ISBN   979-11-6068-693-7   93320

· 잘못된 책은 바꿔 드립니다.
· www.suninbook.com

현대사총서 064

NORTH KOREA'S TOURISM INDUSTRY

북한의
관광산업

장영주 지음

도서출판 선인

관광은 각기 다른 세계와 국가, 지역에 살고 있는 사람들을 연결하고 상호 이해의 과정과 치유의 공간을 제공해 주는 마력을 가지고 있다. 때로는 적대적 관계에 놓여 있던 국가 간에도 관광이라는 매개를 통해 상대의 입장에서 이해해 볼 수 있는 계기를 마련해 주기도 한다.

필자는 신입사원 시절 북한의 금강산을 긴장된 마음으로 사전답사하고, 이후에도 허영호 산악대장과 기업의 연구원들과 함께 재방문한 적이 있다. 북한의 소위 '고난의 행군' 시기가 마무리 되어 가고 '우리 민족 제일주의'의 기치 아래 남북한 간 관광협력이 시작되던 김정일 정권 무렵이었다. 비록 제한된 시간과 공간에서 진행된 북한 관광이었지만 북한에 삶의 뿌리를 두고 있는 사람들과의 순수한 접촉 경험은 우리가 적대적 시각에서 살아온 수십 년의 세월을 뛰어넘어 상호 이해와 공감이 가능한 동시대인이라는 것을 느끼게 해 주었다. 향후 북한의 세계를 향한 관광개방은 진영의 문제를 넘어 우리 민족의 삶에 지대한 영향을 끼칠 것이다.

북한은 '관광'의 개념을 "다른 지방이나 다른 나라의 자연풍경, 명승

고적, 인민경제의 발전 면모, 역사유적 등을 구경하는 것"이라고 개념
짓고 그들만의 독특한 사회주의 관광정책을 추진해 왔다. 북한의 역
대 지도자들은 오랜 기간 국제사회의 제재로 인해 국가 내에서 스스
로 작동하는 자립경제가 유일한 해법이라고 확신하고 이러한 노선을
견지해 왔는데, 이 과정에서 북한은 사회주의 자립경제 체제의 우월
성과 주체사상을 선전하는 정치적 역할을 관광산업에 부여해 왔다.
따라서 자체의 힘으로 사회주의 자립경제를 건설하고 이를 실현하기
위해 중공업 부문을 우선 발전시켜왔던 북한의 전략은 관광산업 발전
에 투자할 필요성과 여력을 상실하게 되었다. 북한에게 있어 개혁개
방과 사회주의 관광정책은 동전의 양면처럼 접점을 찾을 길 없는 운
명이었다.

　반면, 체제전환기 사회주의 국가들은 비교적 단기간에 급성장할 가
능성이 높은 관광산업을 우선적으로 육성하면서 경제개방과 함께 외
화수입을 창출하고자 하는 경향을 보였다. 실제 이 책에서는 이들 국
가들이 관광개방을 통해 해외자본 유입을 촉진하여 사회주의권 붕괴
로 발생한 경제위기를 극복하는 과정을 소개하고 있다.

　북한은 이러한 시대 변화의 흐름에 동참하지 않았고 김정은 시기에
이르러 조금씩 변화의 조짐을 보이고 있다. 즉 사회주의 관광산업의
정치적 역할을 뛰어넘어 경제와 산업으로서의 관광 본연의 모습이 나
타나고 있다. 북한은 전 세계를 대상으로 관광의 문호를 열고자 기존
의 인식을 뛰어넘는 관광상품을 개발하고 관광인프라 개선을 위해 자
체의 국가재정과 인력을 동원하고 있다. 이러한 변화 징후 속에서 중
국과 서방세계로부터 관광수입을 창출할 수 있다는 기대와 자신감을
볼 수 있다. 어쩌면 그들은 관광을 통해 내부 문제의 해법을 찾고 세
계와 통하는 접점을 발견할 수 있지 않을까?

　이 책은 북한의 변화를 추동하는 관광산업의 등장에 주목하고 김일성, 김정일, 김정은 시기별 변화와 지속성을 도출하는 데 주안점을 두고 있다. 이를 위해 우선 관광의 기본 개념과 역할에 대해 살펴보고, 관광에 대한 북한의 인식과 현실을 다룬다. 이어서 북한과 대비되는 사회주의 국가들의 관광개방 사례를 제시하고, 북한이 이들 대열에 동참하지 못하게 된 원인인 북한의 경제발전 이데올로기와 사회주의 관광산업 정책을 고찰한다. 궁극적으로는 김일성, 김정일, 김정은 시기로 이어지는 지도자들의 관광인식과 인식의 지속성 및 변화를 분석하고 있다.

　이 책은 북한이 김정은 시기 들어 이념관광에서 실리관광으로 전환하고 있으며, 이는 사회주의 경제 이데올로기의 한계와 그 대안 찾기의 과정이라고 본다. 또한 북한의 관광산업이 북한의 개방과 낙후된 제조업을 살리는 마중물 역할을 할 수 있으리란 조그만 기대를 담고 있다. 북한이 코로나19 사태로 인해 국경을 닫아 버림으로써 북중 간 관광교류마저 단절된 현실이지만 언제고 이 인류적 재앙이 해결의 실마리를 찾는다면 북한도 다시 세계를 향해 관광의 문을 열 것으로 기대한다.

　이 책이 출간되는 데는 여러 은인들의 관심과 격려가 큰 힘이 되었기에 이를 감사해 하며 항상 기억하고자 한다.

　정신적 지주이자 이제는 작고하신 부모님, 자애로우신 장모님, 언제나 적극적으로 응원해 준 사랑하는 아내 혜린, 원균과 희원 아리동동 남매에게 고마움을 전한다. 논문의 처음과 끝을 함께해 주셨던 지도교수이신 동국대학교 북한학과 김용현 교수님, 연구 과정에서의 난제와 그 해법을 함께 고민해 주시고 용기를 주신 박순성 교수님, 김정일 시기 우리민족제일주의와 남북관광협력을 접목한 연구를 제시해 주신 통일부 통일연구원 고유환 원장님, 언제나 논문의 긍정적인 면을 먼저 봐 주신 서울대학교 이정철 교수님, 마지막까지 엄격하고 꼼꼼하게 보완점을 제시해 주신 북한대학원대학교 양문수 교수님께 진심으로 감사함을 전하고자 한다. 이와 더불어 연구 과정상에 많은 도움을 주신 세종연구소 정성장 교수님, 동국대학교 김일한 교수님, 한승호 박사님에게도 고마움을 표한다.

그리고 원고의 출판을 흔쾌히 허락해 주신 도서출판 선인 윤관백 대표님, 일정에 쫓긴 원고 내용과 표지를 꼼꼼하게 챙겨 주신 임직원분들께도 진심어린 감사를 전한다.

이 책을 통해 북한의 사회주의 관광산업과 시대별 변화 과정을 이해하는 데 작게나마 기여하기를 기대한다. 또한 김정은 시기의 관광정책과 북한 관광산업의 향후 변화 방향을 전망하는 데 도움이 되기를 바란다.

2022년 2월

장 영 주

차 례

· 머리말 / 5

제1장 왜 북한의 관광산업인가   19

제1절 앞선 북한관광 연구들 살펴보기   21
제2절 북한의 관광산업 살펴보기: 범위와 방법   28

제2장 사회주의 관광개방과 북한의 인식   33

제1절 관광의 개념과 관광산업의 역할 이해   33
   1. 경제발전과 관광산업의 상관성   33
   2. 북한의 관광인식과 현실   43
제2절 사회주의 국가들의 관광개방과 북한   52
   1. 탈냉전과 관광개방   52
   2. 사회주의 쿠바의 관광개방과 경제발전   59
   3. 사회주의 베트남의 관광개방과 경제발전   74

제3절 북한의 경제발전 이데올로기와 관광산업정책　　　　　　86

　　1. 북한의 사회주의 경제발전론: 내용과 한계　　　　　　　86

　　2. 자본주의와 사회주의 관광산업의 비교우위 담론　　　　103

제3장　김일성 시기의 관광정책 고찰　　　　　　　113

제1절 전기 김일성 시기 관광정책 전개(1953~1984년)　　　114

　　1. 사회주의 관광산업의 등장　　　　　　　　　　　　114

　　2. 사회주의 국가 간 연대성 관광 추진　　　　　　　　　117

제2절 후기 김일성 시기 관광정책 전개(1984~1994년)　　　121

　　1. 서방자본의 북한 관광투자 허용: 합영법의 성과와 한계　　121

　　2. 국가관광총국 개편과 세계 관광시장 진출　　　　　　　128

　　3. 고난의 행군을 초래한 평양 세계청년학생축전과 무료관광 실시　　133

　　4. 제한적 관광개방 실험: 나진·선봉 자유경제무역지대 성과와 한계　　141

제4장　김정일 시기의 관광정책 고찰　　　　　　　151

제1절 전기 김정일 시기 관광정책 전개(1991~1998년)　　　152

　　1. 체제위기와 관광 빗장 닫기　　　　　　　　　　　　152

　　2. 북한 예술작품에 반영된 고난의 행군기의 관광개방 논쟁　　157

제2절 후기 김정일 시기 관광정책 전개(1998~2011년)　　　164

　　1. 우리민족제일주의의 등장과 남북한 민족공조 전개　　　164

　　2. 남북관광협력을 통한 체제·경제위기 돌파　　　　　　170

　　3. 남북관광협력 중단의 대안 찾기: 북중 관광협력　　　　175

제5장 김정은 시기의 관광정책 변화 고찰   187

제1절 이념관광(정치)에서 실리관광(경제)로의 전환기   187
1. 사회주의 이데올로기의 한계와 대안 찾기   187
2. 세계를 향한 북한관광 빗장 열기   195
제2절 지역개발과 함께하는 관광산업전략   211
1. 경제개발구를 통한 지역별 관광개방   211
2. 관광개방의 상징 거점: 원산-금강산국제관광지대   225
3. 원산-금강산국제관광지대의 경제적 파급효과 분석(사례)   242
4. 자립경제식 관광개발 병행: 삼지연시 건설   254

제6장 마무리하며   263

제1절 김일성, 김정일, 김정은 시기의 관광정책 변화와 지속성 분석   263
제2절 요약 및 정책적 함의   266

· 참고문헌 / 273
· 찾아보기 / 285

표/그림 차례

| 표 |

〈표 1-1〉 필자의 관점 ·· 21
〈표 2-1〉 관광산업의 기본 특징 ·· 37
〈표 2-2〉 여행 및 관광의 경제적 기여(2015~2017) ················· 39
〈표 2-3〉 관광자원에 대한 학자별 개념 정의 ························ 44
〈표 2-4〉 일반적인 관광자원의 분류 ···································· 46
〈표 2-5〉 북한의 관광자원 분류 ··· 48
〈표 2-6〉 구사회주의 국가들의 관광객 수 및 관광수입 변화 ······ 57
〈표 2-7〉 쿠바의 대소련 및 동유럽 무역의존도 ···················· 60
〈표 2-8〉 쿠바의 식량수입 현황(1989~1996) ························ 61
〈표 2-9〉 미국의 대쿠바 주요 제재 조치 ····························· 61
〈표 2-10〉 쿠바의 경제 현황(1989~1993) ···························· 62
〈표 2-11〉 쿠바의 관광객 수 및 관광수익(1990~1999) ·············· 65
〈표 2-12〉 주요국별 쿠바 방문 관광객 수(2016) ···················· 68
〈표 2-13〉 쿠바의 관광객 유치 현황(2012~2017) ···················· 69
〈표 2-14〉 도이머이정책 실시 이후의 경제적 성과 ················· 78
〈표 2-15〉 베트남의 해외 공적개발원조 부문별 집행액(1993~2007) ······ 80
〈표 2-16〉 여행 및 관광의 경제적 기여(베트남) ···················· 82
〈표 2-17〉 북한의 자립-개방론의 변화: 독립과 상호의존의 대상 변화 ········ 91

〈표 2-18〉 북한의 공업건설 투자 구성 비율 ························· 100

〈표 2-19〉 자본주의-사회주의 체제 간 관광산업 차이점 ············· 106

〈표 3-1〉 김일성 시기의 관광인식 변화 ························· 114

〈표 3-2〉 김일성 주석의 관광 비판 ························· 116

〈표 3-3〉 1950~1970년대 관광단과 관광유형, 관광대상 ············· 119

〈표 3-4〉 제13차 세계청년학생축전을 위한 북한의 주요 시설 ········ 136

〈표 3-5〉 나진·선봉 자유경제무역지대 관광규정 주요 내용 ·········· 145

〈표 3-6〉 두만강지역의 외국인 직접투자 유치 ················· 146

〈표 3-7〉 북한방문 외국인 수와 총 경비지출 ················· 147

〈표 4-1〉 김정일 시기의 관광인식 변화 ····················· 152

〈표 4-2〉 북한의 경제성장률(1987~2002) ····················· 153

〈표 4-3〉 북한의 대중국 곡물 수입량(1995~2010) ··············· 154

〈표 4-4〉 북한의 쌀, 옥수수 생산량(1989~1997) ··············· 154

〈표 4-5〉 금강산관광사업의 주요 연혁 ····················· 171

〈표 4-6〉 금강산 관광객 수 ····························· 173

〈표 4-7〉 금강산 관광사업의 북한 측 경제적 파급효과 ············ 175

〈표 4-8〉 탈냉전기 북한의 대중국 교역 규모 추이 ·············· 177

〈표 4-9〉 2012년 중국 관광객을 통한 북한 외화 수입규모 추정 ······· 178

〈표 4-10〉 금강산관광과 북중 관광협력을 통한 북한 외화수입 규모 비교 ······· 178

〈표 4-11〉 방북 외국 관광객 수 ························· 182

〈표 5-1〉 북한의 산업구조 ····························· 189

〈표 5-2〉 북한의 경제활동별 국내총생산 추이 ················· 191

〈표 5-3〉 북한의 관광목적과 관광대상 ····················· 199

〈표 5-4〉 김정은 체제 등장 전후부터 새로 선보인 관광상품 ········· 200

〈표 5-5〉 평양지구의 관광유형과 상품 ····················· 202

〈표 5-6〉 북한 국가관광총국 공식 홈페이지 '조선관광'의 제공 상품 ······· 207

〈표 5-7〉 남북관광 협력의 SWOT 분석 ····················· 209

〈표 5-8〉 북한의 특수경제지대 조직 및 역할 ················· 212

〈표 5-9〉 경제개발구 유형 ····························· 214

〈표 5-10〉 북한의 경제개발구 세부 소요 비용 추산 ································ 219

〈표 5-11〉 북한의 관광특구 및 관광개발구 현황 ································ 223

〈표 5-12〉 북한의 관광개발구 유형 ·· 224

〈표 5-13〉 원산-금강산국제관광지대 대상지 현황 ······························ 232

〈표 5-14〉 원산-금강산국제관광지대 개발 단계 ································ 235

〈표 5-15〉 원산-금강산국제관광지대 영역별 투자 요청 현황 ··················· 235

〈표 5-16〉 원산-금강산국제관광지대 투자대상시설 ···························· 236

〈표 5-17〉 원산-금강산국제관광지대 투자방식 분류 ·························· 239

〈표 5-18〉 산업연관표상의 건설 및 관광 관련 산업 분류 ······················ 247

〈표 5-19〉 원산-금강산국제관광지대 투자대상시설 투자 규모 ················· 249

〈표 5-20〉 원산-금강산국제관광지대 투자대상시설 연간수입규모 ·············· 251

〈표 5-21〉 경제적 파급효과 ··· 253

〈표 6-1〉 김일성, 김정일, 김정은 시기별 관광정책 변화 비교 ·················· 264

| 그림 |

[그림 2-1] 관광사업의 분류 ·· 35

[그림 2-2] 관광산업과 경제성장 ··· 43

[그림 2-3] 관광자원의 분류와 가치결정요인 ····································· 52

[그림 2-4] 사회주의 체제전환의 두 경로 ··· 73

[그림 2-5] 북한의 자력갱생 선전화 ·· 87

[그림 2-6] 자립적 민족경제 건설 ·· 89

[그림 3-1] 초기 북한의 외국인 투자법 체계(1984~1993) ······················ 123

[그림 3-2] 북한의 관광산업 관리기구 체계 ······································ 130

[그림 3-3] 국가관광총국 조직도 ··· 131

[그림 3-4] 나선경제특구 위치 ··· 142

[그림 4-1] 북한 연극 〈오늘을 추억하리〉의 주요 장면 ························· 162

[그림 4-2] 민족담론과 국가담론 간 슬로건 변화 ·· 167

[그림 4-3] 우리민족제일주의를 통한 위기 돌파 ·· 169

[그림 5-1] 북한의 산업특성 및 개방가능성 ·· 192

[그림 5-2] 산업정상화를 위한 관광산업의 역할 ··· 194

[그림 5-3] 북한 국가관광총국 개설 홈페이지〈조선관광〉······························ 206

[그림 5-4] 관광비자 발급 절차 변화 ··· 208

[그림 5-5] 북한의 관광개발구 소개책자와 원산갈마지구 건설선전화 ············· 215

[그림 5-6] 북한의 경제특구와 경제개발구 현황 ··· 218

[그림 5-7] 북한의 관광개발구 역할과 기대효과 ··· 225

[그림 5-8] 원산-금강산국제관광지대 종합계획도 ·· 226

[그림 5-9] 원산-금강산국제관광지대 예상투자액 ··· 234

[그림 5-10] 삼지연시 위치와 삼지연 현지지도 소개 ······································· 255

[그림 5-11] 북한 국가우표발행국 발행 삼지연시 소개 우표 ···························· 257

[그림 5-12] 삼지연시 개발의 두 경로 ·· 258

일러두기

북한 문헌, 언론 매체 등을 인용할 때 북한 문법을 그대로 따라 표기하였다.

제1장

/

왜 **북한**의
관광산업인가

왜 북한의 관광산업인가

북한이 지향하는 경제체제는 '자립적 민족경제'이다. 이는 자주적 경제구조, 튼튼한 원료기지, 현대적 기술로 장비된 인민경제의 기술적 토대, 자체의 민족기술 간부를 요소로 한다. 경제에서의 대외의존성과 사대주의를 거부하는 이러한 노력은 이른바 '주체'로 강조되는 산업에서 두드러지게 나타난다. 북한은 핵무력의 확장으로 인한 국제적 고립의 심화와 경제적 압박을 감내해야 하는 대외환경을 극복하기 위해 오랜 기간 이러한 자력갱생형 성장으로 대응해 왔다. 그러나 기존의 계획경제 체제를 유지하면서 내부자원의 동원을 극대화해 나가는 방식으로는 만성적인 물자부족과 같은 '부족의 경제'를 극복하는 데 한계를 보인다. 경제적 고립 상황이 장기화됨에 따라 북한은 붕괴 과정에 있는 산업기반의 정상화를 위한 자본의 축적마저 요원해지는 상황에 봉착해 있다.

특히, 김정은 시기의 북한은 열악한 내부자원과 산업시설의 한계, 국제사회의 경제제재 등으로 자립경제가 위기에 직면해 있다. 이러한 자립경제 시스템의 붕괴를 정상화할 대안은 무엇인가?

김정은 위원장은 무엇보다 최우선적으로 관광산업에 관심을 집중해 오고 있다. 제한적으로나마 전국에 관광개발구를 설치하고 해외자본 투자를 유인하여 '원산-금강산국제관광지대'와 같은 관광특구를 개발하고자 적극 홍보하고 있다. 특히, 기존 중국 관광객 중심의 관광에서 벗어나 전 세계를 대상으로 한 북한관광의 문호를 점차 개방하고 있다. 또한 기존 사회주의 관광 방식을 고수하기보다 다양한 자본주의적 관광상품을 개발하고 이를 적극 홍보하는 등 과거와 다른 관광활성화 조치를 시행하고 있다.

과거 김일성과 김정일 시기의 현지지도가 자립경제를 실현하기 위한 중화학공업 중심의 생산현장에 집중되었던 것과 달리 김정은 위원장의 경우 삼지연관광지구, 원산갈마해안관광지구, 양덕온천관광지구와 같은 관광지 개발현장에 대한 현지지도 빈도수가 월등히 높아졌다. 이를 통해 김정은 정권이 향후 관광산업에 자원을 집중하고 지속적인 지원을 추진할 것이라는 예측을 할 수 있다. 어쩌면 관광이 북한의 개방을 앞당기는 역할을 할 수 있으리란 기대를 해보기도 한다.

이러한 관점에서 필자는 '과거 김일성과 김정일 시기와 달리 김정은 시기의 북한이 왜 기존 기간산업(장치산업, 선행부문산업)의 정상화보다 관광산업 육성을 강조하게 되었는가?'라는 주요 연구질문(Research Question)과 다음과 같은 부속 질문의 해답을 구하고자 한다. 첫째, 북한이 관광산업을 통해 획득하고자 하는 것의 실체는 무엇인가? 둘째, 북한이 자립적 민족경제 건설방식을 유지한 채 경제와 체제 개방을 유발할 수 있는 관광산업과 공존할 수 있는가? 셋째, 김정은 시기의 관광정책 방향이 경제적 요인에 영향받고 있다는 다수의 인식을 전제로 할 때 외화획득 목표를 달성하지 못한다면 이것은 실패한 정책이 되는 것인가? 넷째, 북한이 투자를 희망하는 관광특구가 미치는 경제적 파급효과를 정량화할 수 있는가? 다섯째, 북한의 사회주의 경제강국 건설 목표 달성에 관광산업이 그 대안이 될 수 있겠는가?

〈표 1-1〉 필자의 관점

	정치적 효과	경제적 효과
대외	정상국가 이미지 홍보	외화수입
대내	최고지도자 업적 과시, 체제 우월성 선전	국가개발(인프라 구축)

　　필자의 본 연구는 북한의 변화를 추동하는 관광산업의 등장에 주목하고 김일성, 김정일, 김정은 시기별 변화와 지속성을 도출하는 데 주안점을 두고 있다. 또한 북한의 관광정책 분석을 통해 북한의 관광산업은 주체이데올로기 구현과 체제선전이라는 본래의 역할을 넘어 경제의 개념이 더해지고 '산업으로서의 관광'으로 진화하는 과정이라는 것을 보여주고자 한다.

　　이와 함께 북한이 자립경제를 추구하는 과정에서 빚어지는 관광산업에 대한 인식과 이후의 대내외 환경 변화가 관광산업을 어떻게 변모시키고 있는지 살펴보고자 한다.

제1절 앞선 북한관광 연구들 살펴보기

　　북한의 관광산업은 관광 분야 중에서 주된 관심 분야라고 하기 어렵다. 관광산업과 관련한 초기의 연구는 대부분 관광지를 방문한 관광객의 지출이 해당 지역에 어떠한 영향을 미치는지를 분석한 연구라고 할 수 있다. 이는 관광산업이 미치는 긍정적인 경제효과가 상대적

으로 측정이 용이한 점이 작용하고 있다. 이로 인해 이러한 관광산업
과 경제발전에 관한 상관관계를 분석한 국내의 연구들은 대부분 한국
은행의 산업연관표에 의한 산업연관분석[1]을 통해 그 효과를 각 산업
간 비교를 통해 도출하는 방식을 사용하고 있다. 이와 관련한 연구들
은 박광민(2007)[2], 지봉구 · 이계희 · 김태구(2011)[3], 오경숙(2012)[4] 등
을 들 수 있다.

박광민은 파급 경로를 통한 효과 추정을 통해 관광산업의 국제수지
개선 효과를 입증하였다. 또한 지봉구 · 이계희 · 김태구의 경우 2007
년과 2008년 산업연관표를 활용한 산업연관분석을 통해 생산유발계
수, 부가가치유발계수, 수입유발계수, 영향력계수와 감응도계수를 도
출하였다. 특히 오경숙의 경우 한국은행의 2008년 산업연관표에 의한
산업연관분석을 통해 관광산업이 타 산업에 미치는 경제적 파급효과
를 분석한 결과, 최종수요 10억 원이 주어졌을 때 각 산업이 발생시키
는 직 · 간접 고용효과는 전 산업 평균 취업 및 고용유발계수가 각각
14.0명과 9.6명으로 나타난 반면, 관광산업의 취업 및 고용유발계수의
평균은 각각 19.9명과 12.9명으로 전 산업 평균을 훨씬 상회하고 있어

1) 한 국가 경제에서 관광산업을 포함한 각 산업들은 생산활동을 위해 상호 간에 재
   화와 서비스를 구입 · 판매하는 과정을 통해 직/간접적으로 서로 관계를 맺는다. 산
   업연관분석은 일정 기간(보통 1년) 동안의 산업 간 거래관계를 일정한 원칙에 따라
   행렬형식으로 기록한 통계표인 산업연관표를 바탕으로 하여 산업 간 상호연관관
   계를 수량적으로 분석하는 방법이다(한국콘텐츠학회논문지, 『산업연관분석을 통
   한 관광산업의 경제적 파급효과 분석』, 한국콘텐츠학회, 2011, 885쪽).
2) 박광민, 「경제발전에 있어서 관광의 역할」, 『한국관광정책』 제29호, 한국문화관광
   연구원, 2007.
3) 지봉구 · 이계희 · 김태구, 「산업연관분석을 통한 관광산업의 경제적 파급효과 분
   석」, 『한국콘텐츠학회논문지』 제11권 제12호, 한국콘텐츠학회, 2011.
4) 오경숙, 「관광산업의 국민경제 기여효과 분석」, 『경영경제』 제45집 제1호, 계명대
   학교 산학연구소, 2012.

관광산업이 노동집약적인 산업임과 동시에 고용창출산업으로서 새로운 고용창출에 매우 유리한 산업임을 증명하였다.

이밖에 유승훈·김효주(2008)[5]는 최초로 아시아 국가 자료를 이용하여 아시아 19개 국가들을 대상으로 관광수출이 경제성장에 미치는 영향을 실증적으로 규명하였다. 이를 위해 관광수출을 새로운 생산요소로 포함하고, 국내총생산을 경제성장에 대한 대리변수로 이용한 신고전학파 성장모형을 차용하였으며, 관광수출이 경제성장에 통계적으로 유의하며 긍정적 영향을 미침을 실증분석하였다.

국외 연구의 경우 산업연관분석을 적용한 연구로 Archer(1995)[6]를 들 수 있는데 영국 버뮤다 섬을 대상으로 지역산업연관표를 작성하여 관광산업의 경제적 파급효과를 파악하였고, Andrew(1997)[7], Larry et al.(2003)[8] 등이 산업연관분석을 응용하여 다양한 연구 결과를 도출한 바 있다.

한편, 김영봉(2009)[9], 채종훈(2015)[10] 등은 동해안 남북접경지역에서의 교류협력사업에 대한 파급효과 분석과 과거 남북한 금강산관광

5) 유승훈 외, 「아시아에서의 관광수출과 경제성장에 대한 소고」, 『아시아연구』 제11권 제1호, 한국아시아학회, 2008.

6) Archer, B., "Importance of tourism for the economy of Bermuda", *Annals of Tourism Research, 22(4)*, 1995, Elsevier, pp. 918~930.

7) Andrew, B., "Tourism and the economic development of Cornwall", *Annals of Tourism Research, 24(3)*, 1997, Elsevier, pp. 721~735.

8) Larry, D., Peter, F., Ray, S. and Thiep, V., "Tourism's contribution to a state economy: a multi-regional general equilbrium analysis", *Tourism Economics, 9(4)*, 2003, Oxford Economics, pp. 431~448.

9) 김영봉 외, 「동해연안 남북접경지역에서의 교류협력사업 선정 및 파급효과 분석」, 『지역연구』 제25권 제4호, 한국지역학회, 2009.

10) 채종훈, 「남북한 금강산관광사업의 경제적 파급효과 분석」, 『국제지역연구』 제19권 제1호, 국제지역학회, 2015.

사업의 경제적 파급효과를 분석하였다. 이들은 북한의 입장에서 경제
적 파급효과를 분석하는 데 있어 북한자료 부족을 사유로 남한 대비
북한의 주요 산업생산량을 비교 분석하고, 북한의 경제 상황을 남한
의 1975년 수준으로 가정하여 1975년 한국은행 산업연관표를 사용한
북한의 파급효과를 분석하였다. 특히 채종훈은 도출된 승수와 해당
지역 금강산관광사업 관련 산업에 대한 관광기반 조성산업 지출액 및
금강산 관광객 소비 지출액을 바탕으로 남북한 경제에 미치는 경제적
파급효과를 측정하였다.

  북한관광과 관련한 특이점은 남북관계의 변화에 따라 연구 분야가
큰 변화를 보인다는 점이다. 특히 북한관광을 주제로 한 연구의 주류
를 이루고 있는 '금강산관광사업' 관련 연구들은 이 사업이 본격적으
로 시작된 1999년부터 관광이 중단된 2008년까지 꾸준히 발표되었다.
이러한 선행연구들은 금강산관광사업의 가치와 남북한 군사, 경제적
파급효과, 금강산관광사업의 발전 전략과 전망을 다루고 있다. 북한
관광이 실현되던 시기에는 남북한 관광자원 및 상품개발, 남북한 관
광활성화 방안, 북한 철도관광 등에 관한 연구가 진행되었다. 그러나
금강산관광이 중단된 2008년 이후의 북한 관광 관련 연구는 대폭 축
소되는 경향을 보였다.

  김정은 시기 들어 북한이 관광산업의 중요성을 강조하고 대외관광
을 위해 지방별로 '관광개발구'를 지정하거나 대규모 인력과 정부 재
정을 집중 투입하여 '원산갈마해안관광지구'와 같은 중앙급 관광특구
조성을 추진하는 것에 대해 주목하는 연구들이 증가하고 있다. 그러
나 이러한 연구들은 공통적으로 북한 자체의 시각에서 북한관광 자체
를 다루기보다 남북관광협력으로 귀결되는 경향성이 나타난다. 본 연
구의 경우 남북관광협력의 관점을 벗어나 북한관광의 관점에서 연구

를 진행하는 점을 감안하여 선행연구 역시 남북관광협력을 주제로 하
는 연구들은 제외하였다.

이에 따라 남북관광협력을 주제로 한 연구를 제외할 경우 북한관광
에 대한 선행연구들은 대체적으로 다음과 같이 분류할 수 있다. 첫째,
북한의 관광자원과 관광 현황에 대한 연구물이다. 이는 대부분이 평
양을 중심으로 한 관광자원과 실태, 숙박시설과 교통편과 같은 관광
인프라를 소개하는 사례 및 비교연구들이다.[11] 더 나아가서 북한의
관광자원을 분류하고 평양지역 관광자원의 변화를 시기적으로 고찰
해 봄으로써 김정은 시기 관광정책의 방향과 사회 변화를 살펴본 연
구도 존재한다.[12]

둘째, 북한의 관광정책과 사회주의 체제 전환국들의 관광정책을 비
교분석함으로써 시사점을 도출해 내는 연구들이다.[13] 대표적으로 한

11) 임을출 외,『북한관광의 이해』, 파주: 대왕사, 2017; 한국관광공사,『북한의 관광자
   원』, 서울: 한국관광공사, 2014; 김철원,『북한의 관광자원 실태와 전망』, 서울: 통
   일부 통일교육원, 2007.

12) 김한규,「평양 관광자원의 변화에 관한 연구: 북한 사회 변화와의 관계를 중심으
   로」,『현대북한연구』제20권 1호, 북한대학원대학교, 2017, 46~95쪽.

13) 양문수 외,『북한의 서비스산업』, 서울: 산업연구원, 2017; 이정철 외,『전환기 쿠바
   와 북한 비교: 정책적 함의』, 서울: 통일연구원, 2015; 이재춘,『베트남과 북한의 개
   혁·개방』, 서울: 경인문화사, 2014; 곽재성,「관광산업의 진흥을 통해 본 쿠바의 개
   방정책」,『이베로아메리카연구』제11집, 서울대학교 스페인중남미연구소, 2000; 권
   숙도,「베트남의 체제전환 과정이 북한에 주는 함의: 정치변동과 국제협력체제를
   중심으로」,『동서연구』제24권 2호, 연세대학교 동서문제연구원, 2012; 김석진,「중
   국·베트남 개혁모델의 북한 적용 가능성 재검토」,『정책자료』2008-80, 산업연구
   원, 2008; 김연철,「북한의 경제개혁 전략: 쿠바사례의 적용가능성」,『아세아연구』
   제45권 1호, 고려대학교 아세아문제연구소, 2002; 김형주,「북한의 개방모델, 최선
   의 선택: 자연자원 이용한 쿠바모델, 관광산업 중심의 개혁정책으로 성공」,『통
   일한국』제207호, 평화문제연구소, 2001; 양운철,「베트남 개혁·개방 경험이 북한
   에 주는 정치경제적 함의」,『정책브리핑』제2018-20호, 세종연구소, 2018; 허문종
   외,「중국베트남 모델과의 비교를 통한 북한의 개혁개방 전망」,『북한경제리뷰』제
   1호, 우리금융경영연구소, 2018.

국관광공사[14]는 쿠바와 베트남의 사례를 통해 북한의 개방 유형을 분석평가했는데 이 결과 북한은 국지적 개방정책을 취하며 전면개방 진입기에 위치한다고 평가한다. 윤인주 외[15]는 중국과 베트남의 해양관광 사례를 제시하고 전문가 설문조사를 통해 북한의 동해 해양관광 개발 우선순위(원산, 고성, 통천, 나선, 함흥, 청진 순)를 도출하였다.

셋째, 남북관광협력을 대체하고 있는 북중 관광협력에 관한 연구들이다. 최철호[16]는 북중 관광협력의 역사와 현황을 다루면서 양국 간 관광을 확대함에 있어 영향요인을 긍정요인과 제약요인으로 구분하여 분석하였다. 김지연 외[17]는 2012년 북한관광을 경험한 중국 관광객의 규모와 이에 따른 북한의 외화수입을 추정했다. 또한 중국인의 북한관광에 대한 실태를 현황을 중심으로 연구하였다. 남장현 외[18]는 중국인들의 북한관광에 대한 선호도 인식조사를 통해 북한관광의 선택 요인이 문화체험, 주민 교류, 안전도의 순으로 영향을 미친다고 분석하였다.

넷째, 김정은 시기를 중심으로 한 북한의 관광정책 현황 연구들이다. 김상태[19]는 북한 관광정책의 변화 과정을 3기로 나누어 분석하고 북한 웹사이트를 바탕으로 북한관광에 대한 현황을 제시하고 있다.

14) 한국관광공사,『북한 관광산업개방유형 비교분석: 쿠바 · 베트남 사례를 중심으로』, 서울: 한국관광공사, 2000.
15) 윤인주 외,『북한 동해 해양관광 활성화 방안』, 부산: 한국해양수산개발원, 2018.
16) 최철호,「북중 관광 협력의 현황과 전망」,『북한경제리뷰』제13권 10호, 한국개발연구원, 2011, 79~90쪽.
17) 김지연 외,『북 · 중 관광협력의 현황과 시사점』, 서울: 대외경제정책연구원, 2013.
18) 남장현 외,「중국인의 북한관광 선택속성이 북한이미지와 북한 방문의도에 미치는 영향에 관한 연구」,『관광레저연구』제29권 9호, 한국관광레저학회, 2017, 215~231쪽.
19) 김상태 외,『지난 남북관광협력 성과와 과제』, 서울: 한국문화관광연구원, 2017.

신정화20) 역시 북한의 관광정책 변화를 3단계로 구분하여 분석하였
고, 유병희21)는 김정은 시기의 관광정책 강조가 김정은 위원장의 서
구문화 경험이 바탕이 되어 외화유입을 목적으로 하고 있다고 분석한
다. 양문수 외22)는 북한의 개별 서비스 업종의 역사적 배경과 수급상
황 및 정책, 경제적 영향, 가능성과 한계점을 분석하였다. 특히, 관광
산업에 대해 외국관광객의 자유관광 제한, 관광인프라의 미흡, 관광
서비스의 낮은 만족도, 불안정한 대외관계 등에도 불구하고 대외경제
관계가 개선될 경우 가장 빠르게 성장할 업종으로 꼽고 있다.

이밖에 2013년 이후 추진된 북한의 경제개발구 정책(관광개발구 포
함)을 소개하고 가능성과 한계점을 제시하거나23) 김정은 시기의 관광
과 관련하여 북한과 각국 여행사들과의 상호영향력 관계를 통해 정치
경제학적 틀에서 분석한 연구24) 그리고 북한의 핵개발이 관광산업에
미친 영향과 중국인 단체관광의 확대를 통한 북한의 대응 영역에서
분석한 연구25)들을 들 수 있다.

20) 신정화, 「북한의 관광정책: 개혁·개방정책과의 관련을 중심으로」, 『이벤트컨벤션
　　연구』 제5권 제2호, 한국이벤트컨벤션학회, 2009, 77~94쪽.
21) 유병희, 「북한의 관광정책과 리더십」, 『한국행정학회 학술발표논문집』, 한국행정
　　학회, 2015, 337~371쪽.
22) 양문수 외, 『북한의 서비스산업』, 서울: 산업연구원, 2017.
23) 이종규, 『북한의 경제특구·개발구 추진과 정책적 시사점』, 세종: 한국개발연구원,
　　2015; 김두환, 「북한 문헌을 통해 본 경제개발구 정책의 특징과 전망」, 『북한토지주
　　택리뷰』 제2권 제1호, LH토지주택연구원, 2018.
24) 박정진, 「국제 정치 경제적 관점에서 본 김정은 시대의 북한관광 변화 연구」, 『관
　　광연구저널』 제32권 6호, 한국관광연구학회, 2018, 77~90쪽.
25) 윤인주, 「북한의 관광개발: 핵개발 국면의 정책 모순과 관리가능성」, 『국가전략』
　　제22권 3호, 세종연구소, 2016.

제2절 북한의 관광산업 살펴보기: 범위와 방법

필자는 본 연구를 통해 북한 역대 통치자들의 사회주의 자립경제 추구 방식과 관광산업 간의 충돌과 공존으로 인한 정책 변화 과정을 살펴보고자 한다.

김정은 시기에 이르러 북한은 정치적 목적의 일환으로 관광산업의 성과를 대내적으로는 최고지도자로서의 업적을 과시하고, 대외적으로는 정상국가로서의 북한 이미지를 세계에 전달하고자 한다. 또한 김일성, 김정일 시기와 달리 관광산업을 산업의 일부로 적극 흡수하고 이를 활성화함으로써 외화확보와 같은 경제적 효과를 기대한다.

본 연구는 이러한 관점에서 김일성－김정일－김정은 시기의 북한 관광정책 변화와 지속성을 주제로 다루고 있다. 이를 위해 북한의 관광정책 변화를 파악할 수 있도록 대내관광 및 외래관광 변화, 관광의 개념과 역할 변화, 관광인프라 변화, 자립경제노선의 변화 측면에서 비교분석하였다.

또한 북한과 유사하게 1989년 소련의 갑작스런 붕괴와 연동하여 경제위기를 겪었던 쿠바와 베트남이 정부주도하에 관광개방을 추진했던 사례를 분석하여 북한에 적용 가능한 시사점을 도출하였다. 특히, 본 연구는 김정은 시기의 북한이 외래관광을 통해 기대하는 경제적 효과를 주목한다. 이의 일환으로 북한의 '2015년 원산－금강산 국제관광지대 투자대상안내서'와 '2016년 투자제안서' 및 선행연구 문헌상의 분석방식을 참고하여, 해외자본 유치를 통한 지대 내 관광개발 투자가 유발하는 경제적 파급효과를 일부나마 정량분석하였다. 이는 향후 북한의 관광개발지 선정 및 투자효과 분석 등에 참고할 수 있다는 점에서 의의가 있다.

본 연구는 문헌 중심적 연구 방법을 채택하였는데 이는 실증연구에 비해 주관적 견해가 포함될 여지가 있음에도 연구 대상의 과거와 현재의 실태를 분석하는 데 있어 장점을 가지고 있기 때문이다. 이를 위해 북한에서 출간한 북한 지도자의 각종 담화와 교시를 담은 저작집과 정기간행물 및 단행본, 북한 보도매체와 북한의 관광 전문 웹사이트, 북한의 관광 관련 공연물 등 1차 자료를 우선적으로 활용하였다.

제2장

/

사회주의 **관광개방**과
북한의 인식

사회주의 관광개방과 북한의 인식

제1절 관광의 개념과 관광산업의 역할 이해

1. 경제발전과 관광산업의 상관성

일반적으로 관광은 제한된 산업부문, 즉 부족한 부존자원과 국제원
조에 의지하고 있는 국가들의 고용창출, 외화획득과 외자유치를 가능
케 하는 마지막 현실 수단으로 인식된다.[1] 또한 관광은 본질적으로
평화와 자유를 추구하므로 국가 간의 정치적 문제의 경우 민간부문
관광객의 건설적인 교류를 통해 이를 해결할 수 있는 계기를 마련하
기도 한다.[2] 관광에 의한 평화창출 효과란 관광이 갈등과 분열된 공

---

[1] Brown, D. O., "The Search for an Appropriate form of Tourism for Africa: Lessons from
the Past and Suggestions for the Future", *Tourism Management, 19(3)*, 1998, Elsevier,
p. 59.

[2] Hitchcock, M., King, V. T., & Parnwell, M. J. G., *Tourism in South-East Asia*, London
and New York: Routlegfe, 1993, p. 3.

동체에서의 화해의 촉진자, 협력을 증진하는 일종의 신뢰구축 방안으로 작용한다는 자유주의의 관념이다. 물리적 충돌을 벌였던 상대 국가를 방문해 분쟁을 성찰하는 일은 상호 이해를 넘어 상호 의존을 높이고 공동체 의식을 조성해 협력을 가져오고, 결국 평화를 구축한다는 것이다.[3] 현실주의 관점에서도 관광이 국가의 경제를 발전시키고 외교관계에도 긍정적 영향을 주는 역할을 한다는 인식이 있다. 특히 저개발국의 관광은 경제발전에 필요한 자본을 벌어들이고 고용창출을 높이는 효과가 있으며, 자국의 자연과 역사적 유산을 개발하여 국민적 자부심과 애국심을 고취시키는 데 필요한 정치적 도구 역할을 담당하기도 한다.[4]

1) 관광산업의 정의와 역할

관광산업은 국내외 여행객들에 의해 주로 소비되는 숙박·쇼핑·음식·문화·스포츠·운송 등과 같은 일련의 재화와 서비스를 생산하는 산업군을 통칭한다. 현재 관광산업에 대한 국제적 정의나 통계상의 분류체계는 명확하게 정비되어 있지 않으나, 국제기구나 각 국가별로 관광과 관련이 높은 산업들을 종합적으로 고려하여 관광산업을 정의하고 있다.

세계관광기구(UNWTO)는 관광산업을 숙박, 음식, 쇼핑, 운송, 스포츠, 레저, 지역 특화산업 등 소비산업 전반에 걸쳐 있는 것으로 인식

---

3) 서보혁, 「평화로 가는 여권, 관광: 관광과 평화구축」, 『금강산 관광사업과 남북교류의 새로운 모색』, 2017 평화통일 국제학술 심포지엄 발표문, 2017, 53~54쪽.
4) 조한승, 「평화 매개자로서 국제관광의 개념과 대안: 이해관계자 맥락과 국제기구의 참여」, 『국제정치논총』 제56집 제1호, 한국국제정치학회, 2016, 52쪽.

하고 있으며, UN무역개발회의(UNCTAD)는 "외래방문객 및 국내여행객들에 의해 주로 소비되는 재화와 서비스를 생산하는 산업적, 상업적 활동의 총체"로 정의 내리고 있다.[5] 또한 UN 아시아태평양 경제사회위원회(ESCAP)는 관광산업을 "관광객에게 재화와 서비스를 제공하는 모든 산업"으로 폭넓게 정의하고 있으며, 호텔 및 숙박, 음식점, 유흥시설, 쇼핑, 국내교통, 국제교통을 관광산업의 범주에 포함하고 있다.[6] 우리나라는 관광산업에 대해 관광진흥법에서 "관광객을 위하여 운송·숙박·음식·운동·오락·휴양 또는 용역을 제공하거나 그 밖에 관광에 딸린 시설을 갖추어 이를 이용하게 하는 업(業)"[7]으로 정의하고 있으며 이를 [그림 2-1]과 같이 7개업으로 분류하고 있다.[8]

[그림 2-1] 관광사업의 분류

관련법령	업종	세분류
관광진흥법 제2장 제1절 제3조제1항 제1호~제7호	1. 여행업 2. 관광숙박업 3. 관광객이용시설업 4. 국제회의업 5. 카지노업 6. 유원시설업 7. 관광편의시설업	일반여행업, 국내·국외여행업 관광호텔업, 휴양콘도미니엄업 관광유흥음식점업, 야영장업 등 국제회의시설·기획업 카지노업 유기시설·기구 설치운영업 관광편의시설업

[5] 하동원, 「관광산업의 이해와 발전방안」, 『KIET 산업경제』 2017년 10월, 산업연구원, 2017, 63쪽.
[6] 이강욱 외, 「관광산업의 지역경제 기여효과 분석」, 『한국관광정책』 제29호, 한국문화관광정책연구원, 2003, 5쪽.
[7] 『관광진흥법』 제1장 제2조 제1호.
[8] 실제 관광산업의 정의에 따른 영역을 설정하는 것은 학계, 산업계 전반에서 어려움을 토로하고 있는 실정이다.

한편, 북한은 관광산업의 범주를 관광자원 개발·보호 사업, 관광
봉사시설 경영관리사업, 관광선전사업, 관광객 대상 여행안내봉사사
업 등으로 구분한다. 이 중 관광봉사(서비스) 분야는 '숙박봉사, 급양
봉사, 상품판매봉사, 편의 및 체육문화오락봉사, 려객(旅客)운수봉사
등'으로 나누고 있다.[9]

관광산업은 공급자가 산업을 결정하는 것이 아니라 소비자 즉, 관
광객이 산업을 결정할 뿐만 아니라 타 산업과의 경계가 명확하지 않
은 부분이 많은 특수성을 지니고 있다.[10] 이로 인해 관광산업을 확대
하고 발전시키는 데 어려움이 존재하며, 대다수의 관광산업 육성정책
들은 관광객 유치를 목표로 하게 된다. 이러한 관광산업의 주요 특성
을 살펴보면 다음과 같다.

첫째, 관광산업 특유의 복합성이다. 관광객의 수요와 편의는 어느
하나의 업종만으로는 충족시킬 수 없다. 관광산업은 관광객의 이동,
숙박, 쇼핑 등 관광활동의 전 과정에 여행업, 운수업, 숙박 및 음식점
업 등 다수의 산업이 관련된다.[11] 또한 공적기관과 민간기업이 역할
을 분담하면서 전개하는 사업이라 할 수 있다.

9) 전영명, 「관광산업의 본질과 그 특성」, 『김일성종합대학학보(철학, 경제학)』 제60
권 제4호, 평양: 김일성종합대학출판사, 2014, 71쪽.
10) 하동원, 『KIET 산업경제』, 64쪽.
11) "관광산업은 지역경제 전반에 걸쳐 더 많은 후방연계(backward linkages)의 기회를
제공한다. 이는 관광객들이 숙박, 식음료, 유흥, 지역의 교통서비스, 기념품 등을
포함한 다양한 재화와 서비스를 필요로 하기 때문이다. 지역의 호텔이나 식당에
식료품을 제공하기 위한 지역농업의 확장과 같은 직접연계와 지역의 건축업과 같
은 간접연계, 양방향 연계를 모두 포함한다." 허극, 『탈사회주의 국가의 세계체제
이행과 관광의 관계』, 경기대학교 대학원 박사학위논문, 2011, 2~3쪽.

〈표 2-1〉 관광산업의 기본 특징

특성	내용
복합성	• 관광객의 이동, 숙박, 쇼핑 등 관광활동의 전 과정에 여행업, 운수업, 숙박 및 음식점업 등 다수 산업이 관련 • 정부·지자체 등의 공적기관과 민간기업이 적절한 역할분담을 통하여 관광산업에 참여
변동성	• 관광행동은 인간생활의 절대적 필수요소는 아니므로 사회, 경제, 자연 등의 외부환경에 민감하게 영향받음
입지의존성	• 관광객의 관광목적지 선택은 위치, 기후, 교통 등에 의존하는 정도가 큼
공익성·영리성	• 국가이미지 개선, 국제문화 교류, 국제친선 증진, 외화획득과 같이 사회·문화적, 경제적 효과를 동시에 추구

출처: 임혁빈 외, 『신 관광학원론』, 서울: 신정, 2005에서 발췌·수정.

둘째, 관광산업은 변동성에 민감하다. 관광객의 관광욕구 충족은 사회, 경제, 자연 등의 외부환경에 의해 직간접적으로 영향을 받는다. 사회적 요인은 사회정세의 변화, 국제정세의 긴박, 정치 불안, 폭동, 질병의 발생, 그 밖에 신변의 안전에 불안을 주는 것 등이다. 경제적 요인에는 경제불황, 소득 상황, 환율 변화, 요금의 변화, 관광 시의 외화사용제한 등의 조치를 들 수 있다. 또한 자연적 요인으로는 기상변화, 환경오염 등의 자연적 환경을 들 수 있다. 이러한 특징은 관광산업의 계획적인 관리운영에 장애 요인이 된다.

셋째, 관광산업은 관광자원과 연계되어 있어 입지의존성이 크다. 관광객의 관광목적지 선택은 위치, 기후, 교통 등에 의존하는 정도가 크다. 일반적으로 관광지는 유·무형의 관광자원을 통해 각각 특색 있는 관광지를 형성하고 있어 상호 치열한 경쟁 상태에 놓이게 되어 입지의존성이라는 제약이 불가피하다.

넷째, 관광산업의 공익성과 영리성이다. 관광산업은 국가이미지 개

선, 국제문화 교류, 국제친선 증진, 외화획득과 같이 사회·문화적, 경
제적 효과를 동시에 추구하는 특징이 있다. 이는 관광산업이 공(公)과
사(私)의 여러 관련 사업으로 이루어진 복합체라는 점에서 이윤추구
만을 목적으로 한 경영이 허용되지 않기 때문이다.[12]

2) 관광산업의 경제적 유발효과

관광은 사람들이 일상의 생활근거지에서 추구하는 욕구와는 다른
재화나 서비스를 소비함으로써 삶의 활력을 충전할 수 있는 중요한
무형의 소비재이다. 근래에 이르러 소득수준 향상, 교통과 통신수단
발달, 경제의 개방화·자유화 가속 등으로 관광에 대한 수요가 급증
하는 현상이 나타나고 있다. 많은 국가에서 관광산업이 미래산업으로
서 경제성장의 대안적 수단으로 자리 잡고 있는데, 그 이유는 여러 산
업 중 관광산업이 상대적으로 높은 고용효과와 부가가지를 창출하고
있기 때문이다. 특히 관광산업은 제조업에서 나타나는 공해 등의 부
작용을 최소화시킬 수 있어 '굴뚝 없는 공장'이라고 불리고 있으며, 대
상물자 없이 외화를 획득하게 하여 국제수지 개선에 기여하는 경제적
인 효과를 가지고 있다.[13] 이와 같이 세계적으로 관광을 개발전략의
수단으로 삼고 있는 주목할 만한 이유는 많은 초기자본 투자가 필요
치 않을 뿐만 아니라 지역이나 국가경제에 대한 기여도가 크기 때문

---

[12] 관광의 목적은 관광객이 즐거움을 느끼고 재창조의 효과를 얻는 데 있다. 따라서
관광산업의 목적도 관광소비에 따른 경제적 효과 이상의 가치를 추구하는 데 두어
야 하므로 관광소비에 의한 이윤만을 추구할 수는 없는 특성이 있다.
[13] 유승훈 외, 「아시아에서의 관광수출과 경제성장에 대한 소고」, 『아시아연구』 제11
권 제1호, 한국아시아학회, 2008, 28쪽.

인 것으로 알려져 있다. 관광은 외화획득의 주요 원천이며, 무역수지
에 대한 관광의 기여가 정부가 관광개발을 지원하는 근본적인 이유라
는 것이다.[14]

한편, 세계여행관광협회(WTTC)는 매년 경제영향보고서(Travel &
Tourism Economic Impact Reports)를 통해 경제에 대한 관광산업의 기
여도를 발표하고 있다.

〈표 2-2〉 여행 및 관광의 경제적 기여(2015~2017)

연도	국내총생산(GDP)		고용(EMPLOYMENT)		투자(INVESTMENT)	
	%	억 달러	%	억 명	%	억 달러
2015	9.8	71,703	9.5	2.84	4.3	7,746
2016	10.2	76,133	9.6	2.92	4.4	8,065
2017	10.4	82,723	9.9	3.13	4.5	8,824
2018	11.7	124,501	11.6	4.13	5.1	14,083

출처: WTTC, Travel & Tourism Economic Impact 2018 World, 2018.3, pp. 3~5 정리.

이에 따르면 관광산업은 세계 국내총생산(GDP)의 10.4%인 8조 2,723
억 달러(2017년 기준)를 차지하고 있으며 이는 매년 증가하여 2028년에
는 11.7%인 12조 4,501억 달러에 이를 것으로 예측한다. 또한 관광분야
일자리는 2016년은 2억 9,200만 명이, 2017년에는 3억 1,300만 명이 관광
직군에서 종사하고 있는 것으로 나타났다. 이는 자동차산업 부문의 총
고용보다 약 7배 많은 규모이며, 관광산업이 제조업 대비 고용효과가
더 크다는 것을 보여준다. 또한 전 세계 투자의 4.5%인 8,824억 달러

[14] Oppermann, M. & Chon, K., *Tourism in Developing Country*, London: International Thomson Business Press, 1997, p. 109.

(2017년 기준)가 관광산업에 투자된 것으로 나타났다.[15]

　일반적으로 한 국가의 관광산업 발전은 해당 국가의 정치, 경제, 사회적 측면에서 다양한 영향을 미친다. 오늘날 선진국이나 개발도상국 모두 발전전략의 일환으로 국가나 자치단체가 중심이 되어 관광산업에 힘을 쏟고 있는데, 그 이유는 무엇보다도 관광산업이 경제성장을 유발하는 효과가 크기 때문이다.[16] 이와 관련하여 관광산업이 경제발전에 미치는 긍정적 측면에 대해 살펴보면 다음과 같다.

　첫째, 국제수지개선 또는 외화획득효과이다. 관광산업이 경제성장에 미치는 영향에 대한 분석은 파급 경로를 통한 효과를 추정함으로써 가능하다. 파급 경로를 해외 관광객 유치(서비스 수출)와 내국인 국내관광(서비스 소비)으로 구분할 경우 외국인 국내관광은 직접적으로 서비스 수출을 늘려 경상수지를 개선시키고 간접적으로는 외국인의 국내상품 인지도 향상으로 재화수출 증대도 기대할 수 있다.[17] 외국 관광객의 소비는 해당국 국민경제에 직접적으로 기여하게 되고, 국제관광 왕래에 따른 외화수입은 '무형의 수출'로서 운수, 보험, 투자수익, 특허료 등과 함께 무역외 수입의 중요한 비중을 차지한다.[18] 실제 관광산업의 외화가득률은 전 산업 평균과 제조업 평균을 상회하는

---

15) Gloria Guevara Manzo, *Travel & Tourism Economic Impact 2018 World*, London: WTTC, 2018, pp. 3~5.

16) "일부 저개발 국가에서 관광은 경제의 중요한 부문이다. 선진국보다 산업으로서 관광에 더욱 의존하며, 특히 제한된 자원기반을 가진 도서(島嶼)국가에서 관광은 핵심적인 경제부문이 되고 있다." 허극, 『탈사회주의 국가의 세계체제 이행과 관광의 관계』, 3쪽.

17) 박광민, 「경제발전에 있어서 관광의 역할」, 『한국관광정책』 제29호, 한국문화관광연구원, 2007, 16쪽.

18) 이론적으로 관광은 무역장벽이 없다. 일반 국제무역과는 달리 관광은 수출입 할당량이나 관세와 같은 무역장벽에 의해 제한받지 않는다.

경향성을 보인다.[19)]

　둘째, 국민소득 증대효과이다. 관광객의 숙박비, 음식비, 교통비, 오락비, 토산품 등의 상품 및 서비스 구입을 비롯한 다양한 소비는 국내 경제권에 순환하여 국민소득 증대로 연결된다. 일반적으로 관광은 소득수준에 영향을 크게 받는데, 경제성장에 따른 소득 증가는 관광수요 증가로 연결되는 선순환관계를 형성할 수 있다. 결국 한 국가의 관광수출 증대는 국내의 경제활동을 증가시키고 이는 다시 소득의 증대를 가져온다고 볼 수 있다.

　셋째, 관광산업의 지역개발 촉진효과이다.[20)] 지역개발이 소득격차의 시정과 국토의 균형발전을 목표로 하여 추진된다는 관점에서 볼 때, 관광산업은 이 같은 기대에 부응하는 것이다. 관광산업은 도로의 건설, 상하수도의 정비, 전력공급 등 관광과 관계되는 기반시설의 개발을 유인할 수 있다. 이는 지역과 국가경제 발전의 원동력이며, 이러한 개발이 공공성을 띠고 있을 경우에는 더욱 유효한 파급효과를 가져오게 된다.[21)]

[19)] "관광산업의 외화가득률은 약 83%로 전 산업 평균 73% 및 제조업 평균 59% 대비 높은 수준이다." 현대경제연구원, 「외국인 관광객 증가와 경제적 파급효과 전망」, 『경제주평』, 현대경제연구원, 2015, 1쪽.

[20)] 유승훈 외, 「아시아에서의 관광수출과 경제성장에 대한 소고」, 30쪽.

[21)] 많은 연구가 관광의 순기능은 주로 경제적 측면, 역기능은 사회·문화적 측면을 중심으로 다루고 있다. "관광이 지역경제에 미치는 부정적 효과는 문화적 갈등과 자원의 훼손, 전통문화·예술·사회관습의 상품화로 본질 훼손, 관광자의 규범·가치관·행태의 무조건적 모방, 원시 및 향토마을 소실, 문화적 자부심 상실 및 지역을 사랑하는 마음의 감소, 이익집단의 발생, 낭비의 소비풍조 만연으로 인한 물질만능주의로 도박, 매춘, 마약, 도둑 등의 범죄증가, 빈부갈등 심화, 물가상승으로 인한 생활비용 증대, 새로운 질병의 유입과 풍토병 전파, 새로 유입된 노동자(이민자)들로 인한 정치적 갈등으로 사회불안 등을 들 수 있다." 안영훈, 『국가정책으로서 관광정책의 정치적 의미와 기능』, 경기대학교 정치전문대학원 박사학위논문, 2014, 21쪽.

넷째, 일자리 창출 또는 취업 유발 파급효과이다. 관광산업은 노동집약적인 산업이기 때문에 여타 산업 대비 고용창출효과가 높다. 기존의 연구들은 최종 수요 발생에 따른 고용창출효과를 나타내는 취업 및 고용유발계수가 전 산업 평균보다 높다는 연구 결과를 보여주고 있으며 이를 통해 관광산업이 고용친화적인 산업으로 분류됨을 확인할 수 있다.[22]

다섯째, 부가가치 유발효과이다. 관광산업은 국가경제의 기반산업으로 타 산업과 비교할 때 부가가치의 창출 능력이 월등하다. 이는 어떤 산업부문의 국내생산물에 대한 최종수요가 1단위 발생할 경우 국민경제 전체에 직·간접적으로 유발되는 부가가치의 창출효과를 나타내는 부가가치유발계수 비교[23]나 영업이익률 비교[24]를 통해서도 확인할 수 있다.

이밖에 관광산업은 세수유발 또는 조세수입 증대효과, 국내자원 이용효과, 타 산업에의 자극효과, 국가 간 경제교류 증대효과 등과 같은 경제적 효과를 기대할 수 있다. [그림 2-2]는 내국인과 외국인의 국내관광이 미치는 긍정적 영향을 국내 경제성장의 측면에서 설명하고 있다.[25]

---

22) 오경숙, 「관광산업의 국민경제 기여효과 분석」, 『경영경제』 제45집 제1호, 계명대학교, 2012, 13쪽.

23) "2008년 관광산업의 부가가치유발계수 평균은 0.7546으로 전 산업 평균치인 0.6664를 초과하고 있는 것으로 나타나고 있어 관광산업이 고부가가치산업임을 보여주고 있다." 위의 책, 10쪽.

24) 2013년 산업별 영업이익률 비교 시 제조업 전체 평균영업이익률은 5.7% 수준인 반면 관광 관련 산업인 골프장은 26.3%, 테마파크는 18.5%, 카지노는 12.6%, 특급호텔은 7.8%로 대부분 두 자릿수의 이익률을 보여주고 있다.

25) 이와 반대로 관광이 국가경제 또는 지역경제에 미치는 부정적 영향에 관한 연구는 Turner & Ash의 연구가 대표적이다. 이들은 관광에 대한 3가지 환상에 대해 언급하는데 첫째, 저개발국가의 대규모 관광시설은 대부분 외국기업 소유이며 현지 단순

[그림 2-2] 관광산업과 경제성장

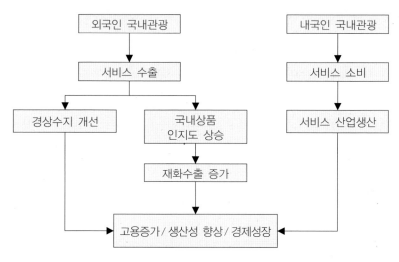

출처: 박광민, 「경제발전에 있어서 관광의 역할」, 『한국관광정책』 제29호, 한국문화
관광연구원, 2007, 16쪽.

2. 북한의 관광인식과 현실

한편, 관광의 주요 구성요소인 관광자원과 그 가치를 결정하는 요
인들을 고찰해 보는 것은 북한의 관광정책 변화 방향을 살펴보는 데
있어 효과적일 수 있다. 일반적으로 관광자원(Tourism Resources)이란
관광객으로 하여금 관광욕구를 유발시켜 관광행동으로 작용하는 매

───────

종사원만의 고용으로는 관광수입이 외부로 누출되는 효과(leakage effect)가 심각하
다. 둘째, 외국기업이 주요 항공사와 렌트카 등을 운영하고 있어 인원조작을 통한
세금탈루가 발생한다. 셋째, 관광산업은 투자금액이 낮은 것으로 인식되나 이는 지
역민보다 관광객을 대상으로 하는 정부투자를 간과한 것이다. 결국 관광은 저개발
국가를 선진국에 종속시키는 결과를 초래한다. Turner, L. & Ash, J., *The Golden
Horde: International Tourism and the Pleasure Periphery*, New York: St Martin's Press,
1976, pp. 113~117.

력성을 보유한 자연적 자원 또는 문화적 자원을 의미한다. 여기서 말하는 매력성이란 관광객의 흥미를 자극하며 관광객에게 만족과 보상을 제공할 수 있는 유인 요인이라 할 수 있다. 따라서 관광자원은 관광객의 관심과 이로 인해 발생하는 소비에 의해서 가치가 결정된다. 즉, 관광자원의 가치는 관광객과 시대에 따라 변화하며, 관광자원 자체는 보존과 보호가 필요하고 비소모적이고 비이동적이라는 특징을 갖는다. 이러한 관광자원의 개념을 선행연구자를 중심으로 정리해 보면 〈표 2-3〉와 같다.

〈표 2-3〉 관광자원에 대한 학자별 개념 정의

연구자	관광자원의 개념
김성기	관광자원은 관광대상지를 구성하는 구성요소들로서 그 유형은 매우 다양하며, 각 요소들의 특성에 따라 각기 다른 역할을 담당하면서 상호 간의 유기적 관계를 맺음으로써 관광자의 욕구를 충족시키고, 관광활동을 원활히 하는 데 직접적으로 수반되는 제반 요인 및 요소들의 총체
김흥운	관광객의 욕구나 동기를 일으키는 매력성을 가지고 있으며, 관광행동을 유발시키는 유인성과 개발을 통해 관광대상이 되고, 자연과 인간의 상호작용의 결과인 동시에, 자원의 범위는 자연자원과 인문자원 및 유·무형의 자원으로 범위가 넓으며, 사회구조와 시대에 따라 가치가 달라져 보호 또는 보존이 필요한 것
박석희	관광자의 관광동기나 관광행동을 유발하게끔 매력과 유인성을 지니고 있으면서 관광자의 욕구를 충족시켜 주는 유·무형의 소재이며, 관광활동을 원활히 하기 위해 필요한 제반 요소인데, 이것은 보전·보호가 필요하고, 관광자원이 지닌 가치는 관광지와 시대에 따라 변화하며, 비소모성과 비이동성을 지닌 것
윤대순	인간의 관광욕구 대상이 되고 관광행동을 유발시키는 가치를 지닌 유·무형의 모든 것
이장춘	인간의 관광동기를 충족시켜 줄 수 있는 생태계 내의 유형·무형의 모든 자원으로서 보존·보호하지 않으면 가치를 상실하거나 감소할 성질을 내포하고 있는 자원
律田昇	관광의 주체인 관광객이 관광의욕의 목적물로 삼는 관광대상

연구자	관광자원의 개념
小谷達男	관광의 주체인 관광객으로 하여금 관광동기나 의욕을 충족시키고, 나아가서는 관광행동을 일으키게 하는 목적물로서 유·무형의 관광대상을 말함
末武直義	관광의 매력물이 되는 자연과 인문상의 관광대상으로서 관광의 목적물 또는 관광재로서의 가치를 가진 모든 자원

출처: 김기홍 외, 『관광학개론』, 서울: 대왕사, 2013, 166쪽.

1) 관광서비스 생산요소로서의 관광자원과 북한의 인식

관광산업에서 재화나 서비스를 생산하는 생산요소가 관광자원이다. 관광서비스는 생산과 동시에 소비되는 특성을 지니며, 관광행위는 관광서비스의 생산과 소비의 활동이라 할 수 있다. 따라서 생산된 관광서비스가 적절히 배분됨으로써 관광수요자의 효용이 극대화된다.

관광행위는 자연적 매력, 인문적 매력, 관광시설 매력, 공급처리시설, 편의시설, 인력, 시간, 여행 등 8가지 생산요소가 적절히 배분됨에 따라 성립된다. 여기서 자연적 매력이란 폭포·계곡·동굴 등 유·무형의 자연적 소재를 가리키며, 인문적 매력이란 민속·성곽행사 등 유·무형의 인문적 소재를 가리킨다. 관광시설 매력이란 관광객의 편익증진에 이바지하기 위해 인공적으로 설치된 것으로서 시설적인 기능만 아니라, 그 자체가 매력과 유인성을 지녀야 하기 때문에 매력소재로서 분류될 수 있다. 또한 인문적 매력들은 관광객의 관광욕구를 만족시키기 위해서 마련되는 것이 아니라 삶의 흔적 내지는 모습이 관광욕구를 만족시켜 주는 데 반하여, 관광시설 매력들은 관광객의 단순한 편익증진에 그치는 것이 아니라 관광욕구를 만족시켜 주기 위하여 마련된다는 점에서 인문적 매력물과는 그 성격이 구분된다.[26]

일반적으로 관광자원은 자연적 관광자원(natural tourism resources),

문화적 관광자원(cultural tourism resources), 사회적 관광자원(social tourism resources), 산업적 관광자원(industrial tourism resources), 위락적 관광자원(recreational tourism resources)으로 분류할 수 있다.

〈표 2-4〉 일반적인 관광자원의 분류

분류	사례
자연적 관광자원	·산악, 내수면, 해안, 온천, 동굴, 지형, 지질, 천문기상, 도서
문화적 관광자원	·고고학적 유적, 사적, 무형문화재, 기념물, 박물관, 미술관
사회적 관광자원	·풍속, 행사, 생활, 예술, 교육, 종교, 철학, 음악, 미술, 스포츠, 국민성, 음식, 사회형태, 인정, 예절
산업적 관광자원	·공업단지, 유통단지, 백화점, 공업시설, 생산공정
위락적 관광자원	·수영장, 놀이시설, 레저타운, 수렵장, 낚시터, 카지노, 보트장, 승마장, 나이트클럽, 테마공원

북한의 경우 외국인 투자자를 대상으로 하는 자국의 경제와 투자환경 안내 자료를 통해 북한이 보유한 관광자원을 다음과 같이 소개하고 있다.

"조선에는 백두산, 금강산, 묘향산, 칠보산, 구월산을 비롯하여 특색있는 산악미와 계곡미로 절승경개를 이루는 명산들이 있으며 바다가를 따라 삼일포, 해칠보, 해금강, 송도원 등 풍부한 자연관광자원이 있다. 또한 반만년의 유구한 력사를 보여주는 조선민족의 시조왕인 단군릉과 고구려의 시조왕인 동명왕릉, 고려의 시조왕인 왕건왕릉을 비롯한 고분들이 있으며, 평양성, 대성산성과 같은 옛 성들과 안화궁터, 보현사를 비롯한 력사유적들이 많다. 2013년에 개장한 현대적인 마식령스키장을 비롯하여

26) 김기홍 외, 『관광학개론』, 서울: 대왕사, 2013, 170쪽.

나라의 명소들에 골프장, 해수욕장, 유희장, 물놀이장 등 각종 유
희오락시설과 문화휴식장소들이 있다."[27]

북한은 관광자원을 관광활동과 관광업의 원천으로 이해하며, 관
광자원의 의미를 '관광객들을 끌어당기어 관광활동과 관광업에 이
용할 수 있는 자연과 사회의 모든 자원과 사물현상의 총체'로 정의
한다.[28] 따라서 관광자원이 관광상품으로 활용되기 위해서는 관광
자원 자체가 관광객의 관광욕구를 불러일으키는 매력적 요소를 가
지고 있어야 하며, 관광활동에 활용할 수 있는 환경과 조건을 보유
해야 한다고 본다.[29]

또한 북한은 관광자원을 자연관광자원과 사회관광자원으로 구분하
고 있다. 이를 세분하여 자연관광자원의 경우 경치관광자원, 기후관
광자원, 치료관광자원으로 나누고 이 중 경치관광자원은 해안경치,
섬경치, 산림경치, 호숫가경치 등으로, 기후관광자원은 햇빛, 구름, 안
개, 바람, 기온, 비와 눈 등으로, 치료관광자원은 자연경치, 온천, 약
수, 동식물 등으로 나눈다. 또한 사회관광자원의 경우 사회형태 관광
자원, 문화형태 관광자원, 생활형태 관광자원, 산업형태 관광자원으
로 구분한다. 북한은 사회관광자원의 사례로 혁명사적지, 전적지, 역
사유적과 유물, 대기념비, 현대적인 산업시설들과 더불어 독특한 풍
습, 생활양식, 문화유산, 문화예술, 연중행사, 종교의식, 박람회, 전람

27) 조선대외경제투자협력위원회, 『조선민주주의인민공화국 투자안내』, 평양: 조선민
　　주주의인민공화국 외국문출판사, 2016, 8~9쪽.
28) 김인정, 「관광자원의 본질과 특성」, 『경제연구』 2015년 제3호, 평양: 과학백과사전
　　출판사, 2015, p. 35.
29) 박명순, 「관광자원개발리용에 대한 통계적연구에서 나서는 몇가지 문제」, 『경제연
　　구』 2015년 제3호, 평양: 과학백과사전출판사, 2015, 38~39쪽.

회, 체육행사, 각종 축전, 이름난 극장, 음악단, 박물관, 동물원, 식물
원, 공장, 기업소, 목장, 과수원 등을 제시하고 있다.

〈표 2-5〉 북한의 관광자원 분류

분류	세분류	사례
자연관광자원	경치관광자원	·해안경치, 섬경치, 산림경치, 호숫가경치 등
	기후관광자원	·햇빛, 구름, 안개, 바람, 기온, 비와 눈 등
	치료관광자원	·자연경치, 온천, 약수, 동식물 등
사회관광자원	사회형태, 문화형태, 생활형태, 산업형태 관광자원	·혁명사적지, 전적지, 역사유적과 유물 ·대기념비, 현대적 산업시설 ·독특한 풍습, 생활양식, 문화유산, 문화예술 ·연중행사, 종교의식, 박람회, 전람회, 체육행사, 각종 축전 ·극장, 음악단, 박물관, 동물원, 식물원, 공장, 기업소, 목장, 과수원 등

출처: 박종훈, 「관광자원과 그 류형」, 『우리나라무역』 2015년 제1호, 평양: 공업출
판사, 2015에서 발췌 요약.

　한편, 사회관광자원이 어떠한 의미를 가지는가에 따라 물질적 대상
과 정신적 대상으로 나눈다거나, 사회생활영역에 따라 혁명전통교양
대상, 역사문화 대상, 기념비적 건축물, 공업 및 농업, 상업 대상 등으
로 구분하기도 한다. 이는 북한의 사회주의적 관광인식이 반영된 것
으로 혁면전통교양 대상은 혁명전적지, 혁명사적지, 혁명박물관, 혁
명사적관 등으로 분류하기도 한다.[30] 북한은 이러한 관광자원의 개발
에 있어 반드시 지켜야 할 6가지 원칙을 소개하고 있는데 이는 다음
과 같다. 첫째, 주체를 철저히 세울 것 둘째, 민족성과 지역적 특성을

30) 박명순, 「관광자원개발리용에 대한 통계적연구에서 나서는 몇가지 문제」, 39쪽.

철저히 살릴 것 셋째, 관광수요에 부합하게 개발할 것 넷째, 경제적 효과성을 보장할 것 다섯째, 생태환경 보호를 중시할 것 여섯째, 국가의 계획적이며 통일적인 지도를 확고히 보장할 것 등이다.[31]

북한은 관광산업 발전을 위한 김정은 시기의 정책적 노력과 성과를 다음과 같이 홍보하고 있다.

> "관광업발전에 큰 힘을 넣고 있다. 우리 나라에서 관광업은 오늘 경애하는 최고령도자 김정은동지의 현명한 령도에 의하여 새로운 발전단계에 들어섰다. …… 대표적으로 관광을 전문으로 하는 함경북도의 온성섬관광개발구, 황해북도의 신평관광개발구, 평안북도의 청수관광개발구들과 관광, 공업, 농업, 수출 등의 종합형개발구들인 량강도 혜산경제개발구, 평안북도 압록강경제개발구들을 내오고 발전시켜나가고 있다. 이와 함께 관광업을 과학적으로 발전시키고 관광일군들을 양성하는 체계가 확립되었다. 관광업을 과학적으로 발전시켜나가기 위하여 관광업과 관련된 내용들을 학술적으로 체계화하기 위한 사업을 힘있게 벌리고있으며 관광일군들을 전문적으로 양성하기 위하여 관광대학을 내오고 필요한 대학들에 관광학부도 조직하여 관광일군을 양성하고 있다. 나라의 전반적지역에서 관광지들을 새로 개발하거나 갱신하기 위한 사업, 관광봉사시설들을 현대화하거나 개건보수하기 위한 사업이 활발히 벌어지게 되었으며 이와 함께 관광봉사부문의 일군양성사업에서 일대 전환이 일어나 관광업이 선군시대의 요구와 인민대중중심의 사회주의제도의 본성적특성에 맞게 활력있게 발전하고 있다."[32]

31) 이해정 외, 『북한의 관광정책 추진 동향과 남북 관광협력에 대한 시사점』, 서울: 대외경제정책연구원, 2019, 45쪽.
32) 리기성·김철, 『조선민주주의인민공화국 경제개괄(General Overview of the DPRK Economy)』, 평양: 조선출판물수출입사, 2017, 111쪽.

2) 관광자원의 가치결정요인과 북한의 인식

관광자원이 없이는 관광이 성립될 수 없다는 점에서 관광자원은 관광의 필수요소이다. 이러한 관광자원의 가치를 결정하는 요소에 대한 논의는 버커트와 메드릭(Burkart & Medlik, 1975)의 의한 구분이 대표적이다. 이들은 관광자원의 가치를 결정하는 요소로서 관광자원에 대한 접근성(Accessibility), 매력성(Attractiveness), 이미지(Image), 관광시설(Tourism Facilities), 하부구조(Infrastructure)의 5가지를 제시하였다. 이와 관련하여 첫째, 관광자원의 접근성(Accessibility)이란 관광자의 일상 거주지로부터 관광목적지까지 소요되는 거리와 교통수단 즉, 근접성에 근거한 개념이다. 이러한 접근성은 관광자의 행동과 의사결정에 큰 영향을 미친다. 통상적으로 관광자는 실제 소요되는 물리적 거리보다 시간과 비용이 감안된 경제적 거리 및 관광동기에 따른 심리적 거리에 의해서 관광자원에 접근하는 경향이 있다. 따라서 북한의 관광자원에 대한 접근성 문제는 북한의 폐쇄적 관광자원 운영 특성을 감안할 때 지속적인 개선이 필요하다. 특히, 무비자 출입국과 같은 관광입국절차의 간소화와 항공·해운·철도·도로노선의 확충과 정비를 통한 경제적 거리의 단축은 북한 관광산업의 활성화를 위해 해결해야 할 시급한 과제이다.

둘째, 관광자원의 매력성(Attractiveness)이란 관광객을 유인할 수 있는 흡인력이라 할 수 있다. 이러한 매력성은 관광지에 다양한 자원들이 집중되고 희소성과 차별화가 진행될수록 매력성은 커진다. 북한이 나선경제특구 관광을 허용하거나 원산-금강산국제관광지대에 대한 개발투자를 유인하는 행위, 삼지연관광지구와 양덕온천관광지구 개발, 무봉국제관광특구 등 관광개발구를 설치하는 것과 같은 일련의 행위들은 일정 지역 내에 다양한 관광자원들을 집중개발하여 관광자원 자체의 매력성을 높이기 위한 일환으로 볼 수 있다.

셋째, 관광자원에 대한 이미지(Image)이다. 이미지란 한 개인 또는 집단이 대상에 대해 갖게 되는 일련의 신념과 같다. 관광자의 관광자원 내지 관광지에 대한 이미지는 관광자로 하여금 관광참여를 유인하는 주요 동인이 된다. 즉, 관광자는 이미지에 근거하여 관광지를 확인하고자 여행하는 것이라 할 수 있다. 북한의 경우 핵문제 등으로 인해 형성된 부정적 국가이미지와 가보지 못한 나라에 대한 얼리 어답터(Early Adopter)적 호기심의 이미지를 동시에 가지고 있다.

넷째, 관광자원의 가치결정요인의 하나로 관광시설(Tourism Facilities)을 들 수 있다. 관광시설은 유원시설, 숙박시설, 휴게시설, 놀이시설, 식음료 편의시설, 관광안내시설과 같이 관광자원의 가치를 향상시키는 보조적 역할을 담당한다. 이러한 역할에도 불구하고 때로는 관광시설 자체의 매력성을 통해 독자적으로 관광객을 유인하기도 한다. 한편, 관광시설을 '상부구조(Superstructure)'라고 칭하기도 하는데 이는 중앙정부나 지방정부가 투자하는 '하부구조(Infrastructure)'와 달리 영리를 추구하는 민간기업들이 주로 투자하기 때문이다. 북한이 기대하는 관광시설에 대한 외국자본의 투자는 핵문제로 야기된 국제사회의 제재로 인해 난관에 봉착해 있다. 이로 인해 김정은 시기의 북한은 국가재정을 투입하여 독자적으로 원산갈마관광지구, 양덕온천관광지구, 삼지연관광지구 내의 관광시설을 집중개발하려 한다.

마지막으로 관광 하부구조(Infrastructure)를 들 수 있다. 관광과 관련된 하부구조로는 관광객이 관광자원에 접근하기 위한 교통수단과 시설, 관광지에서 관광편의를 제공하는 전기 · 통신시설, 상 · 하수도시설, 의료시설 등이 이에 해당된다. 하부구조 또한 관광시설과 같이 관광여행의 주된 목적대상은 아니지만 관광객에게 가장 기초적인 편의를 제공하여 준다. 이러한 하부구조는 관광자원에 대한 이미지와 접근성에 지대한 영향을 주어 관광자원 가치를 결정하는 기본 요소로 작용한다. 북한은 상시적 항공편 부족과 국내 교통문제로 대표되는 열악한 관광기반시설로 인해 관광객이 몰리는 성수기에도 이를 수용하기 어려운 문제점을 노출하고 있다. 이 문제의 해결을 위해 호텔과 같은 관광시설에 외국인 투자자들이 참여할 수는 있지만 북한의 관광자원 가치를 높이는 데 있어 소요되는 도로, 철도, 공항 등의 기반시설은 북한정부가 직접 투자해야 하는 현실에 직면해 있다.

[그림 2-3] 관광자원의 분류와 가치결정요인

일반	북한
자연	자연
문화	사회
사회	
산업	
위락	

관광자원

가치결정요인
접근성
매력성
이미지
관광시설
하부구조

제2절 사회주의 국가들의 관광개방과 북한

1. 탈냉전과 관광개방

냉전 시기 사회주의 국가들의 관광에 대한 개념은 대체로 부정적 인식에 기반했다. 이들 국가에서의 관광이란 매우 낭비적이고 비생산적인 개념으로 인식되었으며 관광행위는 극히 제한적 범위에서 허용되었다. 무엇보다 사회주의 사회의 우월성을 선전하는 것으로서의 관

광만이 유일했다. 이에 따라 사회주의 국가들의 관광이란 체제선전물
이나 정치적 기념비와 같은 시설들의 참관이 주류를 이루었고 이에
따라 관광인프라에 대한 적극적 투자는 진행되지 않았다. 공항, 호텔,
교통, 통신과 같은 관광기반시설과 관광서비스, 관광유치 홍보활동
등 전반적인 관광수용 태세는 매우 열악했다. 특히, 전통적 사회주의
국가들은 중공업 중심의 산업정책과 폐쇄적 경제구조로 인해 서비스
와 관광부문에 대한 투자는 우선 대상이 될 수 없었다.

1) 냉전과 폐쇄적 사회주의 관광정책

미국과 소련의 경쟁에서 촉발된 자본주의 진영과 사회주의 진영의
냉전은 양 진영 간 교류의 제한으로 이어졌다. 따라서 사회주의 국가
들은 서구 자본주의 문화를 악마화하는 이데올로기로 무장하고 내부
통제를 통해 자본주의 국가와의 인적 교류를 제한하였다. 이에 따라
자본주의 미수교국에서의 외래관광객 방문은 원천적으로 봉쇄되고
사회주의 진영 내에서의 친선교류 및 관광이 추진되었다.

이러한 관광에 대한 비생산적 이미지와 비경제적 목적의 제한적 체
제선전 관광, 공동체 중심의 조직화된 관광 형태가 냉전 시기 사회주
의 관광의 특징이라 할 수 있다.[33] 따라서 냉전 시기 사회주의 국가들
의 관광은 산업의 일환이기보다 공산주의적 행태와 활동 모형을 선전

---

[33] "냉전 시기 사회주의 관광은 "일명 '건강한 몸을 만드는 것, 그리고 좋은 시민들을
생산하는 것'으로 인식되었다. 때문에 국가 주도의 관광이 주된 형태였고, 또한 자
본주의 문화교류는 통제 대상으로 간주되어 서방국가와의 관광교류는 사실상 부
재한 상태였다. 즉 자본주의 국가들에서 관광은 다변화된 사회에서 다양성을 대표
하는 세계화의 반영이라면, 사회주의 관광은 정책의 중심에 외부 변화의 차단이
있었다." 강채연, 『김정은 시대 관광산업의 국제화전략과 관광협력의 선택적 이중
구조』, 서울: 통일부, 2019, 16쪽.

하는 이데올로기적 기능을 담당했다.[34]

관광행위의 기본적 요건이라 할 수 있는 거주·이전의 자유는 냉전시기 사회주의 종주국인 소련의 경우 헌법에 이를 보장하고 있지 않았다. 국적 선택의 자유와 거주·이전의 자유는 1977년 소련헌법에는 없었던 규정이다. 거주·이전의 자유가 없다는 것은 사회주의 헌법의 특징을 보여주는 중요한 포인트 중 하나이다. 거주·이전의 자유의 보장여부는 국가의 성격을 결정짓는 본질적인 요소이다. 개인이 자신이 부정하는 정치체제로부터 결별할 자유, 개인의 정치적 자기결정권을 국가가 존중하는지 여부를 알 수 있는 척도가 해외이주의 자유이기 때문이다. 국가에 의해 모든 것이 결정되는 정치체제에서 거주·이전의 자유는 필연적으로 제한될 수밖에 없었고 사회주의 국가는 출국과 해외이주의 자유를 인정하지 않았다.[35] 다만 소련 내에서의 국

[34] 한 국가의 정치적 이데올로기는 외교정책뿐만아니라 관광정책에 큰 영향을 준다. "과거 사회주의 국가들의 관광정책은 서구 국가와는 달리 정치·경제적 목표에 더 많은 관심을 보였다. 관광에 대한 사회주의적 접근의 주요 목표는 다음과 같다. ① 국가 전역에 걸쳐 상품과 서비스 및 기회의 평등한 분배를 위한 정책집행을 지원, ② 경제적 성과 제고 및 신속한 경제개발 조성, ③ 관광지역의 편익을 위한 기반시설의 향상, ④ 환경 개선, ⑤ 외부 세계에 대한 국가의 호의적 이미지 구축, ⑥ 국가사회주의의 교조에 입각한 국제평화와 이해 증진, ⑦ 사회주의 우월성을 확신시켜줄 수 있도록 방문객에 대한 문화적·이념적 인식 주지, ⑧ 외국관광객을 접하는 내국인들의 반사회주의자, 수정주의자, 자본주의자 전향 억제" Colin Michael Hall & John Michael Jenkins, 『관광과 공공정책』, 서울: 일신사, 2002, 85~86쪽.

[35] 1993년에 이르러서야 소련헌법의 뒤를 이은 러시아연방 헌법은 국적 선택의 자유와 거주·이전의 자유를 보장하였다. "모든 사람은 자신의 국적을 결정할 권리를 갖는다. 누구도 이에 관한 결정을 강요받지 아니한다. 모든 사람은 모국어 사용, 전달, 교육, 학습 및 창작을 위해 자유롭게 사용언어를 선택할 권리를 갖는다(제26조). 러시아연방 영토 내에서 합법적으로 거주하는 모든 사람들은 자유로운 이전이 보장되며 체류 및 거주의 장소를 선택할 권리를 갖는다. 모든 사람들은 러시아연방 영토의 국경을 넘어 자유로이 다닐 수 있으며, 러시아연방 국민들은 러시아연방으로 자유로이 돌아올 권리를 갖는다(제27조)." 임기영, 『러시아의 체제전환에 따른 헌법의 변화』, 서울: 헌법재판소 헌법재판연구원, 2015, 36쪽.

내 여행 자유도는 비교적 높은 편이었다. 군사시설이 있는 폐쇄 도시
와 같은 여행제한지역이 아니라면 별도의 허가서 없이도 소련 영토
대부분은 제한 없이 방문이 가능했다. 소련 국민(특히 당원)은 다른
사회주의권 국가의 관광이 허용되었다. (인맥을 통한) 자본주의권 국
가의 방문 역시 가능했다.

중국은 1949년 국가 수립 이후부터 경제적 개혁이 시작된 1978년까
지 관광을 정치적 목적으로 활용하였다. 관광에 대해 부정적 인식을
가졌던 사회주의 중국은 냉전체제하에서 미국을 위시한 서방국가 국
민들의 중국 여행을 금지하였으며, 1958년 시작된 대약진운동과 1965
년 시작된 문화대혁명의 영향으로 관광은 사실상 관심 밖의 분야였
다. 다만, 1978년 이전까지 중국은 관광을 외교적 수단으로 활용하여
주변 공산주의 국가들이나 우호적인 제3세계 국가와 비동맹 국가들
로부터의 정치적 영향력을 확장하기 위하여 관광을 허용하는 정책을
수행하였다.[36]

또 다른 사회주의 국가인 쿠바의 경우 1959년 혁명 후로 정부의 사
전허가 등 출국 절차를 까다롭게 만들어 자국 국민의 해외여행을 제
한해 왔다. 쿠바 관광을 위한 외국인 투자나 관광객 유치 역시 미국의
봉쇄정책으로 인해 심각한 제약을 받았다.

옛 동독에서 관광의 역할은 동유럽이 처한 상황의 전형을 보여준
다. 당시 동독에서는 직장이나 노동조합이 주도하여 단체 레크리에이
션(recreation)과 숙박 휴가에 크게 역점을 두었다. 이것은 사회적 결
속과 단결을 조성하며, 그밖에도 레크리에이션 시간을 정치적 교화와

---

[36] 김철원, 『중국 관광객 유치확대를 위한 관광상품 개발 방안』, 서울: 한국관광연구
원, 1999, 8쪽.

연결시키기 위해 고안되었다. 1989년 말까지 공산주의 동유럽권을 구성하고 있었던 국가들에서 관광을 격하시키는 움직임은 헝가리가 관료적 제약과 화폐유통의 제약을 완화함으로써 서구 관광객을 적극적으로 끌어들이고자 했던 것과 달리 꾸준히 진행되었다.[37] 다만, 동독의 경우는 다른 공산권과는 상대적으로 '사회주의 통일당'을 중심으로 자국민의 여행을 비교적 자유롭게 허용하고, 서독의 TV 방송과 우편물 자유 교류, 언론 교류 등을 허용하였다.

한편, 북한은 당국의 허가 없이 전국을 방문할 수 없도록 제도화하였다. 1960년대 말부터 다른 군(郡)으로 이동할 경우 별도의 '여행증명서'라는 허가서를 받아야 했다. 특히 평양시와 같은 직할시를 방문하려면 '특별증명서'를 발급받아야 했고, 국제여행의 자유도 매우 제한적이어서 최근까지도 최고 엘리트와 부유한 돈주를 제외하고 관광 목적으로 외국을 방문하는 것은 불가능하다.

2) 탈냉전과 구사회주의 국가들의 관광개방 전개

동유럽과 동아시아의 옛 사회주의 국가뿐만 아니라 많은 저개발국에서도 관광은 경제적 돌파구로 인식되고 있다. 1990년대 사회주의권의 해체를 계기로 사회주의를 탈피하여 개혁·개방을 추진했던 국가들은 냉전 시기의 관광 방식에서 벗어나 적극적인 관광개방을 전개하였다. 북한을 제외한 동유럽 국가들과 중국, 베트남, 쿠바 등이 경제발전을 위해 적극적인 관광개방을 단행하였고 국제관광의 흐름에 편입되었다.

---

37) Colin Michael Hall & John Michael Jenkins, 『관광과 공공정책』, 85쪽.

동유럽의 옛 사회주의 국가에서 진행된 대규모적인 정치·경제적 변화를 감안할 때, 관광이 이들 국가에서 경제 재건의 중요 요소로 간주되었다는 것은 놀랍지 않다. 관광산업의 노동집약적인 성격과 관광서비스 생산에서 자본대체성의 범위가 한정적이기 때문에, 20세기 초반의 반세기 동안 점차 심각한 실업문제를 경험한 이들 사회에 관광산업은 각별한 유혹이었다. 동유럽에서 관광과 관련하여 발생한 경제적 변화는 주요 정치적 변화와 맞물려 있으며, 이 같은 정치적 변화는 관광에 부여했던 가치를 급속히 바꾸어 놓았다. 최초의 관광객을 유치하게 된 동기는 이들 국가에서 외화가 절대적으로 필요하다는 점에 있었다.[38]

〈표 2-6〉 구사회주의 국가들의 관광객 수 및 관광수입 변화

국가명	해외로부터의 관광객 수 (천 명)		국가명	해외로부터의 관광수입 (백만 달러)	
	1990	1994		1990	1994
헝가리	20,510	21,425	중국	2,218	7,323
중국	10,484	21,070	폴란드	358	6,150
폴란드	3,400	18,800	체코	419	1,966
체코	7,278	17,000	헝가리	824	1,428
불가리아	4,500	4,055	슬로바키아	70	568
쿠바	327	617	베트남	85	85
캄보디아	17	177	캄보디아	50	70

[38] "공산주의 시기의 흔적은 박물관의 후미로 밀려났으며 관광객의 정치적 호기심의 대상이 되었다. 오늘날 관광객들은 과거의 공산주의를 경험하기 위해 정치범 수용소를 방문할 수 있으며, 동시에 수년 동안 방문객 출입이 금지되었던 교회와 유적지를 방문할 수 있다. 외국관광객을 유치하고 또한 사회주의 이전의 자료를 참고하여 새로운 국민적 정체성과 정치적 가치를 연출하기 위해 역사가 새로 쓰이고 다시 묘사되고 있다." Colin Michael Hall & John Michael Jenkins, 『관광과 공공정책』, 84~86쪽.

국가명	해외로부터의 관광객 수 (천 명)		국가명	해외로부터의 관광수입 (백만 달러)	
	1990	1994		1990	1994
몽골	147	151	미얀마	9	24
미얀마	21	83	알바니아	7	5
알바니아	30	28	몽골	5	4

출처: 통계청, 『시장경제전환국가의 주요경제지표』, 서울: 통계청, 1997, 37쪽.

〈표 2-6〉은 구사회주의 국가들이 체제전환 전후로 관광개방을 통해 겪은 경제적 영향을 보여주고 있다. 해외로부터 유치한 관광객 수가 가장 많은 국가는 헝가리로서 1994년도에 21,425천 명으로 나타나 체제전환 이듬해인 1990년의 20,510천 명을 상회하고 있다. 중국은 개혁·개방 이전인 1990년에 10,484천 명에서 1994년 21,070천 명으로 2배 증가하였고, 폴란드는 개방 이듬해인 1990년 3,400천 명에서 1994년 18,800천 명으로 5.5배 증가하였다. 체코는 1994년 17,000천 명으로 1990년의 7,278천 명에 비하여 2.3배 증가했다.[39]

체제전환으로 인한 관광개방의 결과는 관광수입의 증가로도 나타났다. 중국의 1994년 해외관광수입은 7,323백만 달러로 1990년의 2,218백만 달러에 비해 3.3배 증가했고, 폴란드는 1994년 6,150백만 달러로 지난 1990년의 358백만 달러에 비하여 17.2배나 증가하였다. 체코의 해외관광수입은 1994년 1,966백만 달러로 지난 1990년에 비해 4.7배, 헝가리는 1994년 1,428백만 달러로 지난 1990년에 비해 1.7배 증가했다.[40]

이를 통해 유추해보면 체제전환 과정에서 기존 사회주의 국가들이 관광에 대한 중요한 인식 변화가 있었다는 것을 알 수 있다. 이들 국

[39] 통계청, 『시장경제전환국가의 주요경제지표』, 서울: 통계청, 1997, 36쪽.
[40] 위의 책, 36쪽.

가들은 더 이상 관광을 정치적 역할에 한정하지 않고 경제적 역할, 즉
사회주의 계획경제 체제를 대체하고 외화유치를 위한 최적의 수단으
로 인식하게 되었다. 냉전시대의 통제와 단속 대신 이들은 개혁·개
방을 통해 인적·물적 교류가 동반되는 관광개방을 병행하면서 관광
산업에 우선하여 투자한 결과이다.

　다음의 장은 소련을 위시한 사회주의권의 해체와 미국 등 국제사회
의 오랜 경제봉쇄 속에서 겪게 된 경제위기를 극복하는 과정에서 추
진한 쿠바와 베트남의 관광개방 전개 과정을 기술하고, 이러한 사례
를 통해 북한에 적용 가능한 시사점을 제시하고자 한다.

2. 사회주의 쿠바의 관광개방과 경제발전

　현재 지구상에 존재하는 현실 사회주의 국가는 중국, 북한, 쿠바,
베트남의 4개국이다. 이 중 '중남미의 홍콩', '카리브해의 진주', '아메
리카대륙의 열쇠'로 불리는 쿠바는 1990년대 사회주의 경제권의 붕괴
로 인한 경제위기를 과감한 경제개혁과 관광업을 대외적으로 개방하
고 육성하는 과정을 통해 극복하고 현재까지 사회주의 체제를 유지하
고 있다. 쿠바는 자연자원을 이용한 관광산업으로 1994년 이후 7년간
매년 3~7%의 고속성장을 이루었으며, 관광은 쿠바 제1의 외화수입원
으로 자리매김했다. 관광의 발전을 토대로 쿠바는 2015년 7월, 54년
만에 미국과 수교하는 등 본격적인 개방의 길로 들어섰다.

　쿠바가 관광업을 중심으로 한 경제발전을 추구한 이유는 막대한 신
규투자 없이도 단기간 내 기존의 관광자원을 활용하여 외화를 획득할
수 있는 유일한 수단이었기 때문이다.[41)]

1) 소련의 붕괴와 쿠바의 경제위기

1959년 혁명에 성공한 쿠바정부는 대내적인 독자발전 정책과 제3세계 국가들에 대한 대외적 지원정책을 추진했다. 쿠바의 사회주의 정권은 무상교육, 식량배급, 무상의료로 대표되는 국가 주도의 계획경제 체제를 유지해 왔다. 이는 농약, 비료, 연료, 농기계와 같은 소련의 전폭적인 경제·군사적 원조를 바탕으로 작동했다.

〈표 2-7〉 쿠바의 대소련 및 동유럽 무역의존도(%)

구분	1983	1984	1985	1986	1987	1988
수출	81.6	85.4	86	86	83.4	81.8
수입	83.9	79.9	80	82.5	86.8	84.6

출처: Perez-Lopez(1992), p. 117 재인용; 김연철, 2002, 221쪽.

그러나 1989년 소련의 갑작스런 붕괴 이후 쿠바경제는 북한의 '고난의 행군' 시기와 유사한 '특별한 시기(Periodo Especial)'를 겪게 된다. 소련 및 동구권과의 교역이 총 무역의 90%에 육박했던 쿠바에게 있어 사회주의권의 몰락은 경제침체와 연료, 식량, 의류 등 사회 전 부문에서의 물자부족으로 이어졌다. 농기계나 운송수단을 가동할 수 없기 때문에 농업생산은 심각한 타격을 입고 식량난까지 겹쳤다. 설탕을 수출하여 원유를 수입해야 하는 쿠바경제로서는 판매할 설탕조차 생산할 수 없는 악순환이 시작됐다.[42]

---

41) 육동한 외, 「북강원도의 중심, 원산의 재조명」, 『정책메모』 제700호, 강원연구원, 2018, 6쪽.

42) 곽재성, 「관광산업의 진흥을 통해 본 쿠바의 개방정책」, 『이베로아메리카연구』 제11집, 서울대학교 스페인중남미연구소, 2000, 3~4쪽.

〈표 2-8〉 쿠바의 식량수입 현황(1989~1996, 단위: 1,000peso, %)

구분	1989	1990	1991	1992	1993	1994	1995	1996
식량수입	908,762	827,341	825,377	498,569	474,146	467,331	610,883	689,108
총수입	8,124,224	7,416,525	4,233,752	2,314,916	2,008,215	2,016,821	2,882,530	3,480,608
식량수입 비중	11.2	11.2	19.5	21.5	23.6	23.2	21.2	19.8

출처: Messina Jr(1999), p. 441 재인용; 김연철, 2002, 226쪽.

쿠바경제가 이처럼 악화일로를 걷게 된 것은 미국의 경제제재, 사회주의 경제체제의 경직성과 소련을 비롯한 구사회주의권의 붕괴, 농산물 가격의 하락 등이 복합적으로 작용했기 때문이다.[43]

〈표 2-9〉 미국의 대쿠바 주요 제재 조치

연도	주요 내용
1959년	쿠바 공산혁명 성공 및 쿠바 내 미국 자산 국유화
1961년	미국−쿠바 외교관계 단절
1962년	대쿠바 교역금지 조치 시행
1963년	미국 내 쿠바 자산 동결 미국인의 쿠바 여행 금지
1977년	양국 이익대표부 설치(아바나, 워싱턴) 미국 거주 쿠바인 본국 송금 분기당 미화 500달러 허용
1982년	쿠바를 테러지원국에 포함 미국인의 쿠바 여행 제한적 허용(친척 방문, 언론 취재, 전문적 조사 활동 등)
1992년	토리첼리법 제정 쿠바 항구 기항 선박의 6개월간 미국 입항 금지 미국 기업 해외지사의 대쿠바 교역 금지 등
1994년	미국 거주 쿠바인의 본국 송금 중단

[43] 김형주, 「북한의 개방모델, 최선의 선택은: 자연자원 이용한 쿠바모델, 관광산업 중심의 개혁정책으로 성공」, 『통일한국』 제207호, 평화문제연구소, 2001, 31쪽.

연도	주요 내용
1996년	헬름스-버튼법 제정 - 쿠바 내 미국 국유화 자산 사용 외국기업 임직원 및 직계가족 미국 입국 거부 - 쿠바 내 민주화 정부 수립 후 대쿠바 교역금지 조치 해제 - 국제금융기구의 대쿠바 지원 반대 등
1998년	미국 거주 쿠바인의 본국 송금 분기당 미화 300달러 축소 재개 미국 기업의 대쿠바 식품 및 의약품 수출 제한적 허용
2000년	미국 거주 쿠바인의 본국 방문 횟수 제한(종전 3년에 1회)

출처: KOTRA 통상정보본부, 『미국의 쿠바 제재조치 완화와 한-쿠바 교역』, 서울: KOTRA, 2009, 2쪽.

특히 1991년 사회주의 국가 간의 경제협력기구인 코메콘(COMECON)이 해체되면서 국가 간 무역 방식이 기존의 우호무역에서 상업거래로 전환되고, 원유, 컴퓨터, 기계, 화학제품 등에 대한 수입결제를 경화로 요구받게 됨에 따라 무역 규모가 극도로 축소되었다. 이에 따라 1989~93년 기간 동안 쿠바의 수출은 70%, 수입은 75% 감소했으며 국내총생산(GDP)은 1/2 수준으로 줄어들었다.

〈표 2-10〉 쿠바의 경제 현황(1989~1993)

구분	1989	1990	1991	1992	1993
GDP(10억 $)	32.5	31.5	23.6	20.3	16.2
실질GDP 성장률(%)	0.1	-3.1	-25.0	-14.0	-20.0
수출(10억 $)	5.9	6.2	3.9	2.9	2.6
수입(10억 $)	8.6	7.7	4.6	2.8	2.4
외채(10억 $)	6.2	7.0	8.4	10.0	10.8

출처: Paster Jr. & Zimbalist, 1995, p. 708, 재인용; 김연철, 2002, 222쪽.

2) 신경제정책을 통한 경제난 돌파와 관광 활성화 조치

쿠바경제가 파국에 이르고 자국민의 생활이 위협받는 수준에 이르
자 쿠바정부는 1993년부터 자본주의를 수용하는 것에 대한 논의를 시
작하고, 결국 시장경제 요소를 도입한 개혁·개방정책을 채택한다.[44]
1990년대 쿠바의 경제개혁은 관광업의 활성화 조치 외에 농업부문과
금융·재정부문의 개혁조치가 병행되었다. 특히, 가장 시급한 사안인
외화 유입의 증대를 위해 전 국민의 달러 소지를 자유화하여 해외로
부터의 송금을 유도하였고, 국영 달러 상점을 설치하여 달러를 소지
한 내국인도 이용할 수 있도록 허용했다.[45]

또한, 농업부문을 개혁하여 기존의 집단노동제도에서 탈피하여 협
동농장이나 가족 위주의 자영농을 장려하고 잉여농산물을 사고파는
자유시장을 허용했다.[46] 이의 일환으로 자국민에게 공한지, 텃밭, 집
마당을 경작해서 식량을 생산하거나 판매할 수 있도록 하고 친환경
유기농업을 장려했다.

무엇보다 농업부문의 개혁에는 국영농장의 개편과 농민시장 및 수
매정책의 변화를 들 수 있다. 쿠바는 1993년 국영농장 개편을 중심으
로 하는 농업개혁안을 발표했다. 협동조합 생산기초조직(UBPC)을 법
제화하여 국가수매기관(Acopia)에 의무적으로 판매해야 하는 생산쿼

---

44) 가장 큰 걸림돌이었던 이데올로기적 갈등의 문제는 피델 카스트로 자신이 "현실이
라는 것이 우리가 절대 하지 않았을 일을 하게 한다. …결국 우리가 양보해야 한
다."고 정당성을 부여함으로서 일단락되었다. 곽재성, 「관광산업의 진흥을 통해 본
쿠바의 개방정책」, 4쪽.

45) 위의 책, 5쪽.

46) 김형주, 「북한의 개방모델, 최선의 선택은: 자연자원 이용한 쿠바모델, 관광산업 중
심의 개혁정책으로 성공」, 32쪽.

터(전체 생산목표의 80%)를 제외한 나머지 생산물과 목표생산액 초
과분에 대해서 농민시장에 판매할 수 있도록 허용했다. 또한 1986년
폐쇄했던 농민시장(Mercados Agropecuarios: MA)을 허용하여 1994년
9월 법제화하고 상업성에서 관장토록 하였다. 농민시장에서는 정부
와 농민 간의 생산의무 분량을 완수한 이외의 잉여농산물만 판매할
수 있게 했다. 판매자는 정해진 세금을 납부해야 하며, 의무 생산량
을 채우지 못한 생산자가 시장에서 판매할 경우 벌금을 부과하도록
했다. 쿠바의 농민시장은 암시장에서 폭등하던 농산물 가격을 안정
화시키고 미국 달러화에 대한 페소와의 평가절하를 자연스럽게 유도
하는 역할을 했다.[47)]

다음으로 국영기업을 개혁하기 시작했다.[48)] 수천 개의 비효율적인
국영기업들을 효율적인 조직으로 만들기 위해 보조금을 대폭 삭감했
으며, 국영기업 관리들의 사고방식을 '시장지향적'으로 재교육시켰다.
또한, 국영기업에 대한 외국인 및 내국인의 민간투자를 장려하기 시
작했고 민간기업 설립도 허용했다. 이밖에 개혁의 저항 세력이 될 수
있는 군부를 관광산업 재편 작업에 참여시켜 경제개혁의 지지자 내지
동반자로 확보한다.[49)]

---

47) 김연철, 「북한의 경제개혁 전략: 쿠바사례의 적용가능성」, 『아세아연구』 제45권 1
   호, 고려대학교 아세아문제연구소, 2002, 225~229쪽.
48) 김형주, 「북한의 개방모델, 최선의 선택은: 자연자원 이용한 쿠바모델, 관광산업 중
   심의 개혁정책으로 성공」, 32쪽.
49) "쿠바 혁명군(Fuerzas Armadas Revolucionarias: FAR)은 쿠바에서 가장 강력한 제도이
   다. 특히 주요 경제부문의 수백 개의 기업을 경영하며 경제의 60%를 통제하고 있
   다. …… 1991년 경제난 이후 군의 16여 년간의 세계주의 임무가 종식되고 경제의
   회생이라는 새로운 임무가 부여되었다. 경제위기에서 군의 규모는 줄었지만 군부
   의 활동은 농업생산, 제조업, 관광업을 포함한 서비스업 등 경제영역으로 확대되었
   다." 이정철 외, 『전환기 쿠바와 북한 비교: 정책적 함의』, 서울: 통일연구원, 2015,
   21~23쪽.

무엇보다 두드러진 것은 쿠바가 외국인 직접투자를 유치하여 자국
내 관광산업을 육성하겠다는 생존전략을 채택한 점이다. 과거 '신식
민지주의의 유산'이라는 비난을 받기도 했던 관광산업은 외화난 타개
를 위한 국가시책으로 정해지고 1994년 관광부가 신설되었다. 또한
외국기업과 쿠바 국내기업의 합작 관광회사 설립을 허용하고 관광시
설과 인프라 개발에 35억 달러 이상을 투자했다. 이에 따라 1994년 시
점부터 관광산업(8.5억 달러)은 설탕산업(7.2억 달러)을 추월하여 쿠
바의 최대 외화 수입원으로 부상한다.

〈표 2-11〉 쿠바의 관광객 수 및 관광수익(1990~1999)

구분	1990	1991	1992	1993	1994	1995	1996	1997	1998	1999
관광객 수 (만 명)	34.0	42.4	46.0	54.4	61.7	74.5	100.4	117.0	141.5	160.2
증가율(%)	4	25	9	18	13	21	35	17	21	13
관광수입 (백만$)	243	387	443	636	763	977	1,185	1,345	1,571	1,714
1인당 평균수입 ($)	714	913	962	1,169	1,236	1,311	1,180	1,149	1,100	1,069

출처: Espino, 2000, p. 369 재인용; 김연철, 2002, 232쪽.

관광수익은 경제적으로 재정수입 증대와 고용 및 국민소득 증가로
나타났다. 1994년 이후 관광소득은 쿠바의 총 현금소득(재화 및 서비
스 수출)의 36%를 차지하고 있다. 1998년의 경우, 서비스 수출의 60%
를 차지했지만 상품 수출액을 초과할 정도로 비중이 커졌다.[50]

50) 김연철, 「북한의 경제개혁 전략: 쿠바사례의 적용가능성」, 232쪽.

3) 관광개방의 결과

쿠바와 같은 국제사회로부터의 고립된 체제에서 관광개방은 첫째, 관광객과의 접촉을 통해 서구적 가치가 유입되고, 둘째, 당국으로 하여금 사회경제적 제도의 개선을 촉발하며, 셋째, 국제사회의 관심을 제고하는 경향이 있다. 경제적으로도 열악한 산업구조와 전통산업의 부진이라는 상황에서 관광산업은 주요 외화수입원으로서 역할을 할 수 있다. 이런 점을 감안하여 쿠바정부는 경제위기 상황에서 새로운 성장 주력 분야로 관광산업을 선택하고, 관광산업을 경제의 심장(el turismo es el corazón de la economiá)이라고 규정했다.[51]

쿠바는 카리브해의 가장 큰 섬으로 1,200km의 너비에 온난한 카리브해 기후와 300개에 육박하는 해변과 바다, 백사장을 갖추고 있다. 또한 스페인 식민지, 미국 자본주의의 지배, 혁명, 사회주의 등으로 대변되는 독특한 역사와 유럽과 아프리카 및 미국문화가 혼합된 특성으로 인해 다른 어떤 지역보다 풍부한 문화유산을 보유하고 있다. 쿠바의 관광산업은 카리브해 기후와 해변이 보여주는 자연환경과 쿠바의 역사와 문화가 융합된 장점으로 인해 1959년 혁명 이전의 경우 매년 30%가 넘는 성장률을 기록하며 카리브해 관광을 주도해 왔다. 이런 점에서 쿠바의 관광산업은 일찍부터 외국인 투자가 활발히 이루어졌던 분야이자 외화가득 산업이었다.

쿠바가 경제적 위기 상황하에서 관광개방을 추진하면서 맞이한 현실과제는 투자자본의 원활한 조달이었다.[52] 쿠바는 외국인 투자를 유

---

[51] 김연철, 『북한의 산업화와 경제정책』, 서울: 역사비평사, 2001, 381쪽.

치하기 위해 외국과의 합작투자를 주관할 기업들을 설립하기 시작했다.[53] 또한 이익금의 송금과 세금 혜택 등 더 많은 외국인 투자를 유치하기 위한 전향적인 조치들도 이어졌다.[54] 2008년 49년간 국가평의회장을 역임한 피델 카스트로가 퇴임하면서 뒤를 이은 혁명동지이자 동생인 라울 카스트로는 2011년 제6차 공산당 전당대회에서 '경제사회개혁방안'을 의결하고 신경제체제로의 개혁정책을 추진했다. 쿠바 정부는 외화와 세수 부족, 실업자 증가로 인해 국가 주도의 계획경제(planned economy) 체제로는 체제유지가 어려움을 인식하여 택시업을 포함한 소규모 자영업을 육성해 경제활성화를 꾀하기로 방향을 전환하였다.[55] 이는 외국인 관광객 확대와 실업자 문제 해결, 민간부문의 경제활성화를 동시에 노린 조치라 할 수 있다.

이 결과 자영업자 수는 2008년 15만 명에서 2015년 50만 명을 넘어

---

52) 쿠바는 미국의 견제를 우려해 외국인 투자에 대한 정확한 통계를 공개하지 않고 있다. 2017년 말 대외무역부가 발표한 자료에 따르면, 2016년 말 기준 쿠바의 현 외국인투자 프로젝트는 총 209건이며, 이 중 104건은 국제파트너십협약(EPA)이고, 조인트벤처는 97건, 전액외국인자본투자는 8건이다.

53) 곽재성, 「관광산업의 진흥을 통해 본 쿠바의 개방정책」, 11쪽.

54) "1995년 9월에는 '신외국인투자법'을 발표해 외국인투자 허용 대상을 크게 확대했으며, 안보, 보건, 교육 분야를 제외한 전 분야에서 100% 외자기업의 설립도 가능하도록 해 실질적으로 외국인에 의한 기업경영을 허용했다. 또한 1996년 6월에는 자유무역지대 내의 세관, 은행, 조세, 노동, 자본투자 및 무역 등에 특별법을 적용할 수 있도록 '자유무역지대 및 산업공단법'을 제정해 재화와 서비스의 자유무역을 보장했다." 김형주, 「북한의 개방모델, 최선의 선택은: 자연자원 이용한 쿠바모델, 관광산업 중심의 개혁정책으로 성공」, 32쪽.

55) "쿠바정부는 관광진흥을 위해 필요한 민박집, 렌터카, 택시, 민영식당, 이발소, 수리업, 청소업, 건설노동 등 180여 개 업종을 중심으로 민영화를 추진하였다. 또한 직장 무상급식과 같은 정부 서비스도 폐지하거나 축소했다. 2011년에는 자동차와 주택매매가 허용되면서 관련 산업도 발전하기 시작했으며, 2013년 1월 자국민의 해외여행이 자유화됨에 따라 비공식 무역도 증가하였다." 『중앙일보』, 2018년 3월 13일.

섰다. 해외 거주 쿠바인의 국내 송금 역시 매년 30억 달러 이상으로
외화자금원 역할을 하고 있으며, 관광객의 증가로 인해 매년 25억 달
러 이상의 외화수입을 거두고 있다. 이는 1990년대부터 국영호텔과
리조트를 확충하고 2011년 이후 민박집과 민영식당 등의 민영화를 통
해 관광인프라를 확충한 것이 영향을 미쳤다.

〈표 2-12〉 주요국별 쿠바 방문 관광객 수(2016년 기준, 단위: 명, %)

순위	국가	관광객 수	관광객 비중
1	캐나다	1,205,809	30.1
2	재외	424,747	10.6
3	**미국**	**284,552**	**7.1**
4	독일	242,335	6.0
5	영국	194,815	4.9
6	이탈리아	191,585	4.8
7	프랑스	187,468	4.7
8	스페인	153,340	3.8
9	멕시코	131,353	3.3
10	아르헨티나	94,727	2.4
11	러시아	65,386	1.6
12	네덜란드	52,613	1.3
종계(기타 제외)		4,009,169	100.0

출처: 쿠바 통계청, 2017.

쿠바의 과감한 개혁조치는 2015년 1월 미국과의 국교정상화와 로
마 교황청과의 관계 강화56), 4차례에 걸친 경제제재 완화로 결실을

---

56) 실제 로마 교황청의 프란치스코 교황은 미국과 쿠바의 화해와 국교수립 과정에서
양국 대표단을 바티칸으로 초청해 외교관계 정상화의 중재자 역할을 했다.

맺고 있다.57) 미국은 2009년 4월 미국 거주 쿠바인의 쿠바 여행 제한
조치를 해제하였고, 2015년 미－쿠바 관계정상화 추진에 따라 미국인
관광객이 증가하고 있다.58) 쿠바정부가 1990년대 초부터 외국인을 대
상으로 한 관광객 유치를 적극 추진하면서 쿠바의 외국인 관광객은
1998년에 이미 140만여 명이 이르고, 2015년 미국의 제한적 관광이 허
용된 뒤 폭발적으로 증가하여 2016년에 전년 대비 13% 증가한 400만
명을 돌파했다. 이에 따라 관광수입은 매년 25억~30억 달러에 이르고
있다.

〈표 2-13〉 쿠바의 관광객 유치 현황(2012~2017, 단위: 천 명, 백만 달러)

구분	2012	2013	2014	2015	2016	2017
관광객 수	2,838	2,852	3,002	3,525	4,035	4,689
관광수입	2,613	2,608	2,546	2,819	N.A.	N.A.

출처: 쿠바 통계청, 쿠바 관광부.

이에 더해 관광산업의 발전은 식품과 음료 등 연관 산업에도 긍정
적 영향을 미치고 있으며, 호텔, 식당, 상업 분야 공식 종사자들은 쿠
바 경제를 지탱하는 버팀목 역할을 하고 있다. 또한 관광업 종사 직종

57) 『중앙일보』, 2018년 3월 13일.
58) "미국 행정부는 지난 9월 18일 54년 만에 국교를 정상화한 쿠바에 대해 여행 및 무
역 제한조치를 추가로 완화하는 등 가장 진전된 조치를 발표한 바 있다. 미 재무부
와 상무부는 이날 여행자유화 확대, 현지법인 설립 및 수출품 확대 등의 내용이
담긴 규제 완화안을 공식 발표했다. 미국은 우선 가족 방문, 공무상 방문, 취재, 전
문연구 등 1단계로 여행자유화 조치가 시행된 12개 분야 관련자들에 대해서는 제3
국 경유 없이 직접 선박편으로 쿠바를 방문할 수 있도록 했다. 개인이 쿠바 입국
시 휴대할 수 있는 현금과 은행을 경유한 송금 한도액도 사실상 폐지했다." 이정철
외, 『전환기 쿠바와 북한 비교: 정책적 함의』, 112쪽.

은 쿠바 내에서 인기를 구가하고 있는데 이는 외국인 관광객을 상대할 경우 공식 급여 대비 높은 수입을 올릴 수 있기 때문이다. 쿠바의 관광프로그램은 해변관광을 중심으로 운영되고 있고, 쿠바 내 유적지나 환경친화적 관광, 해양스포츠 활동과 같은 관광상품들도 개발되고 있다.

이와 같이 관광개방을 통한 쿠바의 놀라운 성과와 경험의 축적은 오늘날 유사한 환경에 놓여 있는 북한이 채택할 수 있는 개방모델이 될 수 있다.

4) 쿠바모델의 시사점

오랜 기간 북한에 가해져 온 미국을 위시한 국제적 제재는 북한이 사회주의 체제를 유지하면서 동시에 정상국가로 나아가는 데 있어 최대의 걸림돌로 작용하고 있다. 이러한 환경하에서 '쿠바모델'은 북한의 관광산업 정책결정에 몇 가지 시사점을 줄 수 있다.

첫째, 관광업에 대해 전향적 접근자세가 필요하다. 유엔 안전보장이사회의 제재 대상이 아니면서 자력갱생식 북한의 제조업을 재건하는 마중물의 역할을 관광업이 할 수 있다. 쿠바는 국제사회의 제재 속에서도 관광업을 통해 외화를 획득하고 공산당 체제를 유지하면서 관광대국으로 성장하였다. 관광업과 관련된 분야의 대규모 민영화와 외국인 투자 개방은 쿠바 공산당 일당체제를 유지하면서도 가능했다. 북한 김정은 위원장이 관광업에 대한 유연한 접근을 통해 쿠바식 선택을 할 수 있다면 관광업뿐만 아니라 유관산업까지 엄청난 발전을 할 수 있다. 또한 북한 내의 관광자원 개발과 대규모 관광지 건설공사와 같은 인프라 투자는 북한 지도자의 업적을 과시하고 내부적 정치적 안정을 꾀할 수 있는 좋은 수단이다.

둘째, 군부와 연계한 관광업 발전전략이다. 이는 90년대 쿠바가 경제위기를 극복하는 과정에서 군부에 부여한 임무였다. 쿠바는 쿠바혁명군을 통해 군사부문 뿐만 아니라 농업, 제조업, 관광업을 포함한 서비스업과 같은 경제 전 부문까지 관리를 확대하였다. 쿠바 군부가 장악한 대표적인 준독립 주식회사로는 가비오타(Gaviota S.A)를 꼽을 수 있다. 가비오타는 소련 군부를 접대하는 오락시설이었으나 1990년대 이후 쿠바의 거대 관광기업으로 성장하였다. 이 기업의 사업영역은 쿠바 전역에 걸친 호텔과 항공, 헬리콥터, 각종 상점 및 렌탈회사를 포함하고 있다. 쿠바 혁명군은 가비오타를 통해 쿠바 전체 관광수익의 20% 정도를 벌어들이고 있다. 이와 같이 군부에게 이권을 부여함으로써 쿠바 정권은 군부의 혁명성과 충성심을 경제적 자급자족 및 경제적 부와 연계하였다. 쿠바 혁명군의 경제활동은 정권과 군부 모두에게 이익이 된다.[59] 만일 군부 대신 민간엘리트가 경제를 담당할 경우 개혁이 최고지도자의 통제를 벗어나거나 탈중앙적 개혁조치들이 발생할 수 있다는 판단이 크게 작용하고 있다. 북한은 3대 관광개발지로 구분되는 원산갈마해안관광지구, 삼지연관광지구, 양덕온천관광지구와 같은 관광 관련 기반시설 건설을 군부에서 담당하고 있다. 북한이 쿠바모델과 같이 군부와 연계하는 방식으로 관광업을 추진할 경우 군사 부문의 인력 규모 축소를 통해 경제 부문에 보다 많은 인력을 투입할 수 있을 것이다.

셋째, 미국의 대북제재 상황하에서 대체시장 발굴을 통한 빠른 경제회복의 계기가 필요하다. 쿠바사례는 미국의 경제제재라는 상황에

---

59) 이정철 외, 『전환기 쿠바와 북한 비교: 정책적 함의』, 36~37쪽.

도 불구하고 경제개혁을 추진할 수 있음을 보여주고 있다. 오히려 유럽연합(EU)과 캐나다 등 국제사회와의 교류 확대는 쿠바의 국가적 이미지를 변화시켰으며, 미국 내에서 쿠바에 대한 경제제재 완화 필요성을 웅변하게 되었다. 국제적 긴장구조와 체제 고수라는 악순환의 고리를 단절할 수 있는 이니셔티브는 국제환경의 문제보다는 주체의 선택에 달려있다고 볼 수 있다.[60] 북미관계는 북한 관광에 있어 오랜 기간 장애물로 작용하고 있으나 국제 관광교류 다변화와 관광객 다양화 같은 관광시장 활성화를 위한 다각적인 접근은 북미관계의 개선 이전에도 시도할 필요가 있다.

넷째, 국가체제 유지를 위해 개혁·개방의 속도를 관리하는 것이다. 쿠바의 경우 관광산업과 서비스 부문을 중심으로 외국인 투자를 유치하여 경제성장을 도모하면서도 무엇보다 기존 체제를 변화시키지 않았기 때문에 그 이전 속도는 느리다 할지라도 러시아나 동구에서와 같은 사회·경제적 혼란을 겪고 있지 않다.[61] 또한 쿠바는 자본주의를 수용하는 과정에서도 국가의 역할을 지속시켰다. 쿠바정부는 외국기업과의 제휴를 통해 적극적으로 경제운영에 개입하였다. 쿠바에서는 100% 외국인 지분 소유가 가능하지만 대부분의 외국자본은 정부와의 합작을 통해 관광산업에 투자하고 있다. 그 결과 공공성과 수익성을 동시에 확보했다는 평가를 받고 있다.[62]

---

60) 김연철, 『북한의 산업화와 경제정책』, 234쪽.
61) 곽재성, 「관광산업의 진흥을 통해 본 쿠바의 개방정책」, 4쪽.
62) 위의 책, 14쪽.

[그림 2-4] 사회주의 체제전환의 두 경로

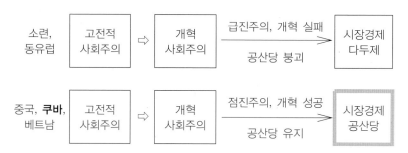

출처: 이재춘, 『베트남과 북한의 개혁·개방』, 서울: 경인문화사, 2014, 38쪽 수정.

　다섯째, 토리첼리 법안, 헬름스-버튼 법안과 같은 미국의 계속된 경제제재에도 불구하고 쿠바에 대한 외국인들의 투자가 증가했는데 이는 쿠바정부의 적극적인 홍보정책이 중요한 역할을 했기 때문이다.[63] 또한 쿠바가 꾸준히 관광활성화를 위한 인프라, 즉 시장환율 정책으로의 전환, 숙박업을 비롯한 개인상업의 허용, 호텔 및 위락 시설 건설을 위한 적극적인 합영 및 외국인투자 활성화를 시도했다면 북한은 그렇지 않았다. 관광은 산업정책의 하나이며 거시경제적 조정 과정을 필요로 한다.[64] 북한정부는 외국인 투자자가 북한이 매력적인 관광 투자대상지로 느낄 수 있도록 여건조성을 위해 노력해야 한다.

　마지막으로, 북미관계 개선 노력을 지속적으로 추진해야 한다. 쿠바는 외국인 투자자에게 시장을 개방해 해외 자본을 유치함으로써 경

63) 김형주, 「북한의 개방모델, 최선의 선택은: 자연자원 이용한 쿠바모델, 관광산업 중심의 개혁정책으로 성공」, 33쪽.
64) 김연철, 『북한의 산업화와 경제정책』, 411~412쪽.

제를 성장시켜 왔다. 북한이 경제개발 재원조달을 위해 취할 수 있는
최선의 방식이란 결국 북한이 '국제사회의 일원'이자 '정상국가'로서
인정받도록 스스로 변화해야 함을 시사한다. 서구 자본의 유입은 궁
극적으로 미국과의 관계 개선이 전제되어야 한다. 북미 간의 관계 개
선을 추진하고자 하는 북한은 미국과 쿠바와의 관계 개선 사례를 참
고할 필요가 있다.[65]

3. 사회주의 베트남의 관광개방과 경제발전

저개발 국가나 체제전환 국가들이 개혁·개방 초기에 관광산업을
통해 외화를 획득하고 국가 이미지를 높이는 것은 효과적인 발전전략
이라 할 수 있다. 실제 중국과 베트남, 쿠바와 같은 사회주의 국가들
의 개혁·개방 과정에서 관광산업은 이들 국가의 경제발전에 상당한
기여를 했다.

특히, 베트남이 관광개방을 통해 경제성장을 추구하고 있는 것은
북한에게 있어 중요한 벤치마킹 사례가 될 것이다. 무엇보다 베트남
은 중국과 같은 대국이 아니었고, 내부에서 동원 가능한 자본도 부족
한 상태에서 개혁·개방을 시도하였다. 또한 베트남은 북한과 같이
미국과의 전쟁을 경험했고, 대규모 국제 제재를 감내하면서 발전을

---

65) "김정은 시대 경제개발모델은 쿠바식 관광, 중국식 특구, 박정희식 개발 독재가 절
충된 것으로 보입니다. 이는 김정일 시대의 모델인데 그간 미·북 적대관계가 해소
되지 않아 실현되지 못했습니다. 김정은 북한 국무위원장은 미북 적대관계를 풀어
이 같은 구상을 실현하고 이에 더해 과학기술과 교육을 강조하며 '4차 산업혁명'을
통해 압축성장을 이루려고 하는 것으로 보입니다." 『MK뉴스』, 2018년 6월 20일;
고유환, 「김정은 개방모델은 쿠바식 관광·중국식 특구·박정희식 개발」, 『매일경
제』 이코노미스트클럽 강연.

추구하였다는 점에서 북한의 경제개발을 위한 선행 사례로 검토할 가
치가 있다.[66]

1) 통일 베트남과 사회주의 경제침체

1975년 통일을 이룬 베트남은 소련식 사회주의 체제를 채택하고 베
트남 유일의 정당인 공산당의 독재와 중앙통제식 계획경제를 추진했
다. 무엇보다 정부가 생산과 소비, 가격, 유통, 대외 무역을 통제하고
기업을 비롯한 모든 생산 수단을 국가 소유로 하거나 생산자가 공유
하는 방식을 고수했다.

통일 후에는 제2차 경제개발 5개년 계획(1976~80)을 시행하여 남베
트남에 대한 사회주의 계획경제 체제로의 통합을 추진하고, 집단농장
을 통한 자급자족 농업정책과 자본주의 상업활동 전면 금지와 같은
사회주의 통제경제 정책을 시행하였다.

그러나 베트남의 통일은 경제성장으로 이어지지 않았다. 국내적으
로는 계속된 가뭄과 주민들의 호응 부족, 대외적으로는 캄보디아 침
공 및 중국과의 무력 충돌, 서방국가의 원조 중단과 미국의 무역봉쇄
등의 이유로 경제개발계획이 정상적으로 추진되지 못한다. 특히 1978
년 베트남의 캄보디아 침공 이후에는 서방권의 차관과 재정지원이 중
단되고 1980년대 들어 구소련 등 사회주의권 국가들로부터의 원조도

---

66) 베트남과 북한은 공히 전쟁과 분단을 통해 국가 기반시설이 붕괴된 상황에서 사회
주의 국가를 건설하였으며, 초기 사회구조에서 농업의 비중이 70% 이상을 차지하
는 등 사회경제적 조건이 유사하였다. 또한 두 나라의 체제전환 시점에서의 경제
발전 수준 역시 비슷한 양상을 보이고 있다. 베트남의 1986년 1인당 국민소득은 약
929달러 수준이며, 세계은행 발표에 의한 북한의 2017년 기준 1인당 국민소득은
1,074달러로 베트남의 개혁 시작 시기와 큰 차이가 없는 수준이다.

급감하였다.

제3차 경제개발 5개년 계획(1981~1985) 시기에는 집단농장의 실패와 정부의 상품유통 통제 후유증으로 경제계획을 전면 수정하였다. 특히 상품유통과 배분제도를 개선하고 시장기능을 활성화하고자 하였으나 결국 이는 극심한 인플레이션을 초래하여 정책집행이 난관에 봉착한다. 경제제도의 극히 제한적인 포용성 확대는 배타적 정치제도로 인해 제약받았고 경제성과도 양호하지 못했다.

2) 도이머이(Doi Moi)정책 추진과 성공적 국제협력체제 구축

1980년대 중반을 심각한 경제위기로 판단한 베트남 공산당은 1985년 재자유화를 주 내용으로 하는 '신경제정책(New Economy Policy)'을 제시하였으나 곧바로 한계를 확인하였다.[67] 결국 베트남은 통일 이후 실시해 온 사회주의식 중앙통제 경제운영의 부작용, 즉 계속되는 경제정책의 실패로 인한 민심을 수습하고 경제난을 극복하기 위한 방안으로 개혁·개방을 모색한다. 베트남은 치열한 공산당 당내 논쟁과 반성을 통해 외국자본 유치로 빠르게 성장하는 태국경제의 사례와 중국의 개방정책 등을 참고하여 베트남식 경제 개혁·개방정책인 '도이

---

[67] 베트남은 사회주의 공업화 노선의 실패로 인한 경제 상황의 악화를 극복하기 위해 1979년 6월부터 1981년 1월 사이에 일련의 자유화 정책인 '신경제정책'을 도입하였으며, 이로 인해 쌀 생산이 증가하는 등의 성과가 나타났다. 그러나 정부통제의 완화로 인플레이션이 심화되어 계층 간 소득격차를 더욱 심화시켰으며, 일부에서는 매점매석이 나타나기도 하였다. 또한 오랜 전쟁으로 인한 산업기반의 낙후, 경제적 하부구조의 미비, 미국을 비롯한 서방국가들의 경제제재 조치 등은 신경제정책이 기대한 성과를 내지 못하도록 하였다. 권숙도, 「베트남의 체제전환 과정이 북한에 주는 함의: 정치변동과 국제협력체계를 중심으로」, 『동서연구』 제24권 2호, 연세대 동서문제연구원, 2012, 12쪽.

머이(Doi Moi)정책'[68]을 1986년 6차 전당대회에서 채택하여 본격적인
개혁·개방을 선언한다.

도이머이정책은 시장기능 도입과 정부개입 축소, 소유제도 다양화,
경제관리체계개혁, 국가행정조직 재구축 등을 내용으로 하고 있으며,
특히 경제를 개방해 무역 등을 다변화한 것이 과거 '신경제정책(New
Economy Policy)'과 가장 두드러지는 차이점이라 할 수 있다.[69] 도이
머이정책의 주요 내용은 '사회주의의 기본 골격은 유지하면서 대외개
방과 시장경제의 자본주의를 접목(socialist-oriented market economy)'
시키려는 정책으로, 베트남판 페레스트로이카로 불린다.

베트남은 도이머이정책을 다음의 원칙하에 시행하였다. 첫째, 생산
의 효율성 제고, 둘째, 장기적·전략적·일관성 있는 경제정책 수립,
셋째, 중앙정부 통제(계획)경제와 시장경제의 조화를 원활히 하는 경
제관리시스템 구축, 넷째, 공업, 서비스 분야, 지식산업 구축에 있어
서 대외협력 강화를 위한 개방정책 추진이다. 이를 통해 베트남은
1988년부터 개혁·개방의 질적인 변화기로 접어들 수 있었는데, 이때
부터 사유화를 포함한 본질적인 제도변화와 대담한 개방의 길에 진입
하게 된다. 실제 도이머이는 시행 초기 베트남 경제를 연평균 7% 이
상으로 확장시켰다.[70]

---

[68] Doi Moi는 "새롭게 바꾼다"라는 의미로 쇄신 또는 개혁·개방으로 해석된다.
[69] 권숙도, 「베트남의 체제전환 과정이 북한에 주는 함의: 정치변동과 국제협력체계
를 중심으로」, 12쪽.
[70] 『세계일보』, 2019년 2월 13일.

〈표 2-14〉 도이머이정책 실시 이후의 경제적 성과

구분	1991	1996	2001	2006	2010	2016
GDP(억 달러)	70	245	327	610	977	2,026
1인당 GDP(달러)	103	335	413	723	1,110	2,186
실질경제성장률(%)	6.0	9.3	6.9	8.2	6.9	6.2
소비자물가상승률(%)	67.8	5.6	-0.4	7.4	8.6	4.7
총외채(억 달러)	38	98	126	201	335	778
외환보유고(억 달러)	7	18	37	136	163	380

출처: 양운철, 「베트남 개혁·개방 경험이 북한에 주는 정치경제적 함의」, 『정책브리핑』 제2018-20호, 세종연구소, 2018, 5쪽.

베트남은 '도이머이'를 통해 적극적 개혁·개방을 시도하면서 대외경제관계의 확대와 외국으로부터의 자본 및 기술 도입을 추진하는 등 적극적인 국제협력체계를 구축하고자 하였다. 이를 위해 1992년 헌법을 개정[71]하고 외국인투자법을 개정[72]하는 등 국제협력에 대해 적극적인 의지를 보이게 된다. 베트남의 과감한 개혁·개방정책 추진은 1989년 캄보디아 주둔 베트남군의 철수 조치와 맞물려 서방선진국으

[71] 헌법개정을 통해 '사회주의 시장경제(Socialist-oriented Market Economy)'를 규정하고 시장경제체제 수용에 관한 법적 근거를 분명히 했으며(제15조), 이념과 현실의 대립적 관계를 조화시키기 위해 '다부문 경제구조(Multi-sector Economic Structure)'를 채택하고 있다(제17조). 또한 '외국투자자본이 있는 기업은 국유화되지 않는다'라고 명시하여(제25조) 외국자본을 적극적으로 유치할 수 있는 법적 기초를 제공하였다.

[72] 1992년 8개항에 걸친 외국인투자법 개정안은 합작기업에 대한 2년간의 세금유예, 특정 수출입품목에 대한 세금면제, 합작투자기업의 비국유화 보장 등을 명시하였으며, 모든 부문에 대한 기업활동을 허용하고 외국은행의 설립도 허용하였다. 외국인투자법의 개정은 이전까지 원조의 형태로 도입되던 외국자본을 투자프로젝트 형식으로 유치하는 계기가 되었고, 그 결과 외국기업의 베트남 투자는 1988년 3억 6,000만 달러에서 1993년 77억 4,000만 달러로 5년간 21배 이상의 증가를 보이게 된다.

로부터의 경제지원 증가로 나타났다. 또한 1993년부터는 국제금융기
구를 통한 자금지원도 재개된다. 1994년 미국은 베트남에 대한 경제
제재의 전면 해제를 공표하고, 1995년 양국 간 국교를 정상화한다. 미
국의 경제제재 해제조치는 베트남에 대한 국제사회의 경제지원 확대
로 연결되었고 이는 베트남이 국제협력체계를 구축하는 데 있어 중요
한 계기가 되었다.[73] 베트남과 국제기구 간의 관계정상화 역시 미국
의 경제제재 해제가 중요한 역할을 하였으며, 이로 인해 베트남에 대
한 해외 ODA 공여액이 급증한다. 세계은행은 1994년 베트남 하노이
사무소를 개설하였고, 베트남 역시 1995년에는 ASEAN, 1998년에는
APEC에 가입하는 등 본격적으로 국제사회에 편입된다. 이후 베트남
은 국제사회로부터 가장 모범적으로 성과를 창출하는 원조 수원국으
로 평가받고 있다.

3) 외국인투자유치를 통한 관광산업 발전 기반 마련

베트남은 1987년 제정한 외자법을 4차에 걸쳐 개정하면서 외국인
직접투자 유입을 위한 법적·제도적 환경 마련에 주력하였다. 이를
통해 국제사회로부터의 차관 및 원조자금, 외국인직접투자와 같은 개
발자금을 효과적으로 조달하고 이를 사회간접자본(SOC)에 집중 투자

[73] 미국은 1989년 베트남의 캄보디아 철군을 계기로 서구 선진국들의 대(對)베트남 진
출이 본격화되자 1990년 8월부터 캄보디아 문제를 중심으로 한 인도차이나 평화정
착을 위해 베트남과의 대화를 재개하였다. 미국은 실종미군 문제 해결을 전제로
베트남에 대한 관계정상화 일정을 제시하였다. 1991년 4월에는 국무성 솔로몬 아
태 담당 차관보가 베트남에 국교정상화를 위한 로드맵을 제시하고, 단계적인 조치
를 통해 베트남과의 점진적인 관계정상화를 추진하기 시작하여 1992년 12월 임시
연락사무소를 개설하였다.

함으로써 경제가 본격적으로 성장하였다.[74]

〈표 2-15〉 베트남의 해외 공적개발원조 부문별 집행액(1993~2007)

부문	합계(백만 달러)	비율(%)
1. 빈곤감소를 위한 농업과 농촌개발	5,130.73	15.90
2. 에너지와 산업	7,376.28	22.97
3. 사회기반시설	11,286.64	35.15
- 교통, 우편과 통신	8,222.99	25.61
- 수자원 공급과 배수, 도시개발	3,063.65	9.54
4. 건강, 교육훈련, 환경, 과학기술 등	8,315.60	25.90
합계	32,109.25	

출처: 베트남 계획투자부(MPI), 2011.

또한 외국인직접투자는 공항, 도로, 호텔과 같은 베트남의 주요 관광인프라를 확충하는 토대가 되었다. 이를 통해 관광산업은 베트남이 전후 국제 경제제재에서 벗어나 국제사회로 편입하는 데 견인차 역할을 했으며 국가 인지도 상승과 국내 인프라 개선을 선도하였다.

베트남의 개혁·개방 조치는 사회 전반의 혁신을 이루게 하고 국가 이미지를 개선하는 결과를 가져와 관광산업이 크게 발전할 수 있는 토대가 된다. 실제 1975년 통일 후 1986년까지 베트남을 방문하는 관광객은 거의 없었으며 당시 국제 항공편도 제한적이어서 호치민―싱가포르―파리 주 1회 항공편이 거의 유일한 국제 항공노선이었다.

개혁·개방 이후 베트남의 관광산업에서 자본주의적 색채가 확대

[74] 1992년의 경우 3.3억 달러에서 미국과 수교한 1995년에는 22.4억 달러로 외국인직접투자가 대규모로 유입되기 시작하여 2006년 약 85억 달러를 기록한 이후 대규모 자금 유입을 통해 2016년 117억 달러를 기록하여 베트남 경제는 연 6~7%의 안정적 성장국면에 진입하였다.

되고 전쟁과 폐쇄된 사회주의 국가라는 어두운 이미지에서 자연, 전통, 역사, 오락, '기억'을 묶은 패키지 관광상품이 등장한다. 베트남의 관광산업에서 미국과의 전쟁을 기념하는 상징들은 지속적으로 재생산, 재활용되고 있다. 특히 미국과의 전쟁지역을 방문하는 이른바 '전쟁관광'이 베트남 관광의 핵심 주제가 되었다. 또한 '천년고도 하노이', '위대한 인류의 자연 유산 하롱베이', '베트남 마지막 왕조의 수도 후에', '프랑스 식민지의 향수 사이공', '독립항전의 현장 디엔비엔푸'로 수식되는 지역들은 베트남 관광산업을 대표하는 지역이 되었다.

4) 베트남의 관광산업 개방

관광산업은 베트남 개혁·개방정책의 가장 성공적인 분야 중 하나이다. 베트남은 관광분야 외국인 투자유치를 통해 베트남 전쟁으로 기억되는 동남아 변방국가에서 탈피하여 태국을 위협하는 관광대국으로 성장하였다. 베트남의 관광산업은 문호를 개방한 지 30년 만인 2016년 1천만 명의 외국 관광객을 유치하는 성과를 거두었다.

베트남은 관광자원이 풍부한 환경적 장점을 지니고 있는 국가이다. 1,648km 거리의 가늘고 긴 S자 형태의 국토를 보유한 베트남은 기묘한 지형과 아름다운 해안, 풍부한 모래사장과 같은 천혜의 자연환경을 가지고 있다. 또한 과거 외세 침략과 식민지 극복의 역사에서 탄생한 독특한 문화유산과 다채로운 소수민족과 농경문화, 세계적으로 알려진 식도락 문화가 융합되어 다양하고 풍부한 관광자원을 가진 국가로 평가된다.

세계여행관광협회(WTTC)가 회원국들의 관광산업 경제효과를 비교한 자료를 살펴보면 2017년 기준 베트남의 관광산업은 약 206억 달러

규모의 시장을 형성하여 GDP의 9.4%를 차지하고 있다. 관광산업으로
인한 신규 일자리 창출 역시 직접고용 기준 247만 명을 기록하고 있
다. 이는 베트남 전체 고용의 약 4.6%를 차지하는 것으로 간접고용까
지 합산할 경우 전체 고용의 7.6%인 406만 명이 관광산업에 종사하고
있는 셈이다.[75] 2017년 기준 외국인 방문자 수는 1,292만 명을 기록하
여 2016년 대비 29.1%가 증가했다.

〈표 2-16〉 여행 및 관광의 경제적 기여(베트남)

연도	국내총생산(GDP)		고용(EMPLOYMENT)		투자(INVESTMENT)	
	%	억 달러	%	백만 명	%	억 달러
2017	9.4	206	4.6	246.7	8.5	51.3

출처: WTTC, Travel & Tourism Economic Impact 2018 Vietnam, 2018, pp. 1~4 정리.

베트남 관광산업의 대표적인 경제효과로는 수출증진 효과를 들 수
있다. 관광객의 구매행위를 통한 관광수출액은 2017년 약 88억 달러
를 기록했으며 커피를 중심으로 한 식품분야의 구매가 활발했다. 이
는 전체 수출액의 약 4%에 해당하는 것으로 관광객 증가에 따라 액수
는 확대될 것이다. 또한 관광산업은 베트남 국내 총투자에서 8.5%(약
51억 달러)를 차지하고 2017년 기준, 1988년부터 누적된 베트남 호텔
및 외식서비스 분야에 약 1,151억 달러의 자금이 투자되어 인프라, 제
조업에 이어 총 외국인투자액이 3번째로 많은 분야이다.[76] 최대 GDP

---

[75] Gloria Guevara Manzo, *Travel & Tourism Economic Impact 2018 Vietnam*, London: WTTC, 2018, pp. 3~4.

[76] Gloria Guevara Manzo, *Travel & Tourism Economic Impact 2018 Vietnam*, London: WTTC, 2018, p. 1.

의 9%를 창출하는 경제 공헌으로 인하여 베트남은 비자발급 간소화, 무비자 국가의 확대 및 관광객 유치 등의 정책적 지원을 활발히 추진하고 있다.

5) 베트남모델의 시사점

쿠바와 베트남과 같은 주요 사회주의 국가들의 개혁·개방 과정과 북한을 비교하면 공통적인 유사점과 상이점을 확인할 수 있다. 먼저, 유사점으로는 첫째, 북한은 베트남과 같이 역동적인 지역에서 전략적 위치를 점하고 있고 사회주의 정권을 유지한 채 필요한 개혁·개방을 추진하려 한다. 북한은 베트남의 경우와 유사하게 한국, 중국, 일본 등 중요 시장경제국과 인접해 있어, 무역 및 외자유치를 진행하기에 유리한 조건을 갖고 있다. 북한의 개혁·개방은 세습권력 등 고유의 특성에도 불구하고, 정치체제를 유지하는 가운데 시장체제의 점진적인 수용과 해외자본의 적극적인 유치를 통해 뚜렷한 경제적 성과를 내고 있는 베트남식 모델을 준용할 것으로 예상된다.[77]

둘째, 개혁·개방 시점의 경제규모가 유사하다. 베트남의 경제개혁 정책이 실시되기 전인 1985년의 1인당 GDP(국내총생산)는 미국의 1%에 불과했다. UN 자료 기준 2015년의 북한 역시 미국의 GDP 대비 1%에 불과하다. 이와 같이 북한의 경제발전 수준이 베트남의 개혁 개시 당시와 큰 차이가 없어 비교적 높은 성장잠재력을 갖고 있다고 할 수 있다. 또한 비공식부문의 비중이 크고 거시경제 불안이 존재한다는

---

77) 허문종 외, 「중국·베트남 모델과의 비교를 통한 향후 북한의 개혁·개방 전망」, 『북한경제리뷰』 제1호, 우리금융경영연구소, 2018, 12쪽.

점도 유사하다.[78]

이와 반면 베트남과 북한의 경우 상이점도 나타나는데 첫째, 북한과 달리 베트남은 사회주의에 기반한 시장경제 노선을 공식적으로 채택해 관계정상화 및 해외자본 유치를 위한 국제사회와의 협상이 수월했다. 북한은 이러한 시장지향적 개혁 노선을 정책적으로 채택하지 않고 있고, 국제통화기금(IMF)과의 협력을 통한 국가통계의 투명성도 확보하지 않아 해외투자 유치를 스스로 가로 막는 측면이 있다.

둘째, 권력체제의 약화 혹은 유연성 여부가 베트남과 북한의 큰 차이다. 특히 베트남은 집단지도체제를 유지하면서 수뇌부를 개혁 성향의 인물로 교체하는 변화를 시도해 경제성장이 가능했지만, 3대 세습 체제를 유지하는 북한은 절대 권력의 약화 우려 때문에 개혁에 한계가 있다.[79]

셋째, 미국과의 관계 개선 추진이다. 베트남은 미국과의 관계정상화를 통해 외국인 투자자에게 시장을 개방하고 해외 자본을 유치함으로써 경제를 성장시켜 왔다. 서구 자본의 유입은 미국과의 관계 개선이 전제되지 않으면 기대하기 어렵다. 북미 간의 관계 개선을 추진하고자 하는 북한은 베트남의 선례를 참고할 필요가 있다.

한편, 베트남의 사례는 북한이 정상국가화하는 데 있어 참고할 수 있는 몇 가지 시사점을 줄 수 있다. 첫째, 거대한 내수시장이 존재하고 화교자본의 지원을 통해 경제의 대외의존도가 상대적으로 낮은 편

---

78) 김석진, 「중국·베트남 개혁모델의 북한 적용 가능성 재검토」, 『정책자료』 2008-80, 산업연구원, 2008, 249쪽.

79) 쿠바 역시 카스트로 가문의 권력 세습이 59년 만인 2018년 막을 내렸다. 쿠바 전국인민권력회는 2018년 4월 라울 카스트로(87)의 뒤를 이어 쿠바 국가평의회 의장에 혁명 이듬해에 태어나 '포스트 혁명 세대'라 불리는 디아스카넬 부의장을 공식 선출했다.

이었던 중국과 달리 베트남은 개혁·개방 초기부터 경제개발을 위한 자본부족으로 인해 중국방식 대신 세계은행과 같은 국제금융 자본의 지원을 받기 위한 개방전략을 선택하였다. 이는 사회주의 국가인 북한이 경제개발 재원조달을 위해 취할 수 있는 최선의 방식이란 결국 북한이 '국제사회의 일원'으로서 인정받도록 스스로 변화해야 함을 시사한다. 베트남은 외국인투자 유치, 국제금융기구 또는 선진국가들로부터의 ODA 원조 및 차관 도입 등을 통해 경제발전의 재원을 마련하였다. 이는 외국인투자법 시행을 통한 기업친화적 투자환경 조성, 캄보디아 철군, 미국 등 자본주의 국가들과의 관계 개선을 통한 국제협력관계 확대 등을 통해 실현되었다.

둘째, 베트남과 북한은 미국과 전쟁을 치른 국가였다는 공통점과 베트남이 국제금융기구에서의 영향력이 절대적인 미국과의 관계 개선을 실현함으로써 대규모 외자유치에 성공하였다는 차이점이 존재한다. 대내적으로 경제위기에 대한 정확한 인식과 수용[80], 지도부의 개혁·개방에 대한 확고한 의지 역시 무엇보다 중요한데, 베트남의 경우 지도부가 '도이머이'정책을 공식 천명한 것이 대표적이다.

---

[80] 베트남의 개혁을 촉발시킨 요인 중의 하나는 집체농업체제에 대한 농민들의 저항이었다. 북부에서는 탈법적 계약제를 체결하여 사회주의 경제체제를 침식시키고 있었고, 남부에서는 집체농업체제로의 전환에 저항하여 다수의 농민들이 사영농업을 유지하고 있었다. 이러한 농민들의 저항행위는 곧 도시민들에 대한 식량공급을 압박하여 정권의 지지기반을 약화시킴으로써, 정치지도자들이 생산증대를 위한 개혁정책을 채택하지 않을 수 없도록 하는 압력으로 작용하였다. 이에 대응하여 정책결정집단 내에서 개혁의 필요성을 요구하는 목소리가 커졌으며, 이는 개혁정책의 채택으로 이어졌고 비교적 순조롭게 개혁이 진행되었다.

제3절 북한의 경제발전 이데올로기와 관광산업정책

1. 북한의 사회주의 경제발전론: 내용과 한계

북한은 전통적으로 자국 스스로 경제가 작동하는 '자립적 민족경제 건설'을 지향하고 있다. 또한 이를 실현하기 위해 김일성 시기부터 '중공업 우선발전 노선'을 채택하여 해당 분야에 자원을 우선 투입하는 정책을 펼쳐왔다. 이는 김정일 시기를 거쳐 김정은 시대에도 유효하게 적용되고 있다. 그러나 북한 내에 한정된 자원을 편중 배분하여 추진된 정책으로 인해 타 산업 부문은 우선순위에서 배제되어 발전이 지체되었다. 특히, 고부가가치산업과 서비스산업의 발전이 지체된 것은 이러한 영향이 크다.

김정은 시기의 북한은 단기간에 성과를 거두기 어려운 중화학 설비 등에 대한 투자를 속도조절하면서 가시적인 성과를 거둘 수 있거나 자신의 정치적 기반을 확대할 수 있는 부문에 대한 투자를 상대적으로 확대해 나가고 있다. 이러한 '실용주의적 투자정책'은 건설부문에서도 관찰되는데, 관광시설, 주민생활과 연관된 위락시설, 교육시설, 보육 및 양로시설, 과학기술 관련 시설 등에 대한 투자가 증가하고 있다.[81] 기존 중후장대 산업부문의 경우 낙후성을 해결하기 위한 신규 투자와 시설 보수가 지속적으로 이루어져야 하지만 부족한 선진기술과 외화문제는 북한의 산업 재건에 장애가 되고 있다. 북한이 낙후된 산업을 재건하려면 선진기술과 외화수입이 필요하다. 국제적 제재하에서 다양한 방식의 외화확보 수단이 필요한 북한의 입장에서 관광산

---

81) 양문수 외, 『북한의 서비스산업』, 서울: 산업연구원, 2017, 143쪽.

업은 이러한 문제의 해법이 될 수 있다. 과거 '정치적 선전도구로서의 관광' 역할뿐만 아니라 '산업으로서의 관광'이 주목받고 있다.

1) 자립적 민족경제건설: 대외개방의 딜레마

북한은 한국전쟁 이후의 경제건설 방식을 두고 치열한 논쟁을 통해 주체사상에 기반한 '경제에서의 자립' 노선을 천명하고 '자립적 민족경제'를 구현하기 위한 길을 걷는다. 북한은 자국의 경제체제에 대해 "생산수단에 대한 사회주의적 소유에 기초하여 국가의 통일적 지도와 기업소들의 상대적 독자성과 창발성의 유기적 결합에 의하여 운영되는 계획경제이며 자체의 자원과 기술에 기초하여 자기 힘으로 걸어나가는 자립적 민족경제"[82]라고 소개하고 있다.

[그림 2-5] 북한의 자력갱생 선전화

출처: 『메아리』(북한 인터넷 대외선전 매체), 2019년 1월 25일.

---

[82] 정화순, 『조선에 대한 리해(경제)』, 평양: 외국문출판사, 2015, 1쪽.

또한 김일성은 자력갱생에 대해 "자국의 혁명을 기본적으로 자기의
주체적 역량에 의거하여 이루고자 하는 철저한 혁명적인 입장이며 자국
의 건설을 자국 인민의 노동과 자국의 자원에 의해서 추진하고자 하는
자주적 입장"이라고 주장한다. 이러한 자력갱생론은 자립적 민족경제
건설의 원칙으로 이어진다. 자력갱생의 원칙을 기초로 자국 인민의 힘
과 자국의 자원을 동원하여 자신의 기술과 자금에 의거할 때에만 자립
적 민족경제 건설이 가능하다는 것이다.[83] 이러한 경제노선은 특별한
변화 없이 북한의 대내외 경제정책에 전면적으로 영향을 미치고 있다.

(1) 자립적 민족경제 건설노선의 기원과 본질

북한은 자립적 민족경제에 대해 '남에게 예속되지 않고 제 발로 걸
어나가는 경제'[84]로 규정하고 이러한 노선이 출발한 기원을 해방 이
전인 1936년으로 주장한다.

> "자립적민족경제건설에 관한 사상은 위대한 김일성동지께서
> 항일무장투쟁시기에 내놓으신 『조국광복회 10대강령』(1936.5.)
> 에서 처음으로 제시되었다. 해방(1945.8.) 직후 위대한 수령님께
> 서는 일제식민지통치의 후과를 가시고 새 조선을 일떠세우자면
> 남의 원조를 받아 경제를 건설하는 방향으로 나갈것이 아니라
> 자력갱생으로 자립적인 민족경제를 건설하는 방향으로 나가야
> 한다고 하시면서 이를 위한 사업을 현명하게 령도하시였다. 조
> 선에서는 자립적민족경제건설로선을 사회주의건설의 전기간 일
> 관하게 견지해나가고 있다."[85]

83) 양문수, 『북한경제의 구조』, 서울: 서울대학교 출판문화원, 2001, 71쪽.
84) 『경제사전 2』, 평양: 과학, 백과사전출판사, 1985, 262쪽.
85) 정화순, 『조선에 대한 리해(경제)』, 6~7쪽.

　북한은 한국전쟁 이후 중국과 소련으로부터 원조가 줄어들고, 중·
소분쟁에서 독자노선을 강구할 필요성이 커지자 1956년 경제에서의
자립을 발표하고 주체사상에 기반을 둔 자립적 민족경제건설 노선을
제기하였다. 이에 따라 북한은 자립자족적 생산체제구축을 지향하면
서 소련의 압력에도 불구하고 사회주의적 국제분업과 전문화를 거부
하며 공산권 상호경제협력체인 COMECON에도 가입하지 않았고, 자
본주의 국가들에 대한 경제개방에도 부정적인 태도를 취했다.[86] 또한
소련의 반대 속에도 중공업을 우선적으로 발전시키겠다는 경제노선
을 고수했다.

[그림 2-6] 자립적 민족경제 건설

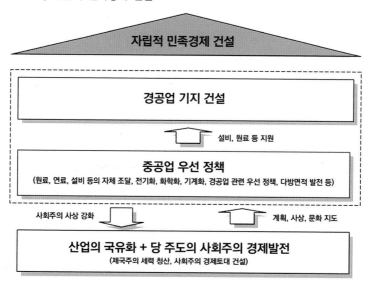

출처: 김종선 외, 『북한의 산업기술 발전경로와 수준 및 남북산업연계 강화방안』,
　　　서울: 과학기술정책연구원, 2010, 6쪽.

---

86) 이재춘, 『베트남과 북한의 개혁·개방』, 서울: 경인문화사, 2014, 303쪽.

이와 같이 북한이 스스로 천명한 자립적 민족경제 건설을 위한 주요 원칙은 다음과 같다.

> "자립적민족경제는 남에게 예속되지 않고 제 발로 걸어 나가는 경제이다. 자립적민족경제는 생산의 인적 및 물적 요소들을 자체로 보장할뿐아니라 민족국가내부에서 생산소비적련계가 완결되여 독자적으로 재생산을 실현하여 나가는 경제체계이다. 자립적민족경제는 자기 인민을 위해 복무하며 자기 나라의 자원과 자기 인민의 힘에 의거하여 발전하는 주체적인 경제이다. 자립적민족경제는 어디까지나 자기 나라와 인민의 수요를 충족시키는것을 목적으로 한다. 다방면적이며 종합적인 경제구조, 인민경제의 현대적기술로의 장비, 자체의 튼튼한 원료, 연료 기지, 자체의 유능한 민족기술간부의 대부대는 자립적민족경제의 본질적내용을 이룬다."[87]

이와 같이 북한은 자립적 민족경제의 본질을 다음의 4가지로 보고 있다. 첫째, 다방면적이고 종합적인 경제구조. 나라와 인민이 다양한 물자적 수요구조에 맞추어서 중공업, 경공업, 농업 등 모든 생산 부문이 갖추어질 뿐만 아니라 그 내부구조와 생산기술공정이 완비되어 민족국가단위로 재생산이 실현되는 경제구조이다. 중공업 우선정책도 이 범주에 들어간다. 둘째, 인민경제의 현대적 기술로의 장비. 기술적 자립은 경제적 자립의 중요한 내용을 이루고 있으며 자립적 민족경제는 자기의 현대적 기술에 의해 발전하는 경제이다. 셋째, 자신의 견고한 연료·원료기지. 이것은 연료·원료의 자급자족정책에 다름 아니다. 연료와 원료를 남에게 의존하는 것은 경제의 목숨을 남에게 맡기

---

87) 『경제사전 2』, 262쪽.

는 것과 같으며, 자신의 힘으로 발전하는 경제로서의 자립적 민족경
제의 본질적 속성은 원료의 자체해결 정도에 의해 규정된다고 한다.
넷째, 자신의 유능한 민족기술간부이다.[88]

(2) 경제에서의 자력갱생과 대외개방의 관계인식

북한은 '자립적 민족경제'를 추구하는 것이 결코 '폐쇄경제'를 의미
하는 것이 아님을 강조한다. 실제 자립적 민족경제 노선이 폐쇄경제
와 어떻게 다른가에 대해 북한은 "자립적민족경제는 결코 문을 닫아
매고 경제를 건설하는 폐쇄경제가 아니며 대외무역을 배제하지 않는
다. 다른 나라에 대한 경제적지배와 예속을 반대하는것이지 국제적인
경제협조를 부인하는 것이 아니다. 자립적민족경제는 기본적이며 많
이 요구되는 생산물을 자체로 생산보장하는 기초우에서 적게 요구되
거나 모자라며 자체로 생산할수 없는 필요한 생산물은 유무상통의 원
칙에서 무역을 통하여 해결해나가면서 다른 나라들과의 경제적련계
와 협조를 다방면적으로 강화해나가는 경제"[89]라고 하여 대외 국제경
제 협력을 추진할 단초를 마련해 놓고 있다.

〈표 2-17〉 북한의 자립-개방론의 변화: 독립과 상호의존의 대상 변화

구분	독립의 대상과 형식	상호의존의 강조 방향	키워드
1945~1960년 건국 및 건설기	반제 독립과 제국주의 잔재 청산 민주기지론에 의한 통일	- 對북방, 사회주의 진영외교	PT 국제주의

88) 양문수, 『북한경제의 구조』, 71쪽.
89) 정화순, 『조선에 대한 리해(경제)』, 7~8쪽.

구분		독립의 대상과 형식	상호의존의 강조 방향	키워드
1961~1971년 중소 논쟁기		반제 및 對중소 독립 '주체'의 정립과 과도적 연방 통일	- 對소, 對중, 對사회주의권의 시기별 선택적 접근, 등거리 외교	자주 자력갱생
1972~1984년 데탕트기		반미 및 對중소 독립 연방제 통일, 7·4 공동성명	- 對사회주의 진영 - 對비동맹국 - 對서방: 75년 외채 문제 이후 후퇴	쁠럭불가담 (비동맹)
사회주의 체제전환기	1984년 합영법 후	친선과 자주독립 고려연방제 통일	- 對사회주의 진영 - 對유럽 및 對일	온세계 자주화
	1991년 탈냉전기	체제유지와 고난의 행군 남북 기본합의서	- 對유엔 인도적 지원 기구 및 對민간	우리식
1998년 이후		김정일 '정권독립'과 체제전환 모색 남북 공존공영(6·15 선언)	- 對전방위 상호의존 - 對남	선군 및 개건, 개선

출처: 이정철, 「북한의 개방 인식 변화와 신(新)자력갱생론의 등장」, 『현대북한연구』 제9권 1호, 북한대학원대학교, 2006, 20쪽.

실제 북한은 1970년대부터는 기존의 노선을 일부 완화하고 대외개방 정책을 추진하여 서방 국가들로부터의 차관을 매개로 한 선진기술 도입을 시도하고, 1984년 합영법 제정을 통해 외국인투자 유치를 추진했다. 북한이 국제 분업질서에 편입되고자 하는 시도는 사회주의 경제권의 붕괴를 경험한 1990년대부터이다. 북한은 1991년 나진·선봉 경제무역지대를 설치하여 외국자본과의 합작 및 직접투자를 적극 추진하였으며, 1990년대 중반부터는 남한 자본의 제한적 투자도 허용하기 시작했다. 한편, 2006년 김정일은 "우리에게 없는 것, 우리가 잘 만들지 못하는 것까지 자체로 만들려 하기보다는 외국에서 사다 써서 노력과 자재의 낭비를 없애야 한다"며 국제분업을 강조하는 유무상통

의 원리를 제시하였지만 이러한 교시들이 북한경제를 전면적 개혁·
개방으로 이끌지는 못하였다. 오히려 북한은 대외경제 관계를 최소한
의 필요 원자재 및 자본재를 수입하는 보완적 차원으로만 인식하는
측면이 강하다.

(3) 자립적 민족경제 노선의 지속과 변화

북한경제가 1990년대 중반 파탄 상태에 이른 원인으로 다양한 요인
이 열거될 수 있지만, 무엇보다도 중요한 근본 원인은 북한경제 자체
의 시스템과 운영관리의 특징에서 발견된다. 특히 '지령형 계획경제
체제', '경제운영에서 나타나는 정치논리의 우선성', '중공업 우선성장
정책에 기초를 둔 자립적 민족경제 건설노선'을 지적할 수 있다.[90] 물
론 북한은 자립적 민족경제 노선을 추구한 성과물을 끊임없이 대내외
에 선전한다. 한국전쟁 중 자체 물자생산, 전후 조기 복구건설, 자본
주의 대비 조속한 공업화 성취, 인공위성 발사성공, 주체철·주체섬
유·주체비료 생산체계 확립 등이 그것이다.[91] 그러나 이러한 노선을

---

[90] 특히 북한은 지속적으로 원료와 연료의 주체화와 국산화만이 경제제재와 세계적
자원위기 속에서 경제강국을 건설할 수 있는 노선임을 강조한다. "국내원료, 연료
에 철저히 의거하는 경제만이 가장 안정되고 생활력있는 경제로서 그 어떤 외부세
력의 경제적제재, 봉쇄에도 주동적으로 대처하고 세계적인 자원위기나 경제파동에
도 끄떡없이 높은 속도로 발전할수 있으며 높은 경쟁력을 가지고 세계시장에 적극
진출할수 있다. 당의 원대한 구상따라 원료, 연료의 주체화, 국산화가 높은 수준에
서 실현되면 우리 나라 사회주의경제는 그 자립성과 주체성이 최상의 높이에 오르
고 경제가 비약적으로 장성하는 자립적민족경제강국으로 세상에 위용을 떨치게
될 것이다." 한치일, 「현시기 원료, 연료의 주체화, 국산화는 자립경제강국건설의
필수적요구」, 『경제연구』 2012년 제1호, 평양: 과학백과사전출판사, 2012, 11~12쪽.
[91] "조선인민은 자립적민족경제건설로선을 틀어쥐고 해방후 일제가 조선사람의 힘
으로는 도저히 복구할수 없다고 하던 파괴된 경제를 복구하고 부흥발전시켰으며
조국해방전쟁시기(1950~1953년)에는 자체의 힘으로 전시생산을 보장하여 전쟁승
리를 이룩하였다. 전후복구건설시기에는 미제가 조선은 100년이 걸려도 다시는

고수한 결과, 북한은 국제 분업질서와는 동떨어진 폐쇄형 경제체제가
되었고, 산업구조 역시 국제적 비교우위 원칙이 적용되지 않는 내적
산업구조로 고착화되었다. 특히 원료와 연료의 국산화, 주체화에 치
중하는 방식은 세계기술 발전 추세와 괴리된 낙후된 경제구조를 낳았
고 현재까지 국제경제 환경 변화에 능동적으로 대응할 수 없는 문제
에 직면하고 있다.[92]

정권 수립 후 현재에 이르기까지 북한은 여전히 자력갱생 원칙을
고수하며 경제의 주체성과 자립성을 강조하고 있다. 이념화된 북한의
산업은 '주체'란 명칭이 혼합되어 소위 '주체 생산방식'이 적용된 '주체
철', '주체섬유', '주체비료' 등을 지속 선전한다. 북한의 자립적 민족경
제 건설노선은 2000년대 들어 실리를 강조하고 과학기술 수준을 높이
기 위한 '21세기형 자력갱생', '개방형 자력갱생', '신(新)자력갱생론'[93]
의 등장으로 변용되었다. 2016년 신년사를 통해 '자강력 제일주의'가
등장한 것에서 보듯이 자립적 민족경제 건설노선은 김정은 시대에도
여전히 그 위력을 발휘하고 있고 개혁·개방정책 추진의 억제 요인이

일떠서지 못할것이라고 하였지만 불과 2~3년사이에 복구건설을 끝내였으며 발전
된 자본주의나라들에서 수백년동안 걸려서 한 공업화를 단 14년만에 실현하였다.
가장 어려웠던 1990년대에 자체의 힘과 기술, 자원으로 첫 인공지구위성을 성과적
으로 발사하였다. 최근년간 조선에서는 제국주의자들의 극단한 제재속에서도 주
체철, 주체섬유, 주체비료의 생산체계가 확립되고 여러 공장, 기업소들의 주체화,
현대화가 실현되었으며 첨단돌파전의 열풍으로 새 세기 산업혁명의 불길이 타올
랐다. 오늘 조선에는 다방면적으로 발전되고 현대적기술로 장비되었으며 자체의
원료와 연료기지를 튼튼히 갖춘 자립적민족경제가 꾸려져있다. 조선의 자립적민
족경제는 세계적풍파에도 끄떡없이 높은 속도로 발전하고 있다." 정화순, 『조선에
대한 리해(경제)』, 8~9쪽.
92) 박순성, 「북한 경제와 경제이론」, 『현대북한연구』 제5권 2호, 북한대학원대학교,
2002, 250쪽.
93) 이정철, 「북한의 개방 인식 변화와 신(新)자력갱생론의 등장」, 『현대북한연구』 제9
권 1호, 북한대학원대학교, 2006, 7~40쪽.

되고 있다.[94]

2) 중공업 우선발전 노선: 관광산업의 성장한계

북한이 사회주의 경제강국을 건설하기 위해 추구해 온 실천모델이 '중공업 우선발전 노선'이다. 중공업을 농업과 경공업 등에 우선해서 발전시키겠다는 정책은 스탈린 시대의 소련을 비롯한 동구 사회주의 국가들의 공통된 현상이다.[95] 사회주의 경제는 우선순위에 입각한 선택적 성장정책을 취해 왔다. 사회주의 건설에서 가장 중요하다고 생각되는 경제의 특정 부문, 바꾸어 말하면 '성장의 엔진'으로 설정된 섹터에 중점적으로 자원을 투입, 그 섹터의 성장을 극대화하는 것이다. 경제발전론적 관점에서 본다면 불균형 성장(unbalanced growth)론에

---

[94] 2015년 김정은은 신년사를 통해 "모든 공장, 기업소들이 수입병을 없애고 연료, 자재, 설비의 국산화를 실현하기 위한 투쟁을 힘있게 벌여야 한다"고 발표했다. 자력갱생과 관련한 김정은의 언급을 통해 북한의 경제현실에 대한 인식의 단면을 볼 수 있다. "자력갱생은 우리 인민의 자랑스런 투쟁전통이며 인민생활 향상 대진군을 추동하는 위력한 무기", 『로동신문』, 2014년 9월 28일; "수입병에 걸린 사람들이 만능의 방패로 내세우는 것이 자체적으로 만들면 수지가 맞지 않는다는 근시안적 타산", "우리가 자체로 만들면 처음에는 원가가 많이 들 수 있지만 앞날을 내다본다면 수입해 쓰는 것보다 백배, 천배로 유익하다", 『로동신문』, 2015년 3월 31일.

[95] "중공업 우선정책은 사회주의 경제건설에서 중공업을 우선적으로 발전시키는 소련의 발전모델을 차용한 것이었지만 이것은 공업화만을 추진하기 위해서라기보다는 자기완결적인 경제체계를 기반으로 자립적인 경제를 확립하기 위한 것이었다." 박후건, 「북한경제의 재구성: part1」, 『현대북한연구』 제16권 3호, 북한대학원대학교, 2013, 220쪽; 북한은 중공업을 다음과 같이 정의한다. "생산수단을 주로 생산하는 공업부문들의 총체. 중공업에는 전력공업, 석탄공업, 광업, 금속공업, 기계제작공업, 화학공업, 건재공업과 같은 기간적공업부문들과 림업 등이 들어 간다. 중공업에는 석탄공업, 광업 등 생산의 첫 공정을 담당한 채취공업부문들과 기계공업, 금속공업, 화학공업을 비롯한 가공공업부문들이 있다. 중공업에서 생산된 생산물은 주로 생산과정에서 생산수단으로 리용되며 부분적으로는 소비재로 소비된다.", 『경제사전 2』, 532쪽.

가깝다. 여기에는 다양한 형태가 있다. 투자자원을 배분할 때 농업보
다 공업이 우선시된다. 사회간접자본보다는 생산이 우선시된다. 물적
생산에 공헌하지 않는 활동, 예를 들면 서비스는 제한되게 되어 있다.
요컨대 농업, 경공업, 사회간접자본, 서비스 부문은 국가 전체의 자원
배분에 있어서 상대적으로 경시된다. 사회주의 경제에서 우선순위에
입각한 선택적 성장의 대표적인 것이 중공업 우선정책이다. 북한도
예외는 아니다.[96] 북한은 지도자의 신년사와 교시를 통해 전력, 석탄,
금속, 철도운수 등 경제의 '선행부문'을 끊임없이 강조해왔다. 이는 구
조적인 경제침체로 심대한 타격을 입은 '선행부문'을 정상화시키기 위
한 노력의 일환이다. 북한은 여전히 기본적으로 중공업 부문의 산업
비중이 압도적으로 높으며 정책적인 관심도 경공업 부문보다 중공업
부문에 치중하고 있다.[97]

(1) 중공업 우선발전 노선의 기원: 전후복구 방식 논쟁

자립적 민족경제를 경제건설의 기본노선으로 채택하고 있는 북한

96) 양문수, 『북한경제의 구조』, 79~80쪽.
97) 북한이 발행한 최근 경제문답집을 보면 중공업 중시정책에 대해 다음과 같이 기술
하고 있다. "조선에서는 중공업이 차지하는 위치와 역할, 나라의 구체적 실정으로
부터 중공업건설에 커다란 힘을 넣고 있다. 사회주의경제건설의 기본로선에 따라
중공업을 우선적으로 발전시키는 원칙을 일관하게 견지하고 있으며 중공업에 자
금과 자재, 설비와 로력을 집중하고 있다. 중공업건설에서는 자립적이며 현대적인
중공업을 건설할데 대한 로선, 복구와 개건, 신설을 합리적으로 배합하는 방침, 중
공업을 위한 중공업이 아니라 경공업과 농촌경리 발전에 효과적으로 복무하는 중
공업을 건설하는 방침 등을 견지하고 있다. 조선에는 기계제작공업을 핵심으로 하
는 자립적 중공업의 물질기술적 토대가 튼튼히 마련되어 있다." 정화순, 『조선에
대한 리해(경제)』, 14~15쪽.

이 자립경제의 토대가 중공업에 있다고 보고 산업 간 발전의 우선순
위를 중공업 부문에 놓고, 이 부문에 대한 우선적 자원 배분, 우선적
발전 보장을 원칙적 요구로 채택하고 있는 것이 중공업 우선발전 노
선의 핵심이다. 이 과정에서 농업, 경공업, 관광업과 같은 서비스업
분야의 불균형 발전은 불가피한 것으로 받아들여졌다.[98]

한국전쟁 후 이를 복구하기 위한 건설 과정에서 북한은 경제노선
을 둘러싼 갈등을 겪었다. 이러한 당내 갈등은 주류와 반대파 간의
중공업 우선과 농업협동화 등을 둘러싼 정책 대결로 이어졌다.[99] 당
시 김일성은 경제 상황 극복을 위해 사회주의 국가들의 원조자금으
로 식량, 의복 등을 수입하여 주민생활을 우선 안정시키자는 일각의
주장에 대해 종전 직후인 1953년 8월, '중공업을 우선적으로 발전시
키면서 경공업과 농업을 동시에 발전'시키자고 선언했다. 이것만이
국내경제의 토대를 튼튼히 하고 주민생활을 조속히 개선할 수 있다
는 것이었다.[100]

---

[98] "중공업은 인민경제발전의 기초이다. 중공업을 발전시키지 않고는 경공업과 농업
을 발전시킬 수 없으며 인민경제 모든 부분을 현대적 기술로 장비할 수 없다. 특
히 중공업은 나라의 정치경제적 독립의 물질적 기초로서 그것 없이는 자립적 민
족경제란 말할 수 없고 국방력도 강화할 수 없다." 김일성, 「조선민주주의인민공
화국에서의 사회주의건설과 남조선혁명에 대하여」, 『김일성저작집 19권』, 평양:
조선로동당출판사, 1982, 294쪽.

[99] 전지명, 『세습 3대 김정은 시대 북한의 미래』, 서울: 삼영사, 2015, 62쪽.

[100] 북한의 소설에서는 당시 전후 복구에 있어 우선해서 경제발전의 토대를 쌓아야
한다는 김일성 수상의 판단에 대해 다음과 같이 묘사하고 있다. "사람들에게 풍족
하지는 못하지만 그래도 배를 곯지 않을 만한 식량을 주고 수수한 옷감이나마 차
례지게 하고 새집 한 채씩 지어준다면 당장은 더 걱정할 것이 없겠습니다. 그렇지
만…. 아니, 이것으로 제 책임을 다했다고 할 수는 없습니다. 이것만으로는 안 되
지요. (그렇게 해서는) 조상 대대로 내려오는 가난을 영영 털어버릴 수는 없습니
다." 박룡운, 『총서 〈불멸의 력사〉 장편소설 번영의 길』, 평양: 문학예술종합출판
사, 2001, 56쪽.

"조선정전이 이루어진 다음 우리앞에는 사회주의혁명을 적극 밀고나가면서 파괴된 인민경제를 빨리 복구하며 령락된 인민생활을 짧은 시일에 안정시켜야 할 어려운 과업이 나섰다. 우리 나라에서 전쟁피해는 말로 표현할수 없으리만큼 심한것이었다. …… 공업, 농촌경리, 철도운수 할것없이 인민경제의 모든 부문들과 교육, 문화, 보건 시설들이 다 마사졌다. 인민들은 주택과 가재도구를 거의다 잃어버렸으며 먹을것과 입을것도 매우 모자랐다. …… 여기에서 가장 중요한것은 복구건설의 방향과 선후차를 똑똑히 정하며 중심고리를 옳게 틀어쥐고 거기에 힘을 넣는것이었다. 우리 당은 중공업을 전후복구건설의 모든 문제를 성과적으로 풀기 위한 중심고리로 인정하고 중공업의 우선적장성을 보장하면서 경공업과 농업을 동시에 발전시키는 로선을 내세웠다. 당은 공업, 특히 중공업을 발전시키는데 있어서도 그때 우리 나라 인민경제와 인민생활에 절실히 필요하고 경제적효과를 빨리 나타낼수 있는 부문들부터 먼저 복구하도록하였다. …… 중공업의 우선적장성을 보장하면서 경공업과 농업을 동시에 발전시키는 로선에 대하여 당안에 숨어있던 반당분자들, 국내외의 수정주의자들과 교조주의자들은 시비가 많았다. 그들은 〈인민생활이 어려운데 중공업건설에 치우친다.〉거니, 〈기계에서는 밥이 나오지 않는다.〉거니 하면서 우리 당의 로선을 비방하였다. 그들의 주장은 앞으로야 어떻게 되든지 모든것을 당면한 소비에 돌려야 한다는것이었으며 결국은 우리 나라 자체의 경제토대를 닦지 못하게 하려는것이었다. 우리 당은 이러한 주장들을 단호히 물리치고 자기가 택한 로선을 튼튼히 틀어쥐고나갔다. 여기에서 당의 의도는 령락된 인민생활을 하루빨리 추켜세우면서도 어떻게 하나 짧은 시일에 제 발로 걸어나갈수 있는 경제적 밑천을 마련하려는데 있었다. …… 당은 …… 인민대중의 힘과 나라의 모든 원천을 남김없이 동원하고 형제나라들의 원조를 효과적으로 리용한다면 이 과업을 얼마든지 수행할수 있다고 인정하였다. 당의 령도밑에 우리 근로자들은 …… 전후 3개년계획을 기한전에 넘쳐완수하였다. 그리하여 인민생활이 훨씬 개선되였

으며 공업과 농업 생산은 전쟁전수준에 올라섰을뿐아니라 훨씬
더 넘어서게 되었다. …… 전후복구사업을 끝낸 다음부터는 자
기가 마련하여놓은 밑천으로 살아나갈수 있게 되었으며 사회주
의건설을 더욱 힘있게 밀고나갈수 있게 되었다."[101]

이에 반하여 1956년 8월 당 중앙위원회에서 최창익 · 윤공흠 등 연
안파와 박창옥 등 소련파 인사들은 단합하여 스탈린을 모방한 김일성
의 개인숭배를 비난하며 집단지도체제를 확립할 것을 주장하였다. 이
들은 또한 김일성이 중공업의 우선적 발전을 무리하게 추진하며 경공
업 발전과 농촌지역 개발을 등한시하여 주민들의 생활수준을 악화시
키고 있다고 비판하였다. 김일성은 빨치산파와 갑산파 세력의 지지를
받아 이들을 '반혁명 종파분자'로 몰아 숙청하였다. 이러한 8월 종파
사건 직후 김일성은 친인척과 빨치산 추종세력으로 일인독재체제를
공고히 구축한다.[102]

(2) 사회주의 공업화와 산업 간 불균형 성장

북한이 추구한 자립적 민족경제건설 노선은 대외경제관계를 최소
한의 필요 원자재 및 자본재를 수입하는 보완적 차원으로만 인식하게
함으로써 북한경제를 국제경제 질서에서 유리된 폐쇄경제형으로 만

101) 김일성, 「조선민주주의인민공화국에서의 사회주의건설과 남조선혁명에 대하여」,
    280~283쪽.
102) 이재춘, 『베트남과 북한의 개혁 · 개방』, 211~212쪽; 북한의 경제학자는 소련의 경
    제정책 수정요구와 8월 종파사건에 대해 "만약 우리가 단지 수출만을 위해 천연자
    원을 개발했다면…우리는 계속해서 광석을 팔 것을 강요받았을 것이며, 그 대가
    로…높은 가격의 완제품을 구입했어야 할 것이다.…이러한 것이 그들로 하여금
    후진 상태에 머물게 하는 과정이다."라고 평가했다. 엘렌 브룬 · 재퀴스 허쉬, 『사
    회주의 북한』, 서울: 지평, 1988, 72쪽.

들었다. 또한 국내자원에만 의존하는 산업기술 체계를 구축함으로써 세계적·보편적 기술발전 프로세스와는 괴리된 낙후된 경제구조가 구축되었다.

〈표 2-18〉 북한의 공업건설 투자 구성 비율(단위: %)

구분	1957	1958	1959	1960
공업건설 총투자액	100	100	100	100
중공업	84.0	85.0	81.6	80.6
경공업	16.0	15.0	18.4	19.4

출처: 『조선중앙년감 1961』, 평양: 조선중앙통신사, 1962.6, 157쪽.

이러한 자립적 민족경제건설은 권력투쟁 과정을 거치면서 중공업 우선정책을 통해서만 실현될 수 있다는 명제로 고착화되었다.[103] 이 결과 중공업에 대한 투자가 우선되었다. 1960년 북한이 공업부문 건설에 투자한 총액 2억 6천만 원 중 중공업 부문에 2억 9백만 원, 경공업 부문에 5천 1백만 원이 할당되었다.[104]

북한의 이러한 전후복구 방식과 경제건설 노선은 중국이 경공업과 농업을 우선 발전시킨 후에 중공업을 발전시키겠다는 노선과 대조를 이룬다. 탈식민지화하거나 전쟁 후 복구를 해야 하는 일반 후진국들의 경우 낙후된 산업으로 인해 낮은 산업단계인 노동집약적 산업을 운영하거나 자원수출의 대가로 식량과 소비품을 수입하는 단계에서 발전을 추구하는 일반적 발전경로와는 큰 차이를 보인다.

103) "전후복구 건설 과정에서 경제노선을 둘러싼 당내 갈등은 조금씩 수면 위로 떠오르기 시작했으며 주류와 반대파 간의 중공업 우선과 농업협동화 등을 두고 정책 대결을 하게 되었다." 전지명, 『세습 3대 김정은 시대 북한의 미래』, 62쪽.
104) 이재춘, 『베트남과 북한의 개혁·개방』, 211~212쪽.

북한은 1954년부터 1963년까지 10년 동안 연평균 공업성장률 34.8%
를 이루고, 1964년 기준 공업생산을 전쟁 전인 1949년에 비해 약 11배,
해방 전인 1944년에 비해 13배 이상 증가시켰다. 이는 전쟁피해 복구
를 넘어 큰 폭의 성장을 이뤄낸 것이다. 공업생산의 급격한 증가에 따
라 공업과 농업 총생산액에서 공업이 차지하는 비중이 1946년의 28%
인 것에서 1964년에는 75%로 확대되었다.[105]

이러한 1960년대의 경제적 성과에도 불구하고 중공업 우선발전 노
선은 산업 간 불균형 성장을 초래하였는데 이것은 한정된 재원을 중
공업 부문에 집중투자함으로써 나타났다. 또한, 1960년대의 국제환경
악화에 기인한 국방력 강화 방침에 따라 중공업 우선전략은 한층 강
화되었다. 1962년 12월 당 중앙위원회 제4기 제5차 전원회의에서 인
민경제가 발전하는 데 다소 제약을 받더라도 국방력을 강화해야 한다
는 방침이 정해져 '경제건설과 국방건설의 병진노선'이 등장, 이후 지
속적으로 추진되었다.[106] 국방력 강화를 위한 중공업 투자 확대는 북
한 대중의 경제적 희생을 요구하게 되었다. 이로 인해 농업과 경공업
에서 발생한 이익은 중공업으로 이전되고 재투자 없는 농업과 경공업
의 생산성은 지속 하락하여 만성적인 식량과 소비재 부족 현상이 초
래되었다.

(3) 산업 간 연계성 상실과 관광산업 낙후 초래

북한이 산업화의 초기 단계에서부터 막대한 자본과 생산 설비 및

---

105) 김일성, 「조선민주주의인민공화국에서의 사회주의건설과 남조선혁명에 대하여」,
    294쪽.
106) 양문수, 『북한경제의 구조』, 81쪽.

기술 인력이 필요한 중화학공업을 건설하려 했던 것은 중화학공업의 우선적인 성장을 통하여 산업발전에 필요한 생산재와 자본재를 자급자족할 수 있는 기반을 조성하고자 했기 때문이다. 즉 중공업의 우선적인 발전을 통해 생산기반을 구축할 때에만 경공업과 농업도 계속적인 발전이 가능하다는 논리에 의거한 것이었다.[107]

북한이 중공업을 우선적으로 발전시켰음에도 불구하고 북한은 경제의 급속한 확대재생산도, 경공업과 농업의 발전도 이루지 못했다. 1970년대 후반 이후부터 시작된 장기간에 걸친 공업생산 부진, 농업생산의 침체, 1990년대의 마이너스 성장, 극단적인 물자부족, 심각한 식량난 사례들이 이를 대변한다. 특히 1994년부터 정책적으로 '무역우선주의'와 함께 '경공업 우선주의' 방침을 내세웠다는 사실은 중공업 우선정책이 별다른 성과를 거두지 못했다는 것의 반증에 다름 아니다.[108] 무엇보다 중공업에 대한 편중된 투자는 산업 각 부문 간의 균형과 유기성이 상실되는 결과를 초래하여 효율적인 발전이 지체되었다. 또한 교통과 숙박시설 등 관광산업과 관련한 사회간접자본 시설에 대한 투자가 제한됨에 따라 북한의 관광산업 기반이 전반적으로 낙후된 현실을 마주하고 있다.

경제보다 정치가 우선되는 사회주의 관광정책의 특성으로 인해 북한 당국은 이러한 관광부문의 낙후성을 경제적 문제로 인식하지 않았다. 김일성과 김정일 시기의 북한은 외국 관광객 유입을 전제로 하는 관광산업을 사회주의 체제를 오염시키는 위협요소로 인식했다. 자국

107) 통일부 북한정보포털, 「중공업 우선발전 노선」(https://nkinfo.unikorea.go.kr/nkp/erm/viewNkKnwldgDicary.do?pageIndex=1&dicaryId=191, 검색일: 2020년 2월 16일).
108) 양문수, 『북한경제의 구조』, 122쪽.

내에서 자체의 힘으로 사회주의 경제를 건설하고 이를 중공업을 우선
발전시킴으로써 실현하고자 했던 정치적 인식은 북한이 관광산업에
투자할 여력과 필요성을 상실하는 결과로 나타났다.

2. 자본주의와 사회주의 관광산업의 비교우위 담론

북한은 전통적으로 관광을 정치사상교육 차원에서 접근해 왔다. 주민
들을 대상으로 한 북한 내 견학·답사·참관의 방법을 통해 북한체제에
대한 자부심을 키우고 선대 지도자에 대한 우상화 교육도 실시한다.

북한은 '관광'의 개념을 사전적 의미로 "다른 지방이나 다른 나라의
자연풍경, 명승고적, 인민경제의 발전면모, 역사유적 등을 구경하는
것"으로 소개하고 있다. 또한 '관광산업'에 대해 "관광하는 사람을 대
상으로 하여 관광지와 관광대상을 개발하여 꾸리고 선전하고 관광을
조직운영하는 것"으로 정의[109]한다. 1960~70년대까지 북한은 사회주
의 국가들 간의 친선 유지 차원에서 소규모 휴양관광단을 유치하고
해외교포를 대상으로 한 조국방문단 사업을 추진하는 차원의 대외관
광정책을 추진하였다. 따라서 북한은 자본주의 사회의 관광산업을 그
대로 수용하기보다는 사회주의 체제에 부합하는 관광산업을 고수하
는 기본 입장을 견지하고 있다. 무엇보다 자본주의적 관광산업의 폐
해를 주민들에게 선전하고 이에 물들지 않은 범위 내에서의 제한적
관광을 추구하고자 한다. 이와 관련하여 북한이 고수하고자 하는 사
회주의 관광이란 무엇이며 자본주의 관광산업과 어떠한 차별성을 가
지고 있는지 알아보고자 한다.

---

[109] 사회과학출판사 편, 『조선말대사전(1)』, 평양: 사회과학출판사, 1992, 511쪽.

1) 사회주의 관광산업의 비교우위 논리

북한은 관광산업에 대해서도 사회체제에 따라 상이한 성격을 띠고 있다고 보고 특히, 생산수단에 대한 사회적 소유와 집단주의에 기초하고 있는 사회주의 체제의 관광산업이야 말로 그 목적과 구체적 내용, 관광제공의 형식과 방법에 있어서 자본주의 관광산업과 근본적인 차이가 있다고 본다.[110] 즉, 북한은 관광객들로 하여금 직접 보고 체험하면서 사회주의 제도의 면모와 우월성을 깊이 인식할 수 있게 하는 관광산업의 역할을 우선시하고 있다. 이에 따라 북한은 사회주의식 관광산업이 자본주의적 관광산업에 비해 다음과 같은 비교우위가 있다고 본다.

첫째, 사회주의 관광산업의 목적은 "관광객들의 복리증진을 도모하고 그들의 자주적이며 창조적인 물질문화적 및 정서생활의 요구를 충족시키는 것"이기 때문에 대중적인 성격을 띠고 발전한다는 것이다. 반면, 자본주의 체제의 관광산업은 철저히 영리를 목적으로 운영되는 만큼 빈곤한 다수 대중들의 관광활동 참여는 배제된다. 또한 자본주의 관광산업은 극소수 부유층을 위한 '색정적이고 퇴폐적이며 엽기적인' 관광업종을 중심으로 확대됨에 따라 관광지가 유흥장의 성격을 띠게 되고 결국 '돈벌이 수단'으로 전락된다는 것이다.[111] 한 국가가

---

110) 전영명, 「사회주의관광업의 본질적특징과 역할」, 『김일성 종합대학학보』 2015년 제1호, 평양: 김일성종합대학출판사, 2015, 65~68쪽.
111) "자본주의사회에서 관광활동은 근로인민대중의 자주적인 사상의식을 마비시키고 퇴폐적인 사상문화와 생활양식, 생활풍조를 퍼뜨리는 도구로 리용되며 순수 돈벌이를 목적으로 하고있기 때문에 건전하고 문명한 관광활동에 대하여 생각조차 할 수 없다." 장경일, 「사회주의관광업의 본질적특성」, 『우리나라무역』 2015년 제2호, 평양: 공업출판사, 2015, 18쪽.

어떤 사회체제를 선택하고 있는가에 따라 관광산업의 성격 역시 차이를 보인다는 북한의 강한 우월의식은 남북한 간의 관광산업을 바라보는 시각차로도 나타난다. 북한이 남한의 관광협력 제안을 번번이 거절했던 이유이기도 하다.

> "지금 남조선당국자들은 관광업을 하여 1년에 1억딸라를 벌었소, 2억딸라를 벌었소 하고 떠들고있는데 그들이 말하는 관광업이란 다른 나라 사람들에게 기생을 제공해주고 돈벌이를 하는것입니다."[112]

> "그러나 그후 남조선당국자들은 우리가 제기한 경제적합작 문제들을 다 그만두고 금강산이나 공동으로 개발하여 관광업을 함께 하자고 하였습니다. 이것은 남조선에서 관광려관들을 지어놓고 다른 나라 관광객들에게 기생을 섬겨주고 돈벌이를 하는 그 따위짓을 같이하자는것입니다."[113]

둘째, 사회주의 관광산업은 관리운영의 측면에서도 비교우위를 보이는데 이는 '당의 령도와 국가의 통일적인 지도'에 의하여 계획적으로 관리운영되기 때문이라는 것이다. 관광산업을 관리운영하는 데에도 사회주의 계획경제 방식에 따라 '관광수요와 공급 사이의 균형'을 우선하는 원칙을 지켜나감으로써 관광산업이 계획적으로 발전한다고 본다. 이는 자본주의 관광산업의 무계획적, 자연발생적 운영에 대한 비판으로 이어지기도 한다.

112) 김일성, 「『두개 조선』 조작책동을 짓부시고 조국을 통일하기 위한 투쟁을 더욱 힘있게 벌리자」, 『김일성저작집 32권』, 평양: 조선로동당출판사, 1986, 571쪽.
113) 김일성, 「재일 조선출판보도부문 일군들앞에 나서는 몇가지 과업에 대하여」, 『김일성저작집 32권』, 평양: 조선로동당출판사, 1986, 500쪽.

"자본주의 사회에서는 관광업의 관리운영이 자연발생적으로
진행된다. 자본주의 사회에서는 더 많은 돈벌이를 위하여 국내
외의 관광원천시장과 더 많은 관광객을 쟁탈하기 위한 개별적인
자본가들사이의 경쟁이 치렬하게 벌어진다. 그리하여 관광기업
들의 관리운영에서는 무정부성과 자연발생성이 더욱 심화된다.
자본주의 관광업에서 더 많은 리윤을 획득하기 위한 개별적인
자본가들의 끝없는 탐욕과 치렬한 경쟁으로 하여 관광업의 계획
적 관리운영이란 생각조차 할수 없다."[114]

셋째, 사회주의 관광산업은 관광수입의 분배 방식에서 비교우위를
나타내는데 이는 관광경영활동을 통한 수입을 국가발전과 주민생활
향상에 지출하기 때문이라는 것이다. 반면, 자본주의 관광산업의 수
입은 계급 간 착취관계 유지, 기생적 수요충족, 계층 간 부익부 빈익
빈과 대립의 수단으로 본다.[115]

〈표 2-19〉 자본주의-사회주의 체제 간 관광산업 차이점

구분	자본주의	사회주의
목적	· 철저한 영리 목적 운영 · 극소수 부유층을 위한 '색정적이고 퇴폐적이며 엽기적' 관광 · 유흥장화된 관광지 · 돈벌이 수단	· 관광객 복리증진 도모 · 자주적, 창조적 물질문화 및 정서생활 충족

114) 전영명, 「사회주의관광업의 본질적특징과 역할」, 65쪽.
115) "자본주의 관광업의 리윤은 전적으로 자본주의적 착취관계를 유지하고 극소수
착취계급의 부패타락한 기생적 수요를 충족시키는데 돌려진다. 자본주의 관광
업은 절대다수를 이루는 광범한 근로인민대중과 극소수의 자본가들 사이의 부
익부, 빈익빈을 심화시키고 대립을 더욱 격화시키는 수단으로 되고 있다." 위의
책, 66쪽.

구분	자본주의	사회주의

관리
운영
	· 무계획적, 무정부적, 자연발생적
	  운영
	· 관광시장과 관광객 확보를 위한
	  자본가들 간의 치열한 경쟁
		· 당의 영도와 국가의 통일적 지
		  도에 의한 계획적 관리운영
		· 사회주의 계획경제 방식
		· 관광수요와 공급의 균형 우선

수입
분배
	· 계급 간 착취관계 유지에 분배
	· 기생적 수요충족에 분배
	· 계층 간 부익부 빈익빈과 대립
	  에 활용
		· 국가발전과 주민생활 향상에 분
		  배

근본적 차이	· 생산수단의 사적 소유 · 개인주의	· 생산수단의 사회적 소유 · 집단주의

출처: 전영명, 「사회주의관광업의 본질적특징과 역할」, 『김일성 종합대학학보』
2015년 제1호, 김일성종합대학출판사, 2015, 65~66쪽에서 발췌 요약.

(2) 북한식 사회주의 관광산업의 주요 역할

북한은 전통적으로 관광산업을 체제 우월성 선전에 활용해 왔다.
이는 관광산업이 대외 선전사업의 한 형태임을 나타내는 공식문헌에
서도 확인된다.

  "사회주의관광업은 위대한 수령님들과 경애하는 김정은동지
  의 대외적권위를 높이고 우리 나라 사회주의제도의 우월성을 다
  른 나라 사람들에게 보여주어 우리 혁명의 지지자, 동정자대렬
  을 늘임으로써 우리 공화국의 유리한 국제적환경을 마련하는 사
  업이다."[116]

이와 같이 북한의 관광산업은 사회주의 제도의 우월성을 내외에 선
전하고, 타 국민과의 교류와 친선관계 발전의 수단이라 할 수 있다.

116) 장경일, 「사회주의관광업의 본질적특성」, 『우리나라무역』 2015년 제2호, 평양: 공
업출판사, 2015, 18쪽.

북한은 관광활동 과정에서의 체제선전 활동을 통해 관광객들이 사회
주의 제도의 우월성을 깊이 인식할 수 있기를 기대한다.[117] 김일성
주석의 집권 후반기에 북한을 방문했던 한 프랑스 언론인은 당시의
북한 관광에서 느낀 소감에 대해 다음과 같이 기술하고 있다.

> "金日成 부자에 대한 우상숭배는 북한을 방문하는 외국인에게
> 가장 큰 충격을 주는 현실로 방문객의 인종이나 정치이념에 관
> 계없이 이해하기 어려운 현상이다. 북한은 사회주의 변형이라기
> 보다는 유교의 절대주의적 전통 및 한국인의 독특한 종교관에
> 기반을 둔 군주제도의 국가이며 이러한 사실을 발견하는 데에는
> 며칠 걸리지 않는다. 북한관영방송의 시그널 뮤직이 되다시피한
> 金日成찬가는 스피커를 타고 고요한 아침의 정적을 깨며 주민들
> 은 십자가 목거리 대신 金日成 뱃지를 자랑스럽게 달고 다닌다.
> 이들의 입에서는 독실한 기독교신자가 '주 예수'를 외듯이 '위대
> 한 수령' 주문이 기계적으로 나온다. 金日成의 백두산 출생설은
> 단군신화를 연상시킨다. 북한사회는 위대한 수령을 아버지로 하
> 는 하나의 대가족이다(프랑스 『Liberation』, 1989년 7월 23일자,
> P.Sabatier 記)."[118]

북한은 또한 사회주의 관광산업이 국내경제 전반의 발전을 촉진하
는 역할을 한다고 본다. 관광산업은 필연적으로 다양한 산업부문들과

---

[117] "우리 나라에 찾아오는 다른 나라 관광객들은 우리 나라의 아름다운 경치와 명승
지들을 찾을뿐아니라 위대한 대원수님들께서 세워주시고 빛내여주시였으며 경애
하는 원수님의 현명한 령도따라 주체의 사회주의 강성국가로 훌륭히 변모되고 있
는 우리 나라 사회주의 제도의 참모습을 보게 된다. 관광객들은 관광활동과정에
우리 인민들과 직접 접촉하며 현실을 보고 체험하면서 우리 나라 사회주의 제도
의 우월성을 더욱 깊이 느끼게 된다." 전영명, 「사회주의관광업의 본질적특징과
역할」, 66쪽.

[118] 박완신, 「북한의 관광정책과 관광문화」, 『월간 북한』 1990년 10월호, 북한연구소,
1990, 138쪽.

의 연관 속에서 추진되며 각 부문들의 발전에 의하여 관광업의 발전이 이루어진다. 관광산업의 발전은 북한의 교통운수업, 건설업, 경공업, 농업, 수산업, 공예품생산 부문과 지방공업의 발전을 촉진할 것이다. 이와 함께 사회주의 관광산업의 발전은 북한 내 근로자들의 문화생활에 이바지하며, 관광지의 생태환경을 보호하는 역할을 한다고 본다.119)

　마지막으로 북한은 관광산업을 통해 국가예산수입의 확보를 기대한다. 북한이 관광산업을 통해 거둔 화폐수입은 국가기업이익금의 형태로 국가예산에 납부된다. 관광수입은 국가와 관광기업소, 근로자들 간 분배되는데, 이것은 국민소득의 재분배 공간이자 국가재정 예산수입의 원천이라고 본다.

---

119) 김정은 시기의 북한은 관광산업의 경제적 기여뿐만 아니라 사회적, 생태환경적 기여효과에 대해서도 관심을 기울이고 있다. "관광경제활동의 효과성평가지표체계는 사회적효과성과 생태적효과성을 담보하는 조건하에서 경제적효과성이 최대로 되게 하여야 한다." 박정철, 「관광경제에 대한 일반적리해」, 『김일성 종합대학학보』 2017년 제4호, 평양: 김일성종합대학출판사, 2017, 104쪽.

제3장

/

김일성 시기의
관광정책 고찰

김일성 시기의 관광정책 고찰

북한은 관광산업에 대해 "사람들이 관광을 더욱 편리하고 원만히 할 수 있도록 사회적으로 모든 조건과 가능성을 마련해주고 그것을 적극 보장하는 사회적 활동 분야"로 정의하고 있다.[1] 북한이 사회주의 공업 국가를 구축해 가는 과정에서 형성된 초기 관광산업에 대한 인식은 자본주의 사회의 그것과는 매우 차별화된 모습을 보였다. 관광을 비경제적으로 또는 정치적 수단으로 활용했던 김일성 시대는 관광의 산업적, 경제적 요인을 중요시하는 현대의 보편적 인식과는 많은 차이가 있다.

김일성 시기에는 사회주의 이념과 중공업 우선정책을 강화하던 시기여서 관광은 자본주의 부르주아지의 낭비행위로 경시되었다. 따라서 관광산업을 활성화한다는 것은 당시 북한의 사회주의 경제정책과

---

[1] 김일성은 관광산업에 대해 "자연경치나 력사유적 같은것을 선전하여 다른 나라 사람들을 많이 끌어들여 구경을 시키면서 생활상 편의를 도모해주고 식료품과 일용품, 기념품 같은것을 많이 팔아 돈을 버는것"이라고 설명한다. 김일성, 「강원도를 국제관광지로 잘 꾸릴데 대하여」(조선민주주의인민공화국 중앙인민위원회 제8기 제31차회의에서 한 연설(1989.11.14.~15)), 『김일성저작집 42권』, 평양: 조선로동당 출판사, 1995, 196쪽.

부합하지 않았다. 북한의 관광산업에 대한 인식 변화는 1980년대 이전과 이후의 시기로, 구체적으로는 합영법 제정 이전과 이후의 시기로 구분 지을 수 있다.

〈표 3-1〉 김일성 시기의 관광인식 변화

전기(~1984년)	후기(1984년~1994년)	
사회주의 국가 간 연대성 관광	합영법 제정	나선경제특구 설치
-	관광부문 투자 허용	관광규정 제정, 관광기업 창설 허용
×	△	△
자립적 민족경제건설 노선	자립적 민족경제건설 노선	

※주: 긍정적·관광허용 ○, 비판적·관광불허 ×, 소극적·제한적·관광비실현 △

제1절 전기 김일성 시기 관광정책 전개(1953~1984년)

1. 사회주의 관광산업의 등장

북한은 한국전쟁 종전 직후인 1953년 8월 24일 조선국제여행사가 창립된 것을 관광산업의 출발점으로 보고 있다. 이 시기부터 북한은 구소련과 중국 및 동구권 사회주의 국가들과 집단적·선별적인 관광객 교류를 실시하였다. 이 당시 관광의 주목적은 체제 홍보와 선전, 생산활동의 장려, 해외교포 대상 주체사상 홍보라 할 수 있는데, 정부의 공식기구가 아닌 소규모의 조선국제여행사가 이 업무를 담당한 것이다.[2] 북한은 한국전쟁 직후 관광산업 태동기의 상황을 다음과 같이 선전하고 있다.

"이 시기는 조선반도에서 미제침략자들을 반대하여 싸운 3년
간의 전쟁(1950. 6. 25~1953. 7. 27)이 멎은지 한달도 못되는 시기
여서 려관도 식당도 없었고 오직 남은 것은 재가루뿐이었다. 조
선인민의 위대한 수령 김일성동지께서는 1950년대를 전후하여 급
속히 확대발전하기 시작한 세계관광업의 발전추세와 나라의 발
전전망을 명철하게 꿰뚫어 보신데 기초하여 조선국제려행사를
창설해주시고 나라의 관광업을 발전시키도록 조치를 취해주시였
다. 잿더미우에서 모든 것을 령으로부터 시작한 전후복구건설의
첫 대상에는 다른 나라 사람들을 위한 려관건설도 들어있었다.
이렇게하여 1956년 평양에는 나라의 첫 려관으로서 대동강려관과
같은 국제려관이 건설되고 다른 나라들과의 관광계약과 교류활
동이 시작되였다. 처음에 100여 명의 관광객을 접수하여 봉사하
기 시작한 때로부터 40년이 되였다. 이 기간에 해마다 평균 22.9%
의 장성비률로 다른 나라의 관광객들을 접수하였다."[3]

한편, 1980년대 이전의 북한은 다른 사회주의권 국가들과 유사하게
관광이 경제에 미치는 생산적 효과를 인식하지 못하였으며, 오로지
노동의 가치와 생산성이 유일한 평가 잣대가 되었다. 관광은 노동과
는 무관한 비생산적 행위 내지는 반생산적인 단순한 '구경', '오락', '사
치 활동', '낭비적이고 안일한 생활을 추구하게 하는 비생산적인 것'으
로 인식되었다. 북한의 김일성 주석 역시 관광행위에 대한 초기의 부
정적 인식을 수차례 피력한 바 있다.

---

2) 김정은 시대의 조선국제여행사는 김일성 시기의 역할에 비해 많은 변화를 보여주
고 있다. 현재 조선국제여행사는 국가관광총국의 지도하에 외국인의 북한관광을
지원하는 실무를 맡고 있다. 구체적으로는 해외 관광단 유치, 북한 관광상품 홍보
및 판매(국가관광총국과 별도로 관광상품 개발도 병행), 관광계약 체결, 해외 관광
교류 등을 수행하며, 해외사무소와 자체의 관광안내 인력, 운수교통수단들을 보유
하고 있다. 대만, 중국 북경과 단동 등에 있는 해외사무소에서는 북한관광 희망자
의 비자신청, 여행자카드 발급, 항공 탑승권 예약업무 등을 대행하고 있다.

3) 황봉혁,『조선문답관광』, 평양: 조선국제여행사, 1994, 2쪽.

〈표 3-2〉 김일성 주석의 관광 비판

일자	제목	주요 내용
1973. 11.19	· "재일조선상공인들은 조국과 민족을 위한 애국사업에 적극 이바지하여야 한다." · 제2차 재일동포상공인조국방문단과 한 담화, 김일성 저작집 28권(1984)	· 남한과 일본에 관해 언급하면서 방한 일본관광객들을 '기생관광객'으로 비판
1975. 9.26	· 조국의 사회주의 건설형편에 대하여 총련의장을 단장으로 하는 총련대표단과 한 담화, 김일성 저작집 30권(1985)	· 남한이 다른 사업협력 대신 금강산 관광지개발 제안을 "기생관광"이나 제안했다고 비판
1976. 5.31	· "총련조직을 더욱 튼튼히 꾸리자" · 재일본조선인축하단과 한 담화, 김일성 저작집 31권(1986)	· 금강산 관광지를 개발하지 않는 이유로, 사회주의 건설과 통일이 더 시급하기 때문이라고 언급
1977. 11.20	· "재일 조선출판보도부문 일군들앞에 나서는 몇가지 과업에 대하여" · 재일조선출판보도일군대표단과 한 담화, 김일성 저작집 32권(1986)	· 남한이 북한과의 협력방안의 하나로 제안한 금강산관광을 '기생관광'이라고 재차 비판

출처: 신용석 외, 『신남북관광협력의 정책방향과 과제』, 서울: 한국문화관광연구원, 2019, 45쪽 정리.

이러한 인식은 북한의 관광정책과 관광사업에도 영향을 미쳐 북한과 사회주의 체제의 우월성을 대내외에 과시하는 정치적 목적으로만 관광정책이 추진되었다.

　"우리는 우리 나라 사회주의제도의 우월성을 다른 나라 사람들에게 보여주어야 합니다. 지금 자본주의나라 공산당대표단을 비롯하여 우리 나라를 찾아오는 다른 나라 사람들은 우리가 사회주의를 제일 잘 건설하고있다고 하면서 진짜사회주의를 보려면 조선에 와서 보아야 하며 조선에 오면 사회주의에 대한 신심이 생긴다고 하고있습니다. 요즘 관광객들속에서는 미국대통령이 사회주의가 망한다고 떠들고있는데 조선에 와보니 사회주의

가 망하는것이 아니라 흥하고있다고 하는 반영이 제기되였습니다. 우리는 자만하지 말고 경제건설도 더 잘하고 도시와 마을도 더 잘 꾸려 다른 나라 사람들에게 사회주의의 우월성을 실물로 보여주어야 합니다."[4]

김일성 시기의 제한적이고 소극적인 관광정책으로 인해 북한주민들의 외국 방문이나 서방세계 외국인의 북한지역 방문은 엄격히 제한되었다. 이는 자본주의적 병폐가 북한사회를 오염시킬 수 있다는 우려 때문이기도 했다. 따라서 김일성 시기의 관광사업은 일부 사회주의 국가나 비동맹 국가들을 대상으로 한 제한적 관광만이 추진되었다. 내부적으로는 김일성의 항일유적지 방문이나 협동농장의 야유회 등이 당시 북한 주민의 관광활동이었다.[5] 북한의 조선국제여행사는 이러한 사회주의 관광정책 목적을 충실히 수행하는 역할을 담당하였다.

2. 사회주의 국가 간 연대성 관광 추진

김일성 시기 북한이 관광을 비생산적인 자본주의 문화이자 체제를 불안하게 하는 위험요인으로 인식함에 따라 북한의 관광은 자본주의 국가들과의 단절을, 사회주의 국가들과는 체제선전과 연대성이라는 정치적 목적으로만 추진되었다. 그럼에도 북한은 자국의 대외 관광정

---

4) 김일성, 「평안북도의 경제사업에서 나서는 몇가지 과업에 대하여」, 『김일성저작집 42권』, 평양: 조선로동당출판사, 1995, 189~190쪽.

5) "김일성 시대의 관광은 북한정권 수립과 사회주의 건설 과정에서 체제구축 차원, 인민문화생활의 공공서비스 차원, 사회주의 국가들의 연대성 차원, 후계승계 구축 차원에서 추진된 관광이 대표적이다. 즉 관광업으로서의 사회경제적 의미보다는 정치적·정책적 차원에서의 집단적 교류 형태의 하나였다." 강채연, 『김정은 시대 관광산업의 국제화전략과 관광협력의 선택적 이중구조』, 서울: 통일부, 2019, 19쪽.

책에 대해 "조선민주주의인민공화국은 자주, 친선, 평화의 리념에 기초하여 국제적인 래왕과 교류, 협조를 발전시키는 것을 귀중히 여기는 사회주의나라이다. 공화국정부는 조선으로 오고싶어하는 사람이라면 누구든지 찾아오는 것을 환영하며 그들에게 언제나 문을 열어 놓고 있다"고 선전한다.

이러한 선전과 달리 북한은 자본주의식 '호색관광'과 '도박관광'을 배척하고 관광산업의 무분별한 확대로 인한 사회주의 체제의 훼손을 염려하여 관광사업을 엄격히 통제했다.[6] 국내 여행의 경우도 답사, 견학, 관혼상제와 같은 사유로 여행증명서를 소지한 경우에만 지역 간 이동을 허용하였다.

북한의 외래관광은 사회주의 국가 연대성 차원에서 소련, 루마니아, 중국, 몽골 등 주요 사회주의 국가들에 북한 노동자 휴양단이 방문하면서 시작되었다. 1956년 6월 조선국제여행사가 처음으로 소련 방문 관광단을 조직하면서 월 1~2회 소련관광단과 교차 방문하는 방식의 외래관광이 추진되었다. 이 시기 사회주의권 관광교류는 사회주의 도시모델 학습 및 국가 간 연대성을 강화하는 데 방점을 두고 있었다. 이후 1964년부터 중국을 대상으로 관광단을 파견하기 시작했지만 소련을 비롯한 동유럽 사회주의권 관광교류에 비해 큰 진전을 보지 못했다. 1970년대에 들어서서는 김정일 후계승계와 맞물려 주로 내국인들을 대상으로 하는 국내관광으로 전환되었다. 특히 김일성의 유일

---

6) "조선에서는 인식관광, 건강보호증진관광, 치료 및 휴식관광과 같은 문화정서적이며 인식적인 관광, 육체적 단련과 건강보호를 위주로 하는 관광활동을 장려한다. 공화국정부는 순수한 돈벌이를 위해서 호색적인 관광, 도박관광과 같은 변태적이며 속물적인 관광을 발전시키지 않으며 배격한다. 조선민주주의인민공화국을 방문하는 사람들에 대해서는 언제나 친절하게 맞아들이고 후대하는 것을 민족적 전통으로 여긴다." 황봉혁, 『조선문답관광』, 1쪽.

지배와 김정일 유일지도에 따른 혁명전통교양, 정권의 정체성 교양,
답사, 견학, 참관 등의 형태로 추진되었다. 외래관광의 경우 해외동포
를 대상으로 하는 '조국방문단'을 제외하면 사회주의권 내 관광유치도
찾아볼 수 없다.[7]

〈표 3-3〉 1950~1970년대 관광단과 관광유형, 관광대상

날짜		유형	관광자	관광대상
1950	6	8·15기념 관광단	직업총동맹 모범일군	8·15 기념행사, 평양시
	8	1차 인민관광단	남측 해방지역	평양시
	8	2차 인민관광단	남측 해방지역	평양시, 교육문화시설
	9	3차 인민관광단	남강원도	만경대, 주변 농촌
	9	4차 인민관광단	남강원도	북강원도 시찰
1953	8	8·15기념 관광단	각 도	8·15 기념행사, 평양시
	9	인민관광단	개성지구	평양시
1954	8	인민관광단	각 도	평양시
	12	인민관광단	신해방지구	복구건설현장, 각급학교, 조국해방전쟁승리기념관, 명승고적, 만경대
1955	2	인민관광단	신해방지구	평양시 복구건설현장
	3	인민관광단	신해방지구	흥남비료공장, 본궁화학공장
	5	5·1절 관광단	각 도	평양시 5·1절 행사
	8	8·15기념 관광단	각 도	8·15 기념행사, 평양시
	9	탄광관광단		건설현장, 국립중앙해방투쟁 박물관
	12	인민관광단	각 도	평양시, 공장기업소

[7] 이는 시기별 『로동신문』의 기사 분석을 통해 나타난 내·외래관광 관련 기사를 정
리·해석한 것으로 북한 문헌의 제약 조건 속에서 북한관광의 시기별 추세를 파악
할 수 있다는 의미가 있다. 강채연, 『김정은 시대 관광산업의 국제화전략과 관광협
력의 선택적 이중구조』, 20~21쪽 참조.

날짜		유형	관광자	관광대상
1956	3	인민관광단	신해방지구	평양시 복구건설현장, 공장기업소
	6	**조선관광단**	**조선국제여행사**	**1차 소련 방문**
	7	1차 소련관광단	소련	평양시, 개성지구 역사유적, 강원도 명승지
	8	2차 소련관광단	소련	평양시
	8	**2차 조선관광단**	**조선국제여행사**	모스크바, 스탈린그라드, 보스또브, 끼예브, 레닌그라드
	8	8·15기념 관광단	전국	평양시, 교육문화시설
	8	조선인민군관광단	모범군인	8·15 기념행사
	9	3차 소련관광단	소련	
	9	평양시관광단	평양	전국 각지
	9	3차 조선관광단	조선국제여행사	소련
	10	4차 소련관광단	소련	평양
	10	5차 소련관광단	소련	평양
1957	5	소련관광단	소련	
	5	조선관광단	조선국제여행사	1차 소련 방문
	6	조선관광단	조선국제여행사	2차 소련 방문
	9	광부관광단	모범광부	평양시, 공장기업소
	10	인민관광단	각 도	평양
1958	5	소련관광단	소련	평양
	8	재중관광단	조선족 중국인	공화국창건 10주년 행사
1959	8	금강산관광단	직총중앙위원회	금강산(39차)
1960	8	8·15기념 관광단	전국 모범일군	8·15 기념행사, 평양시
1961	2	조-몽관광단		교류협력 체결
	4	소련관광단	소련	평양시
1964	5	중국관광단	중국	평양시
	11	남한관광단	남한국민	도쿄올림픽 관광차 귀순
1971	11	중국관광단	중국	평양시

출처: 강채연,『김정은 시대 관광산업의 국제화전략과 관광협력의 선택적 이중구조』, 서울: 통일부, 2019, 23~24쪽 재정리.

제2절 후기 김일성 시기 관광정책 전개(1984~1994년)

1. 서방자본의 북한 관광투자 허용: 합영법의 성과와 한계

전술한 바와 같이 사회주의 쿠바가 관광산업 정책을 본격적으로 추진하기 시작한 것은 경제난을 타개하기 위해서였다. 1982년 2월 쿠바 정부는 외자유치의 일환으로 외국인의 투자지분을 49%까지 허용하는 합영법 제정을 발표했다. 쿠바 합영법의 주요 목적은 관광산업 활성화를 위한 외국인 투자 유치에 있었다. 쿠바에서 관광산업은 우선 투자분야로 분류되었으며, 관광산업 투자에 대한 세금면제와 같은 우대조치를 시행하였다. 무엇보다 외국인 경영자의 쿠바 내 시설 임대나 내국인 고용을 허용했다.

북한 역시 1984년 1월의 최고인민회의 제7기 3차 회의를 통해 자본주의 국가들과의 경제합작과 기술교류를 발전시킨다는 내용의 '대외경제사업 및 무역확대 발전 방침'을 채택한다.

주목할 만한 점은 북한이 투자유치를 희망하는 5대 부문(공업 · 운수 · 건설 · 과학기술 · 관광사업)에 관광산업이 포함되었다는 사실이다. 이는 북한이 관광산업에 대한 외국인 투자를 허용하는 법적 장치를 마련한 첫 사례라 할 수 있다.[8] 이에 따라 같은 해 9월 합영법이 최고인민회의 상설회의에서 제정되어 시행에 들어갔으며, 북한은 관광부문에서의 합영, 합작사업과 외국인 관광유치를 적극 장려하였다.

---

[8] "북한의 관광 관련 법규는 관광산업이 하나의 독립된 산업으로 인정받지 못하고 관광이라는 개념이 폭넓게 확산되지 못하여 남한과 같이 관광기본법이나 관광진흥법과 같이 독립된 법과 관련된 법령은 존재하지 않는다." 남재학, 『대북 관광사업 평가와 대응전략』, 경기대학교 관광전문대학원 박사학위논문, 2008, 51쪽.

　　"우리 공화국은 사회주의나라들뿐아니라 우리 나라를 우호적
으로 대하는 자본주의나라들과의 경제기술적 교류와 협조를 발
전시켜나가고있습니다. 우리는 세계 여러나라들과의 경제기술적
교류와 협조를 더욱 확대발전시키기 위하여 지난해에 〈조선민주
주의인민공화국 합영법〉을 채택하고 공업과 건설, 운수, 과학기
술, 관광업을 비롯한 여러 분야에서 다른 나라들과의 합영을 장려
하고있습니다. 합영법이 발표된 다음 많은 나라들에서 우리 나라
와 경제합작과 기술교류를 진행할것을 새롭게 요구해나서고있습
니다. 이것은 매우 좋은 일이라고 생각합니다. 우리는 우리 나라
를 우호적으로 대하며 우리 나라와 경제기술적 교류와 협조를 발
전시킬것을 요구하는 나라들에 대하여서는 사상과 리념, 제도의
차이에 관계없이 언제나 환영할것이며 평등과 호혜의 원칙에서
경제적 합작과 교류를 진행하여 나갈것입니다."[9]

1) 합영법 제정 배경과 목적

　　북한이 대외적으로 관광에 대한 태도 변화를 표명한 것은 '조선민
주주의 인민공화국합영법'이 제정된 1984년이라 할 수 있다. 합영법
은 외국과의 합작투자로 북한에 필요한 원료·연료 및 기술·자본을
확보하여 경제 전반에 걸쳐 새로운 전기를 마련하고 인민대중의 수요
를 충족시키기 위한 목적으로 제정된 대외경제 관계법령이다.

　　북한은 합영법 제정을 통해 북한 내의 외국자본 유입을 처음으로
허용하였다. 특히 관광산업을 집중 육성할 대상으로 특정함으로써 관
광산업에 대한 인식에 변화를 보여주었다.

　　이 법은 1984년 9월 8일 최고인민회의 상설회의에서 채택, 발표하

9) 김일성, 「일본 정치리론잡지 『세까이』 편집국장이 제기한 질문에 대한 대답」, 『김
　일성저작집 39권』, 평양: 조선로동당출판사, 1993, 104쪽.

였는데 정식명칭은 '합작회사운영법'이다. 다음해인 1985년 3월 합영법에 대한 후속 보완책으로 '합작회사운영법 시행세칙'과 '외국인소득세법'을 제정·공포함으로써 북한 내 합영사업에 필요한 법적 장치를 마련하였다. 또한, 1988년 정무원 내에 '합영공업부'를 설치하고 1989년에는 완전 사유 합영회사 설립을 허용하는 등 해외자본 유치를 위해 노력을 기울였다.

[그림 3-1] 초기 북한의 외국인 투자법 체계(1984~1993)

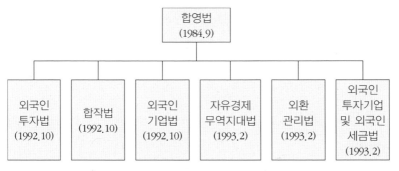

출처: 이장춘 외, 『통일과 관광개발』, 서울: 한국관광진흥연구원, 1995, 198쪽.

이와 같이 자립적 민족경제 건설에 경도되어 있던 북한에게 합영법 제정은 의미 있는 변화의 시작이었다. 북한의 기존 대외 경제관계는 무역이 중심이었고 투자유치 역시 소련이나 중국 등 사회주의 국가들과의 협력이 중심이었다. 그러던 북한이 자본주의 국가들로부터 투자를 유치하겠다고 나선 것이어서 종래의 노선을 대폭 바꾸어 본격적인 경제개방으로 나아가는 것이 아니냐는 기대를 낳기에 충분한 조치였다.[10]

같은 시기 중국은 중외 합작경영기업법 제정과 경제특구 운영 등 중

10) 양문수, 『북한경제의 구조』, 서울: 서울대학교 출판문화원, 2001, 377쪽.

앙집권적 계획경제에 일정 부문 시장경제원리를 도입하고 대외개방정
책을 시행하여 높은 경제성장을 이루고 있었고 북한도 이 영향을 받았
다. 북한의 합영법 제정은 경제침체의 지속과 서방으로부터의 차관도
입이 불가능해진 시점에 나온 것인데, 북한은 이를 해결하기 위해 원리
금 상환의무가 없는 외국인 직접투자에 눈을 돌리기 시작한 것이다.[11]

　이러한 합영법은 서방세계와의 교역을 통한 자본, 플랜트 도입 방식
에서 외국인 직접투자를 통해 기술과 경영기법을 도입하도록 개방의 폭
을 확대한 조치였다. 자립경제 노선을 고수하는 북한 입장에서 자본주
의 국가의 직접투자를 유치하는 정책은 커다란 방향 전환을 의미했다.

2) 합영법의 주요 내용과 저조한 사업성과

　합영법의 기본 골격을 살펴보면, 합영의 기본원칙, 회사의 조직, 경

---

[11] 합영법이 발표된 1984년의 북한은 제2차 7개년계획(1978~84)이 종료되는 해임에도 공
업 및 농업 부문 전반에 대해 실적발표가 없을 정도로 경제침체를 겪고 있었다. 이와
같이 합영법 발표 조치가 취해지게 된 배경으로 1980년대 북한경제의 정체와 피로현
상을 들 수 있다. "1970년대 북한은 '사회주의 공업국' 건설이 완료되었음을 공식화하
면서도 선진기술 및 외자유치를 모색하였다. 국내의 필요성과 1971년 데탕트의 영향
으로 서방의 자본과 기술을 이용해 '내포적 공업화(Intensive Industrialization)'를 추진
했다. 1972년부터 서방 선진국가와의 무역을 확대하고 차관을 도입하는 등 자립경
제노선을 완화했다. 그러나 북한의 차관 및 무역확대 시도는 대규모 무역적자 급
증으로 외채문제를 발생시켰다. 1차 오일쇼크의 여파로 선진자본주의 국가들의 비
철금속에 대한 수요가 감소했다. 북한의 수출은 크게 타격을 입었다. 1974년 대서
방 무역적자는 북한 총무역적자액 6억 6,700만 달러의 약 80%를 차지했다. 북한은
서방국가로부터 차관도입을 전면적으로 중단했다. 1976년이 되었을 때, 채무불이
행 사태(default)를 맞았다. 북한은 수출확대를 통해 외채문제를 해결하려 했다. 그
러나 생산능력이 뒷받침되지 않는 수출확대·수입축소 정책은 곧바로 한계에 직면
했다. 1980년대에 이르러서도 북한의 경제여건은 나아지지 않았다. 1950년대 확충
한 사회기반시설은 노후했고, 기간산업의 설비·기계 등도 교체가 시급했다. 체제
경쟁을 위해 유치한 1989년 '제13차 세계청년학생축전'을 대비하여 대형 건축물들
과 주거시설 등도 신축해야 했다." 민영기, 『북한 경제체제의 변화에 관한 연구』,
동국대학교 대학원 박사학위논문, 2016, 126~127쪽.

영활동, 결산과 분배, 회사의 해산과 분쟁 해결 등 전문 5장 26조로 구성되었다. 구체적으로는 북한 내의 합작회사 경영활동의 허용 및 보호, 일정 소득세를 제외한 합작기업 소득의 본국 과실송금을 인정하는 원칙을 표방했다.

합영법의 주요 내용은 다음과 같다. 첫째, 합영 대상은 외국의 회사·기업체·개인으로 규정한다. 둘째, 합영회사의 조직, 출자 대상 및 범위에 관한 규정으로서 합영회사에 대한 출자 범위를 현금, 현물, 발명권, 기술 등으로 폭넓게 규정하고 있다. 셋째, 경영활동, 이사회 구성 및 외국인 종업원에 대한 규정으로서 합작회사 형태는 자본주의 민간기업 형태인 주식회사이고, 회사는 이사진을 중심으로 경영하도록 하고 있다. 넷째, 결산, 이익분배, 조세, 회사의 해산과 분쟁 해결에 관한 규정으로서 회사의 이윤과 종업원의 소득에 법인세와 소득세를 부과하도록 하고 있다.

이와 같은 준비를 통해 합영법을 근거로 1986년부터 북한 내에서 합영회사가 설립되기 시작했다. 1986년 6월 재일본조선인총연합회(조총련) 내에 합영사업추진위원회가 설치되고, 8월에는 북한 측과 합작한 '조선국제합영총회사'가 설립되어 조총련과 북한은 본격적인 경제협력을 추진하기 시작한다. 그러나 1984년의 합영법은 경제특구 설치 등의 배제가 전제된 것으로써 제한적인 개방에 불과하였기에 경제적 효과는 크지 않았다.[12] 사실상 북한이 기대했던 서방국가와의 합작투

---

[12] "북한이 중국과 달리 경제특구를 설치하지 않은 것은 특정지역에서 시장경제 원리를 전면적으로 실시하는 특구보다는 전국 각지에 합영사업을 분산시키고, 그것을 당의 통제하에 두는 것이 시장경제 도입에 따른 혼란 방지에 효과적이라고 판단하였기 때문이었다. 자본주의 제도가 적용되는 경제특구에서 주민들이 자본주의 사상에 오염되는 것을 두려워했으며, 또 경제특구를 통한 자본주의 시장경제의 시험 자체를 주체사상과 김일성 유일 지도력에 대한 도전으로 간주했기 때문이다." 이재춘, 『베트남과 북한의 개혁·개방』, 서울: 경인문화사, 2014, 144쪽.

자는 실현되지 않았다.[13] 북한이 희망하는 투자의 중점 분야는 공업, 운수, 건설, 과학기술, 관광사업이었으나 실제 합영이 진행된 분야는 소규모 경공업 및 서비스업에 편중되었다.

3) 북한식 합영법의 한계와 실패

합영법의 제정·실시가 외국기업의 본격적인 진출로 이어지지 않은 원인은 북한 사회주의의 근간을 이루는 주체사상과 자립경제 노선에 근거한 '우리식'의 사고와 방법이 큰 저해 요인의 하나였다. 북한이 합영사업을 통하여 얻으려고 한 것은 자본주의 국가의 자본과 기술뿐이었다. 자본주의 경영방식은 오히려 경계의 대상이었다. 즉, '대안의 사업체계의 요구에 맞게', 당이 합영기업의 관리를 장악하여 '자본주의에 의한 오염'을 막기 위해 노력한다는 것이다.[14] 즉, 북한이 경제현실상 어쩔 수 없이 외국자본을 유치하더라도 자립경제노선은 결코 포기할 수 없었다.

합영법은 외국기업의 합영회사에 대한 경영권, 인사권, 소유권을

---

[13] "1984년의 합영법 발표 이래 1992년 7월까지 북한이 외국기업과 투자유치계약을 체결한 것은 140건으로, 이 가운데 116건의 1억 5천만 달러는 조총련 동포가 투자한 사업이고, 조업중인 66건 가운데 85%인 56건이 조총련계 기업이다. 구소련·중국은 물론 서방세계의 투자는 극히 미미한 수준이다. 또 북한 측에 따르면 1996년 말 기준 북한의 합영·합작기업 총수는 130개이며, 이 중 합영기업이 70개, 합작기업이 60개에 이르고 있다. 이 가운데 독자기업을 제외한 외국인 투자유치 총액은 1억 3천만 달러인데 합영이 9천만 달러, 합작이 4천만 달러이다." 양문수, 『북한경제의 구조』, 378쪽.

[14] "예를 들면 김일성은 "경제분야에서 자본주의적 방법을 받아들이는 것은 결국 멸망에 이르는 길이다. … 우리들이 외국과 합영·합작사업을 하고자 하는 기본목적은 외국의 기술과 자금을 이용하는 데 있다. 따라서 외국과의 합영·합작은 외국이 기술과 자금을 제공하고 기업관리는 우리가 맡는 방향에서 진행되어야 한다.(『김일성 저작집』 44, 16쪽)"고 밝힌 바 있다." 양문수, 『북한경제의 구조』, 379쪽.

인정하고 최고의사결정기관은 이사회라고 명기했지만 현실은 달랐다. 합영기업은 북한 측 투자가와 외국투자가가 공동으로 투자하고 공동으로 운영하며 투자 몫에 따라 분배하는 기업이므로 100% 외국인 단독투자는 허용되지 않았다. 따라서 출자지분의 산정에서부터 경영, 분배에 이르기까지 북한 측 입김이 강하게 작용할 수밖에 없었다. 자본주의 사상 침투 방지를 위해 북한은 합영사업 시행 시 공동출자, 북한 단독경영 방식을 취하고, 처음부터 합영기업에 북한의 기업관리 시스템인 '대안의 사업체계'를 적용시켰다. 이러한 시장경제에 대한 무지와 오해, 법적 제도적 미비, 열악한 사회간접자본 등으로 북한의 합영사업은 사실상 실패하였다.[15)]

4) 합영법이 관광산업 분야에 미친 영향

합영법 제정과 시행을 통한 북한의 합영사업 추진은 앞서 언급한 여러 요인으로 인해 실패로 귀결되고 만다. 이는 북한이 투자유치를 희망했던 관광분야에도 예외는 아니었다. 이러한 결과에도 불구하고 관광산업에 대한 북한의 기존 인식에 변화를 보인 것은 의미가 크다. 이 무렵에 이르러 북한이 관광산업을 서구자본의 투자유치를 위한 전략적 산업이자 개혁과 개방정책의 일환으로 인식하기 시작한 것이다.[16)] 이러한 태도 변화의 근본 배경은 외부세계와 고립된 북한만의

---

15) 합영사업의 실패요인은 이외에도 다음과 같은 원인을 들 수 있다. "북한의 체제 및 좁은 내수시장 등 열악한 투자환경, 북한의 낮은 신용도로 인한 외국자본가들의 진출 기피, 폐쇄적인 경제정책의 지속, 시장경제 논리가 적용되는 경제특구의 미설치, 외자유치관련법의 미비, 핵문제로 인한 국제사회 압력과 북한의 강경대응으로 인한 조총련계와 일본인 기술자들의 방북이 어려웠기 때문이다." 이재춘, 『베트남과 북한의 개혁·개방』, 145~146쪽.

자립경제가 불가능하다는 현실인식 및 북한산업이 세계경제의 성장
에도 불구하고 오히려 정체 또는 퇴보하고 있다는 위기의식이 발현
된 때문이었다. 여러 산업 중 관광산업이 침체된 국가 경제를 되살릴
수 있는 산업의 하나로 지목되어 합영법에 포함된 것은 관광산업이
대규모 투자 없이 손쉽게 외화벌이가 가능하기 때문이었다. 또한 북
한 주민들이 외래관광객에 노출되는 위험은 관광 개방지역을 제한함
으로써 어느 정도 통제할 수 있다고 판단하였다. 북한의 열악한 관광
산업 기반과 관광개발 경험 부족도 외국자본 및 산업에 대한 문호개
방 결정에 한몫하였다. 결국 관광산업에 대한 합영법 적용은 북한이
관광산업을 사치나 비생산적인 것으로 인식하는 시각이 점차 희석되
고 관광산업 자체의 경제적 가치를 인식하기 시작했음을 보여준 사
례이다.

2. 국가관광총국 개편과 세계 관광시장 진출

후기 김일성 시기인 1980년대 중후반 사회주의 국가들의 체제전환
흐름은 직접적으로 북한의 경제협력 범위가 축소되는 결과를 낳았다.
북한은 이 시기에 발생한 대외적 변화들로 인해 외화부족과 경제난에
봉착하게 되었다. 이와 같은 당면과제들을 해결하기 위해 북한은 관
광산업을 육성하기 위한 관심과 노력을 전개하였다. 이 시기 북한은
국가관광총국을 확대·개편하여 사회주의 관광활성화를 위한 정책개
발에 나서고, 국제기구인 세계관광기구(UNWTO)에 가입하여 관광분

---

16) 유병희, 「북한의 관광정책과 리더십」, 『한국행정학회 학술발표논문집』, 한국행정
    학회, 2015, 358쪽.

야의 국제협력을 추진하고자 하였다.

1) 관광조직 개편을 통한 관광지원체계 마련

외국인을 대상으로 하는 북한의 외래관광이 체제선전의 수단뿐만 아니라 화폐수입을 목적으로 하는 본래적 의미의 관광산업으로 육성되기 시작한 것은 국가관광총국이 설립된 이후부터라고 할 수 있다. 북한에서 관광업무는 내각 산하의 국가관광총국이 공식 총괄한다.[17] 국가관광총국은 1953년 8월 여행관리국으로 출범하였으며, 1986년 5월 북한의 관광산업 육성정책에 힘입어 정무원(政務院) 직속으로 국가관광총국으로 확대·개편되었다.[18] 국가관광총국은 북한의 관광지구 개발을 계획하고, 신규 관광상품을 조사, 개발하며, 이를 다른 나라에 홍보하면서 외국인 관광객을 유치하는 등의 역할을 수행한다.[19]

---

[17] 그러나 이는 내각 산하의 기타 단체 중 하나일 뿐 장관급 중앙부처기관은 아니다. 북한주민의 국내관광은 노동당 선전부, 국제관광은 국가보위성 외사국에서 지도, 장악, 통제한다. 외국인의 북한관광은 내각의 국가관광총국이 관장하나 해외교포 및 남한주민에 대한 관광사업은 노동당 통전부 산하 조선아시아태평양평화위원회, 민족화해협의회, 해외동포원호위원회 등에서 담당하고 있다.

[18] 북한 매체인 조선중앙통신은 북한의 국가관광총국에 대해 다음과 같이 소개하고 있다. "조선의 국가관광총국은 나라의 관광업을 정책적으로 지도하는 정부기관이며, 관광계획과 관광조사 및 개발, 선전, 봉사 등을 조직 진행한다. 총국은 산하에 조선국제려행사, 국제청소년려행사, 조선국제체육려행사와 관광선전사 등을 가지고 있으며, 또한 베이징을 비롯한 외국에 사무소들을 두고 있으며, 이외에도 각지에 백두산려행사, 묘향산려행사, 칠보산려행사, 라선려행사가 있다. 총국은 1953년 8월 24일에 창립됐으며, 평양시 만경대구역에 위치하고 있다. 조선은 1987년 9월 유엔세계관광기구(UNWTO)에, 1996년 4월에는 태평양아시아려행협회(PATA)에 정성원으로 가입하였다", 『조선중앙통신』, 2011년 3월 5일.

[19] 김지연 외, 『북·중 관광협력의 현황과 시사점』, 서울: 대외경제정책연구원, 2013, 99쪽.

[그림 3-2] 북한의 관광산업 관리기구 체계

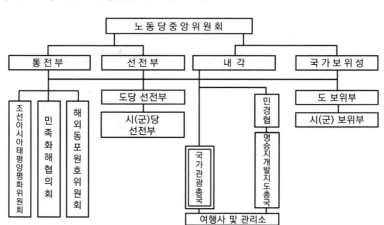

출처: 『통일부 북한정보포털』(http://nkinfo.unikorea.go.kr/nkp/overview/nkOverview.do?sumryMenuId=EC219, 검색일: 2020년 4월 2일).

이전까지 북한은 관광산업에 대한 제도적 장치와 기구들이 사실상 부재했다. 국가관광총국은 산하에 조선국제여행사를 흡수하고 국제청소년여행사를 신설하거나 미국 LA교포와 금강산관광회사도 설립하는 등 관광정책 실무추진기구를 정비하고 관광실무를 담당하도록 했다. 1994년에 발간된 조선국제여행사 관광안내책자에는 이 시기 국가관광총국의 구성과 역할을 다음과 같이 기술하고 있다.

"국가관광총국은 나라의 관광업을 정책적으로 지도하며 장악하고 통제하는 정부급 기관이다. 1986년 5월 15일 창립되었다. 총국안에 관광선전, 관광조직, 관광계획, 관광운수, 재정 등 기본국들이 있다. 조선국제려행사총회사가 있다. 총회사안에는 제1, 제2, 제3 조선국제려행사들이 있다. 제1 조선국제려행사는 중국, 홍콩, 마카오, 대만지역을 담당하고 있으며 제2 조선국제려행사는 일본, 타이, 싱가포르를 비롯한 아세안, 태평양 지역을, 제3

조선국제려행사는 구라파, 미주, 대양주 지역을 담당하고 있다.
이들은 모두 관광계약, 교류, 봉사조직과 같은 업무활동을 기본
으로 하고있는 관광업무회사들이다. 관광안내사가 있다. 관광객
들을 위한 안내통역을 전문으로 한다. 여기에는 영어, 중어, 일
어, 로어, 독일어 등 공용어들과 민족어로 준비된 백수십명의 안
내통역원들이 있다. 관광선전통보사가 있다. 관광선전물을 제작
보급한다. 관광객들을 위하여 비데오촬영봉사도 한다."[20]

[그림 3-3] 국가관광총국 조직도

출처: 김지연 외, 『북·중 관광협력의 현황과 시사점』, 서울: 대외경제정책연구원,
2013, 34쪽.

2) 세계관광기구(UNWTO) 가입을 통한 국제 관광무대 진출

북한은 김일성 주석 집권 후반기에 대외적으로 서방세계로부터 관
광대상국으로 인정받기 위한 노력도 경주하였는데, 1987년 북한 국가
관광총국은 북한을 대표하는 회원자격으로 세계관광기구(UNWTO)[21]

20) 황봉혁, 『조선관광문답』, 1~2쪽.
21) "세계관광기구(World Tourism Organization, UNWTO)는 유엔의 전문기구로 스페인
마드리드에 본부를 두고있는 관광에 대한 국제기구이다. 1925년 헤이그에서 설립
된 공공여행기관연맹(IUOTO)을 전신으로 1975년에 설립되어 2003년 12월에 유엔
의 전문기관이 되었다." 『위키백과, 우리 모두의 백과사전』(https://ko.wikipedia.org
/wiki/%EC%84%B8%EA%B3%84_%EA%B4%80%EA%B4%91_%EA%B8%B0%EA%B5%AC,
검색일: 2020년 4월 13일).

에 가입하고, 스페인 마드리드에 관광대표부를 설치한다. 이후 북한은 대외 홍보활동을 통해 관광단을 모집하고 1990년 2월에는 홍콩 국제여행전람회에 참가하여 국제관광무대에 정식 진출한다.

UNWTO 가입 직후 북한은 평양에서 관광영화제전을 개최했으며, 국가관광총국 부속 관광안내통역학교에 기존의 영어·러시아어 과정에 더하여 새롭게 일본어 과정을 설치했다.[22] 이 시기부터 관광산업 인력의 필요성을 인식하고 평양외국어대학, 평양상업대학, 국제관계대학, 청진산업대학 등에 관광 관련 학과를 개설하여 관광안내원, 항공기 승무원, 호텔 종사자 등을 양성하기 시작하였다. 김일성 주석은 1988년 3월 개최한 조선노동당 중앙위원회 제6기 제13차 전원회의에서 관광산업 발전을 위한 외국어 교육의 중요성을 다음과 같이 강조한다.

> "외국어교육을 강화하여야 하겠습니다. 다른 나라 말을 알아야 다른 나라 책들을 볼수 있으며 다른 나라의 발전된 과학기술도 배울수 있습니다. 지금 관광업을 발전시키려 하여도 다른 나라 말을 할줄 아는 사람이 많지 못합니다. 외국어교육을 강화하여 모든 학생들이 한가지 이상의 외국어를 알도록 하여야 하겠습니다."[23]

북한은 연이어 서구국가를 대상으로 북한관광을 소개하는 관광선전통보사를 설치하고, 프랑스, 영국, 오스트리아, 스웨덴, 홍콩의 200

22) 신정화, 「북한의 개혁·개방정책의 변화: 관광산업을 중심으로」, 『북한연구학회보』 제14권 제2호, 북한연구학회, 2010, 138쪽.
23) 김일성, 「과학, 교육 사업과 인민보건사업에서 새로운 전환을 일으킬데 대하여」, 『김일성저작집 41권』, 평양: 조선로동당출판사, 1995, 48쪽.

여 개의 여행사와 계약을 맺었다. 또한, 1988년 11월에는 재미교포와
합작으로 일본 관광객 유치를 주요 업무로 하는 금강산국제관광회사
(현 명승지종합개발지도국)를 설립한다. 이는 1953년 3월에 설립된 조
선국제여행사, 1985년 3월에 설립된 조선국제청년관광사와 함께 북한
의 관광실무를 담당하는 여행사라 할 수 있다. 이후 북한은 1995년 아
시아 태평양 지역의 환경보전과 관광산업 발전 지원, 관광교류 증진
을 위해 설립된 국제관광기구인 아시아·태평양관광협회(PATA)에도
정식회원으로 가입하여 해외 관광객 유치를 위한 국제활동을 본격적
으로 시작한다.[24] 이와 같은 북한의 PATA 회원활동은 '폐쇄된 국가를
대상으로 한 평화의 시도'라는 측면에서 의미가 크다.

1990년대에는 '홍콩 국제여행전람회', '세계관광전람회' 등에 참가하
는 등 관광정보 교류활동에도 적극 나섰다. 특히 1996년에는 나선자
유경제무역지대규정에 공업, 건설, 운수, 과학기술과 함께 관광을 합
작투자 대상으로 포함시키기도 하였다. 이런 움직임은 1990년대 초
사회주의 국가들이 체제개방을 단행하면서 관광사업이 급성장한 것
을 목격하면서 더욱 강화되었다.

3. 고난의 행군을 초래한 평양 세계청년학생축전과 무료관광 실시

세계청년학생축전(World Festival of Youth and Students)은 반제자주
와 반전평화의 기치 아래 세계민주청년연맹(WFDY; World Federation

---

[24] "북한이 국제관광기구나 협회에 가입을 하였지만 실제 관광 관련 활동은 활발하지
못하다. 국제행사에도 참석하는 경우는 드물며 세계관광기구에도 국제관광 관련
한 데이터도 2003년 이후 제출하지 않고 있다." 신용석 외, 『신남북관광협력의 정
책방향과 과제』, 서울: 한국문화관광연구원, 2019, 45쪽.

of Democratic Youth)의 주도로 사회주의 국가와 비동맹 국가 등 제3
세계 국가의 진보성향 청년과 학생들이 참석하는 행사이다.[25] 북한은
1988년 서울올림픽의 맞대응 차원에서 부족한 외화 사정에도 불구하
고 막대한 재정을 투입하여 1989년 제13차 세계청년학생축전을 평양
에서 개최한다.

1) 평양 세계청년학생축전의 무리한 준비 과정과 재정 투입

북한은 1989년 '반제 련대성, 평화와 친선을 위하여!'라는 구호 아래
제13차 세계청년학생축전을 7월 1일부터 8일까지 평양에서 개최하였
다. 이는 1947년 체코에서 열린 제1차 축전부터 1985년 소련에서 열린
제12차 세계청년학생축전 중 역대 가장 많은 국가인 179개국의 22,000
명이 참가하였으며, 아시아에서는 최초로 열린 행사였다.[26] 특히 전
년도에 서울에서 열린 하계 올림픽에 자극받아 북한은 평양축전을 국
가적 역점사업으로 중점을 두어 성대하게 개최하였고, 올림픽보다 규
모가 큰 행사였음을 대대적으로 선전하였다. 그러나 행사 개최를 위
해 경제규모 대비 무리한 재정지출을 단행함에 따라 발생한 경제적 후
유증은 북한이 이후 고난의 행군을 겪게 되는 단초를 제공하였다.[27]

25) 제2차 세계대전 직후인 1945년 10월 영국 런던에서 열린 제1차 세계청년회의(World
Youth Conference)에서 세계민주청년연맹이 결성되었고, 1946년 제1차 이사회에서
국제적인 청년축전의 개최를 결정하였다. 1947년 7월 체코의 수도 프라하에서 제1
회 세계청년학생축전을 개최하였다. 1957년 소련에서 개최되었던 제6차 모스크바
축전은 축전 역사상 가장 많은 인원인 34,000명의 인원이 참가해 큰 성황을 이루었
다. 이후 이 대회를 국가적으로 지원할 수 있는 공산권 국가들의 주도로 이루어졌
고, 그 결과 사상적 이념을 강조하는 대회로 변화되기 시작했다.
26) 모순영, 『김일성 시기 북한의 대외문화교류 연구』, 이화여자대학교 대학원 박사학
위논문, 2014, 143쪽.

이 시기는 대외적으로 냉전구조가 완화되고 동구 사회주의 국가의 개혁과 개방의 열기가 고조되면서, 북한의 외교적 고립화가 더욱 심화된 때였다. 당시 1인당 국민소득이 980달러인 열악한 경제력과 1984년 9월 '합영법' 제정 이후 체계적인 후속 조치의 부재로 인한 외자 유치 실패, 1987년 채무불이행 국가로 선언되는 등 안팎으로 경제 침체가 이미 가중된 상태였다. 이러한 위기에도 불구하고 북한이 2만여 명이 참석하는 축전을 개최하였기 때문에 주목받을 수밖에 없었다.[28] 북한의 1989년도 예산내역에 의하면 기계공업부문에 전년 대비 16%, 경공업 13%, 전력·금속·채취공업부문에 8%, 농업부문에 7%를 증액하였다. 이 중 김일성 주석이 제시했던 경제과업에는 별다른 투자가 없었던 반면, 북한에서 조달할 수 있는 자금과 자재는 최우선으로 축전 준비 사업에 집중했다.

축전 준비 과정에서 연건평 43만여㎡에 이르는 체육시설, 41만㎡에 달하는 문화시설, 86만㎡에 이르는 호텔 및 편의봉사시설 등 총 260개 대상사업을 벌이는 등 축전 준비 작업에만 40~45억 달러를 투입하였다.[29] 북한은 평양축전을 위해 대규모 경기장과 공연장, 호텔 등을 건설하였으며, 이 중 대표적 건축물은 능라도경기장, 평양국제영화회

---

[27] "1989년 제13차 세계청년학생축전이 열리던 시점은 북한이 대내외적으로 상당히 어려운 때였다. 대내 경제가 매우 악화되어 있었고 소련의 개혁·개방과 동유럽의 체제전환 등으로 대내외적으로 궁지에 처해 있었던 시점이다. 더욱이 한국이 88서울올림픽을 치르는 등 상당히 발전하고 있는 것과 대조적으로 북한은 매우 어려운 상황에서 무리하게 평양축전을 준비하였다. 남북 간의 체제경쟁과 평양축전과 같은 무리한 대규모 국제행사로 인한 후유증이 1995~1997년 '고난의 행군'이라는 최악의 경제 상황을 맞이하는 데 한 원인이 되었다." 『통일부 북한정보포털』(https://nkinfo.unikorea.go.kr/nkp/term/viewNkKnwldgDicary.do?pageIndex=1&dicaryId=164, 검색일: 2020년 4월 8일).

[28] 모순영, 『김일성 시기 북한의 대외문화교류 연구』, 143쪽.

[29] 통일연수원, 『통일교육』 제35호(89-4), 서울: 국토통일원, 1989, 150쪽.

관, 동평양대극장, 평양교예극장, 양각도축구장, 만경대소년학생궁전, 평양국제통신센터 등을 들 수 있다.

〈표 3-4〉 제13차 세계청년학생축전을 위한 북한의 주요 시설

구분	공사명	위치	공사 내용	비고
문화시설	청년극장	대동강구역	연건평 4만 6천㎡	
	동평양극장	문수거리	연건평 3만㎡	
	예술극장	안골거리	연건평 5만㎡	
	학생소년궁전	광복거리	연건평 6만㎡	완공
	국제영화관	양각도	연건평 3만 6천㎡	
체육시설	안골체육관	안골	종합경기장 1개, 실내체육관 9개	1988년 9월 개촌식
	능라도경기장 (5·1경기장)	능라도	수용 능력 15만 명	종합경기장 (북한 최대)
	양각도축구장	양각도	수용 능력 3만 명	

출처: 통일연수원, 『통일교육』 제35호(89-4), 서울: 국토통일원, 1989, 14~15쪽 발췌 인용.

이러한 상황 속에서 김일성 주석은 평양축전과 관련한 1989년 6월 16일 중앙 및 지방 책임일군협의회에서 한 연설에서 관광산업을 통한 수익창출과 이를 위한 사전준비의 중요성을 강조한다.

"우리 나라는 산좋고 물맑은 아름다운 금수강산이기때문에 관광업을 발전시키는데 매우 유리한 조건을 가지고있습니다. 얼마 전에 스위스와 프랑스, 이딸리아의 자본가들로 구성된 한 대표 단이 우리 나라에 왔댔는데 그들은 묘향산을 돌아보고 천하명승 지라고 하면서 관광업을 합영하자고 하였습니다. 얼마후에 그들 이 우리 나라에 다시 온다고 합니다. 우리는 지금부터 관광업을 발전시킬수 있도록 준비를 잘해야 하겠습니다. 관광업을 발전시

키자면 평양시와 향산군, 량강도 혜산시와 대홍단군, 삼지연군,
강원도 원산시와 금강산, 개성시를 비롯한 관광대상지들을 잘
꾸려놓아야 합니다."[30]

"관광업을 하여 돈을 벌자면 관광대상지도 잘 꾸려야 하지만
특색있고 맛있는 음식을 많이 만들어 팔아야 합니다. 관광업에
서 돈벌이를 할것은 호텔숙박비와 음식을 만들어 파는것밖에는
별로 다른것이 없습니다. 관광대상지들에서 구경을 시킨 다음
돈을 받기는 하지만 그것은 얼마 되지 않습니다. 그러므로 관광
객들에게 여러가지 조선음식을 맛있게 만들어 팔아야 합니다.
물론 구라파나라들에서 오는 관광객들한테는 그들의 구미에 맞
는 서양음식을 만들어 팔아야 합니다. 그러나 서양음식만 만들
어 팔아서는 돈을 얼마 벌지 못합니다. 우리가 조선음식을 맛있
게 만들어 팔면 구라파나라 사람들도 그것을 사먹으려 할것입니
다. 누구나 다른 나라에 관광을 가면 그 나라의 경치도 구경하지
만 그 나라 민족음식도 먹어보려고 합니다. 다른 나라에 관광을
가서 제 나라 음식만 먹어서는 관광을 갔던 인상이 별로 남지 않
을것입니다."[31]

2) 축전의 의도와 전개

5·1경기장에서 열린 개막식에 이어, 7월 2일부터 본격적으로 시작
된 축전행사는 정치·문화·예술·체육행사 등으로 나뉘어 진행되었
다. 북한이 경제적 어려움 속에서도 축전행사를 개최한 이유는 서울

---

30) 김일성, 「향산군을 비롯한 관광대상지들을 잘 꾸릴데 대하여」, 『김일성저작집 42
권』, 평양: 조선로동당출판사, 1995, 23쪽.
31) 위의 책, 25~26쪽.

올림픽의 성공으로 남한의 국제적 위상이 상승함에 따른 경쟁의식,
대규모 국제행사를 정치선전장으로 활용하기 위한 것, 축전행사의 성
공을 김일성과 김정일의 치적으로 연결하여 김정일의 국제적인 지도
력 검증과 후계자 구도 구축을 위해 활용할 의도 등을 꼽을 수 있
다.[32] 실제 평양축전 전체 행사 일정 중 정치행사 프로그램이 83%, 문
화행사가 17% 정도를 차지했다.[33] 북한은 경제적 부담에도 불구하고
축전의 성공을 위해 사전준비에 매진한다. 축전가요의 전국적 현상
응모, 기념건축물 건립, '행사마크, 휘장, 선전화 전시회' 개최 등을 통
해 주민들의 관심을 유도하고 주체예술 중심의 작품창작과 프로그램
구성을 강조한다.[34] 북한은 축전을 위해 가요, 교예, 미술, 건축 등에
걸쳐 작품을 창작했다. 이들 작품 중 일부는 축전 개최 전에 외국에

[32] 북한은 개막식 행사에서부터 정치적 색채가 짙은 북한의 전형적 공연작품을 선보
인다. "개막식 행사에는 5만 명의 청년학생이 집단체조 '오늘의 조선' 무대를 꾸민
다. '맑은 아침의 나라', '인민의 어버이', '당신 우리형제들', '슬기로운 인민, 번영하
는 나라', '청년들은 주체혁명위업의 계승자', '조선은 하나다', '자주 평화 친선', '일
심단결' 등 8개 장으로 구성된 이 집단체조는 항일 빨치산 투쟁 시기부터 현재까지
를 시대적 배경으로 하여 김일성 부자의 '치적'을 선전하고 북한 사회주의 체제의
우월성을 과시하는게 주 테마이다." 평화문제연구소, 「특별보고: 이것이 "평양축전
(平壤祝典)"이다. 제13차 세계청년학생축전 총가이드」, 『통일한국』 67권, 서울: 평
화문제연구소, 1989, 99쪽.

[33] 『통일부 북한정보포털』(https://nkinfo.unikorea.go.kr/nkp/term/viewNkKnwldgDicar
y.do?pageIndex=1&dicaryId=164, 검색일: 2020년 4월 8일).

[34] 김정일은 1987년 11월 조선노동당 중앙위원회 선전부 책임일군들 및 문학예술부문
일군들과 한 담화에서 '축전에 선보일 음악작품의 창작 방법'에 대해 다음과 같이
지도하고 있다. "제13차 세계청년학생축전에 내놓을 음악작품들도 민족적선률을
바탕으로 하여 철저히 우리 식대로 창작하여야 합니다. 세계의 여러 대륙에서 오
는 청년들의 기분을 고려한다고 하여 음악작품들에서 쟈즈나 록크음악냄새를 피워
서는 절대로 안됩니다. 우리의 음악작품들에서는 우리의 민족적인 선률이 현대적미
감에 맞게 흘러넘쳐야 청년들이 거기에서 조선음악의 진미를 느끼고 우리 노래를
더 즐겨 부르게 됩니다." 김정일, 「작가, 예술인들속에서 혁명적창작기풍과 생활기
풍을 세울데 대하여」, 『김정일선집 12권』, 평양: 조선로동당출판사, 2011, 114쪽.

소개되어 좋은 평가를 받기도 한다.[35]

3) 무료관광 및 무리한 인프라 건설의 후유증

남북 간의 체제경쟁이 정점으로 치달았던 1980년대 후반 북한이 경제적 어려움 속에서도 심혈을 기울여 준비한 평양축전은 대회 자체의 성공에도 불구하고 반제 연대성을 주제로 하는 지나치게 정치행사에 편중된 프로그램과 '김정일 따라 배우기 운동의 성과 경험 발표회'와 같은 문화행사 속의 북한 체제선전 방식으로 인해 참가국 청년학생과 해외 관광객들의 비난을 받기도 하는 등 행사 자체의 한계도 노출되었다.[36]

북한이 대규모 국제행사인 평양축전 개최를 통해 얻게 된 심각한 후유증은 무엇보다 경제적인 부분에 있었다. 북한은 2만 명이 넘는 외국 참가자들에게 북한 방문과 관광, 체류 경비를 무료로 지원하였

---

[35] "평양교예단은 이 축전을 위해 50여 편의 새로운 교예 작품들을 창작했다. 체력교예 〈봉놀이〉, 〈고려자기와 처녀〉, 빙상교예 〈비둘기조형〉, 〈5대륙친선조형〉, 동물교예 〈침판지 음악회〉, 〈개들의 유희〉, 막간극 〈씨름〉, 〈얼음판에 나선 로인들〉, 요술작품들인 〈말과 오토바이 없애기〉 등 작품들은 그 형태와 종류가 다양하며, 민족적 색채가 강한 수준 높은 작품이었다. 특히 가요 〈미래의 주인은 청년학생들〉은 독일 베를린에서 진행된 〈제18차 정치가요축전〉에서 좋은 평가를 받았다. 미술은 일본에서 진행된 〈89현대 고려청자와 회화 명작전〉과 1988년 소련, 중국, 불가리아, 독일, 몽골, 체코 등에서 북한 미술전람회가 개최되어 주체예술을 과시하였다." 모순영, 『김일성 시기 북한의 대외문화교류 연구』, 145쪽.

[36] "1989년 7월 제13차 세계청년학생축전 당시 북한에 갔던 관광객과 기자들은 '김일성의 사회주의 낙원' '위대한 수령의 수도 평양' '북한의 과거, 현재, 미래를 한손에 쥐고 있는 김일성' '주체사상' 등 북한에 범람하고 있는 개인우상화 용어들에 아연실색했다고 한결같이 말하고 있다. 프랑스의 한 기자는 북한방문소감을 "성부 성자, 위대한 수령 김일성은 그의 아들을 공산왕조의 후계자로 지명함으로써 종교적인 희화극을 연출하고 있다."고 기술하고 있다." 박완신, 「북한의 관광정책과 관광문화」, 『월간 북한』 1990년 10월호, 북한연구소, 2017, 138쪽.

다. 사회주의 계획경제의 특성상 순안공항 확장, 광복거리 개발, 유경 호텔과 능라도 경기장 건설 등의 대규모 개발에 투입된 자본이 수익으로 전환되지 않았다.

과도한 행사 비용은 북한 자체 손실로 떠안아 졌으며 국가홍보와 체제선전을 통한 관광객 확대와 관광수입 발생 효과 역시 대회 직후 소련을 위시한 사회주의권의 붕괴로 인해 경제적 효과는 전무했다. 또한, 외국인용 특수화폐인 '외화와 바꾼 돈표' 발행으로 인해 북한 내 통화량이 팽창하여 북한의 외환경제는 지속적인 타격을 입었다.[37]

소련의 붕괴, 북한 내 연이은 자연재해와 함께 북한의 세계청년학생축전 개최는 그 야심찬 계획에도 불구하고 북한의 관광활성화에 기여하지도 못하고 북한이 1990년대의 고난의 행군이라는 사상 유례없는 재난을 겪게 되는 총체적 원인으로 꼽을 수 있다.

[37] "김정일은 조선중앙 은행에 평양 89청년학생축전용으로 외화 바꾼 돈표를 발행하도록 지시합니다. 그 이유는 다음과 같습니다. 우선 적국인 미국의 달러가 사회주의 북한에서 유통되는 것을 차단하기 위해서였습니다. 또한 북한 주민들이 축제기간 비싼 외화로 수입한 외국 상품들을 국내 원화로 사지 못하게 하기 위한 화폐 차별화였습니다. 그래서 달러도, 원화도 아닌 중간단계의 화폐를 만들었던 것입니다. 그런데 북한 원화에 외화 바꾼 돈표라는 글자만 추가된 허술한 도안이어서 가짜화폐가 발생하면서 새 화폐를 다시 만들어 발행하는 이중지출을 하게 됩니다. 이렇듯 초기에 벌써 많은 외화를 낭비하게 된 그 돈들은 사실 일본 조총련 신용조합에서 만경봉호로 실어 나른 불법외화였습니다. 북한은 일본의 그 6억 달러와 당자금 4억 달러를 합쳐 10억 달러 규모로 김경희 경공업부장 산하에 통일발전은행을 신설하고 북한 최초로 세계 신용 거래권도 획득하게 됩니다. 그러나 평양의 축제는 초라하게 끝났고, 남은 외화 바꾼 돈표마저 김정일의 선물정치로 마구 남발되는 통에 초기 달러와 외화 바꾼 돈표 환율이 1대 1이던 것이 1997년경엔 6,000대 1로 벌어지다 못해 나중엔 휴지조각이 됩니다. 결국 김정일을 믿고 돈을 북한으로 밀 반출시켰던 조총련 신용조합은 일본 경찰의 조사와 함께 재산차압에 들어가게 되고, 동경에 있는 조총련 주요 건물들까지 팔지 않으면 안 될 만큼 심각한 피해를 보게 됩니다." 『자유아시아방송』(https://www.rfa.org/korean/weekly_program/ae40c528-c77cac00c758-ac70c9d3acfc-c9c4c2e4/co-jj-06212011112947.html, 검색일: 2020년 4월 11일).

4. 제한적 관광개방 실험: 나진·선봉 자유경제무역지대 성과와 한계

김일성 시기의 후반기에 해당하는 1980년대 말부터 진행된 동유럽 사회주의 국가들과 소련의 해체는 북한 체제에 대한 심각한 위협 요인이 된 것은 물론 경제에도 큰 타격을 주었다. 북한 교역량의 50% 이상을 차지하던 소련의 붕괴는 북한경제에 결정적 악영향을 미쳤다. 그동안 정부 간 의정서와 청산제도에 의해 이루어져 왔던 북한과 소련 간 교역이 1991년도 무역경제협력협정에 의거해서 청산방식이 아닌 국제시장 가격을 기초로 한 경화(hard currency) 결제 제도로 바뀌었다. 이 결과 북한의 대소 교역량이 급감하여 북한의 전체 교역량이 1990년도 46억 4,400만 달러에서 1991년도 26억 4,100만 달러로 감소하였다.[38]

사회주의 시장이 소멸하는 급변 속에서 경제적 난관에 처한 북한은 외화확보를 위한 새로운 대외경제정책을 모색하지 않을 수 없었다.

1991년 12월 28일 북한은 정무원 결정에 의해 중국·러시아와 국경을 접하고 있는 두만강 하류의 나진·선봉지역에 '나진·선봉 자유경제무역지대'를 설치했다.[39] 이는 제도적으로는 사실상 경제특구에 해당하는 것으로 나진·선봉 자유경제무역지대의 설치는 북한의 대외경제정책 역사에 있어서 획기적인 사건이다.

---

38) 이재춘, 『베트남과 북한의 개혁·개방』, 147쪽.
39) 주요 공표 내용은 총면적 621㎢의 나진·선봉지구 내에 합영, 합자, 외국인 단독기업을 허용하고, 외국인이 투자한 자본과 소득의 법적 보장 및 관세, 소득세 감면 등 각종 특혜조치 제공, 나진항·선봉항·청진항의 자유무역항 지정 등이다.

[그림 3-4] 나선경제특구 위치

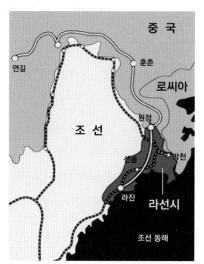

출처: (좌) 『CBS노컷뉴스』(https://m.nocutnews.co.kr/news/noad4434780); (우) 『한겨레신문』(http://www.hani.co.kr/arti/PRINT/709555.html, 검색일: 2020년 11월 20일) 참고.

1984년 합영법을 제정할 당시 북한은 '경제특구'를 부정하고 합영법의 제정이 중국의 모방이 아니라 자신들의 독자적인 것임을 강조했다. 또한 경제특구는 북한 실정에 적합하지 않으므로 경제특구의 설정을 고려하고 있지 않다고 밝혀 왔다.[40] 일반적으로 경제특구란 외

---

[40] "실제로는 경제특구의 설정에 의해 초래되는 결정적인 폐해, 즉 자본주의 경제의 경쟁원리나 시장경제의 유입, 또한 그에 따른 자본주의적 경제·경영사상의 침투에 의한 '정신오염'을 두려워했기 때문이다." 양문수, 『북한경제의 구조』, 380쪽; "북한의 개방은 중국처럼 전체사회의 구조개혁을 목표로 하는 것이 아니라, 그 반대로 제한된 지역이나 분야를 선택적으로 각각 고립시켜 개방함으로써, 개방이 체제 내부에 미칠 영향을 차단하는 양상으로 나타나고 있다. 즉 북한지도부는 개방의 필요성과 자본주의 '황색바람'의 차단 필요성이라는 양립 불가능한 두 목표를 동시에 달성하려고 하고 있다. 이를 위해서 나진선봉 특수경제지대와 금강산관광구역 등과 같이 수도 평양에서 멀리 떨어져 있으며, 상호 고립적인(즉 차단적인) 지역들을 내부와 차단시켜 개방하는 '점분산형' 개방을 지향하고 있다." 이종석, 『새로 쓴 현대북한의 이해』, 서울: 역사비평사, 2011, 555쪽.

국의 자본과 기술을 유치할 목적으로 자국 내에 설치하는 특별구역으
로, 외국자본과 기술의 유치를 유도하기 위해 각종 인프라 제공과 세
제 및 행정적 특혜를 부여하는 특정지역이나 공업단지를 말한다. 북
한이 합영법 제정 당시의 방침을 깨고 나진·선봉지역에 경제특구를
설정하게 된 배경에는 합영법의 실패, 소련을 위시한 사회주의권의
붕괴, 경제침체의 지속, 중국의 경제특구 성공, 전면적 개방정책 채
택 시 발생할 체제붕괴 우려감, UNDP 두만강 유역 개발사업에 대한
북한식 대응 등을 꼽을 수 있다. 나진·선봉 자유경제무역지대(나
진·선봉 경제특구, 나선경제특구)는 이러한 개방특구로서 동북아시
아의 국제적인 관광·금융·무역 기지를 목표로 설정되었다.[41] 이
지역은 북한, 러시아, 중국의 3국 간 무역이 가능하고 중국이 북한을
통해 동해로 진출이 가능한 요충지라는 점에서 유리한 장점을 확보
하고 있다.[42]

---

[41] 북한은 나선경제특구의 특징을 다음과 같이 소개하고 있다. "라선경제무역지대는
전문적인 성격이 아니라 여러 가지 복합적인 성격을 띠고 있다. 라선경제무역지대
법에는 라선경제무역지대는 국제적인 중계수송, 무역 및 투자, 금융, **관광**, 봉사지
역으로 발전시키며(제1조) 국가는 경제무역지대에 첨단기술산업, 국제물류업, 장
비제조업, 1차가공공업, 경공업, 봉사업, 현대농업을 기본으로 하는 산업구들을 계
획적으로 건설하도록 한다(제3조)고 규제되여있다." 문성,「경제개발구와 라선경제
무역지대의 공통점과 차이점」,『우리나라무역 2016년 제2호』, 평양: 공업출판사,
2016, 18쪽.
[42] "나선경제특구는 북한 최초의 특구다. 김일성 주석은 14회, 김정일 총서기는 11회
현지 시찰을 할 정도로 북한에서 중요하게 여기는 특구다. 이곳은 중국·러시아와
국경을 접하고 있고 나진항이라고 하는 천혜의 양항이 있다. 나진항은 파도도 조
용하고 수심도 깊어 겨울에도 얼지 않는다. 북한의 사회과학원 경제연구소의 이기
성 교수는 "지리적 우위가 있고, 동북아시아에 있어서 중요한 특구"라고 설명했다.
중국의 길림성은 바다와 연결되지 않고, 극동러시아에 부동항은 블라디보스토크,
자루비노 등 3곳밖에 없기 때문에 역사적으로도 나진항은 전략적으로 중요한 존재
였다."『한겨레신문』, 2015년 9월 18일.

1) 나선경제특구를 통한 관광 실험

북한은 제한적이지만 특구 내 관광을 활성화하기 위해 라선경제무역지대법에 관광규정을 제정하고 관광부문에서의 기업 창설도 허용했다. 이는 북중 변경지역에서의 중국과 북한 간의 관광협력을 기대한 측면이 있다. 김일성 주석은 이 지역을 방문하는 외국인들의 관광을 위해 특별한 관심을 표명한다.

> "선봉지구에 있는 모래터에 관광지를 꾸리겠다고 하는것은 좋을것 같지 않습니다. 그곳은 날씨가 차서 해수욕을 하기 힘들것입니다. 무더운 여름철에 그곳에서 해수욕을 할수 있으면 유원지로 꾸려보는것이 좋겠습니다. 라진선봉지구에 오는 다른 나라 사람들이 온포에 가서 온천목욕도 하고 금강산에 가서 관광도 하게 하는것이 좋습니다. 다른 나라 사람들이 금강산에 관광하러 갈 때에는 비행기를 타고가도록 하여야 합니다. 라진선봉지구에서 금강산까지 비행기를 타고가면 시간이 얼마 걸리지 않을것입니다. 다른 나라 사람들이 금강산에 갈 때 배를 타고가게 할수도 있습니다."[43]

북한은 대외경제협력추진위원회를 설립하여 외국기업 및 외국자본 유치를 담당하게 하는 한편, 나선경제특구 설치를 뒷받침하기 위해 1992년 10월 외국인투자법, 합작법, 외국인기업법을 제정하고, 1993년 1월 자유경제무역지대법, 외화관리법, 토지임대법 등을 제정하여 소득세율 14%와 무비자 출입국과 같은 특혜를 부여했다.

---

43) 김일성, 「라진선봉자유경제무역지대 개발과 수력발전소건설을 다그칠데 대하여」, 『김정일저작집 44권』, 평양: 조선로동당출판사, 1996, 458쪽.

나진지구, 선봉지구, 웅상지구, 우암지구, 홍의지구 등 5개 지구로 구
성된 '나진·선봉자유경제무역지대' 가운데 우암지구는 관광 및 보양의
경관지역으로 설정되어 외국인 거주지, 별장지 및 음악당, 영화관, 전시
관 등 문화·위락시설의 건립이 가능한 지구로, 또 나진지구는 호텔사
업의 진출이 가능한 지구로 설정되었다. 또한 이 지역을 국제적 관광기
지로 육성하기 위한 조치로 북한 정무원은 1996년 7월 15일 '자유경제무
역지대 관광규정'을 발표했다. 동 규정은 일반 사항, 관광여행, 관광봉사
및 요금, 관광관리, 제재 및 분쟁 해결을 주요 내용으로 구성되었다.[44]

〈표 3-5〉 나진·선봉 자유경제무역지대 관광규정 주요 내용

- "외국인과 북한 영역 밖에 거주하는 조선동포는 자유경제무역지대에서는
  자유롭게 관광을 할 수 있으며, 일정한 자격과 조건을 충족시키는 경우에
  는 지대 밖의 북한 영역 안에서도 어느 정도 관광을 할 수 있게 하였다."(제
  2조)
- 북한관광에서 우려되었던 안전문제에 대하여도 "관광객은 관광여행·생
  활·의료봉사와 같은 필요한 봉사를 보장받으며, 신변안전도 법적으로 담
  보된다."(제6조)고 명문으로 규정
- "외국인이나 북한 영역 밖에 거주하는 조선동포는 북한의 기관·기업소·
  단체와 합영·합작의 형식으로 투자하여 지대에서 관광지와 관광대상을 개
  발하거나 관광 봉사업을 할 수 있도록 하였음"(제8조)

출처: 김철원, 『북한의 관광자원 실태와 전망』, 서울: 통일부 통일교육원, 2007, 44
     쪽 정리.

2) 나선경제특구의 한계와 관광 성과

북한이 자본주의 시장경제 유입을 최소화하기 위해 함경도 최북단

44) 신정화, 「북한의 개혁·개방정책의 변화: 관광산업을 중심으로」, 143쪽.

인 나선에 특구를 건설한 것은 모기장식 개방 실험의 일환이라 할 수 있다. 북한의 직접 언급은 없었으나 이 지역이 수도 평양과는 가장 먼 거리에 위치해 있어 전면적 개방 시에 발생하는 정치체제 급변의 위험성을 최소화할 수 있는 모기장식 개발이 가능하기 때문이었다.

이는 주변에 대도시가 없어 인적 인프라가 부족하고 중국의 동해 출구로서의 가치를 제외하고는 투자지역으로 가치가 떨어진다는 단점을 간과한 측면이 있다.[45] 무엇보다 특구 내부와 외부 간 경제관계가 철저히 차단되는 폐쇄적인 특구로 설정 및 운영되었는데, 이러한 폐쇄성은 특구의 영향이 북한 사회 전반으로 확산되는 것을 막는 효과는 있으나 특구의 본래 목적이 달성되는 것을 제약하고 경쟁력도 약화시키는 결과를 야기했다.

〈표 3-6〉 두만강지역의 외국인 직접투자 유치(실행 기준, 단위: 백만 달러)

구분	연변주	나진·선봉	연해지방
1985~1993	42	1	141
1994	61	1	2
1995	78	4	53
1996	134	31	97
1997	95	26	95
1998	47	25	56

45) "북한은 사회주의 경제체제를 기본으로 한 속에서 일정한 특혜를 부여하는 지역 정도로 경제특구를 규정하고 있다. 중국이나 베트남 역시 이러한 원칙 속에서 경제발전을 했으나, 북한은 이러한 특구의 성격을 보다 경직되게 해석·적용해 왔다. 이는 본격적으로 개혁과 개방을 표방하지 못하는 북한 체제의 한계와 밀접하게 연관된다. 즉, 체제유지에 대한 자신감 부족은 개방에 대한 두려움으로 나타나고, 그것은 실제 경제특구를 추진하는데 있어서 많은 한계를 조성해 왔다." 최용환 외, 『북한의 특구개발전략과 경기도의 대응방안 연구』, 수원: 경기개발연구원, 2006, 13쪽.

구분	연변주	나진·선봉	연해지방
1999	33	na	54
2000	29	na	78
2001	32	na	56
합계	551	88	642

출처: 이재춘,『베트남과 북한의 개혁·개방』, 서울: 경인문화사, 2014, 150~151쪽
재인용.

결국 막대한 개발자금, 불투명한 전망으로 인해 최대의 출자국으로
기대되었던 일본 등 관련국 기업의 참여가 부진했다. 나진·선봉 자
유경제무역지대 창설은 1970년대 차관, 1980년대 합영법보다 진전된
개방정책이었지만, 북한의 체제방어를 위한 제한적이고 폐쇄적인 개
방체제의 고수와 최악의 국가신용도에 따른 투자위험 등으로 외국인
들이 투자를 기피함으로써 북한의 나진·선봉 자유경제무역지대를
통한 외자유치 정책도 성공하지 못했다.[46]

〈표 3-7〉 북한방문 외국인 수와 총 경비지출(단위: 명, 만 달러)

구분	1990	1992	1994	1996	1998
방문객 수	114,959	117,489	120,000	127,000	130,000
경비지출액	2,900	3,170	3,300	3,500	4,000

출처: 세계관광기구, 2004.

나진·선봉 자유경제무역지대 설치가 발표된 후 확인된 외국인 관
광객 방문과 지출액도 미미했다. 1990년부터 1998년까지의 약 8년간
북한을 방문한 외국인은 15,000명 증가에 그쳤고, 이들의 총 경비지출

---

[46] 이재춘,『베트남과 북한의 개혁·개방』, 150쪽.

도 1,100만 달러 증가에 불과했다. 이들 방문객의 숫자에는 관광이외의 목적으로 나진·선봉 지역과 타 지역을 방문한 인원도 포함되어 있다는 사실을 염두에 두면 북한이 '자유경제무역지대 관광규정'까지 발표하면서 활성화하고자 한 외국인 관광객 유치가 별반 성과를 거두지 못했음을 알 수 있다.[47]

47) 신정화, 「북한의 개혁·개방정책의 변화: 관광산업을 중심으로」, 147쪽.

제4장

/

김정일 시기의
관광정책 고찰

김정일 시기의 관광정책 고찰

동북아시아의 국제적인 관광특구를 만들겠다는 목표로 추진되었던 나진·선봉 경제특구의 실패는 '외화획득을 위한 개방'과 '체제유지를 위한 폐쇄'라는 양립하기 어려운 모순성의 결과물이다. 북한이 '자립적 민족경제건설 노선'을 견지하면서 이를 보완하기 위해 시도하는 개혁·개방정책은 근본적 한계를 가질 수밖에 없었다.

폐쇄주의 국가가 개방을 시도하는 과정에서 발생하는 이해 상충의 문제를 극명하게 보여주는 분야가 관광이라고 할 수 있다. 사회주의권 국가들이 관광개방을 결정함에 있어 우려하던 부분이다. 실제 서구 자본주의 국가들과의 급작스러운 인적 교류는 범죄와 부패 등 수많은 사회문제를 야기했던 것도 사실이다. 이 과정에서 사회주의 이념체계가 급속도로 붕괴된 것이 경험적 사례로 남아 있다. 이와 같이 북한과 같은 사회주의를 고수하는 국가에서 전격적인 개방을 추진하는 것은 체제위협 요소로 인식되기도 한다.

〈표 4-1〉 김정일 시기의 관광인식 변화

전기(1991~1998년)	후기(1998~2011년)	
	남북관광 협력 (1998~2008)	북중관광 모색
고난의 행군	×	
	○	○
자립적 민족경제건설 노선	자립적 민족경제건설 노선(일부 완화) + 우리민족 제일주의	

※ 주: 긍정적·관광허용 ○, 비판적·관광불허 ×, 소극적·제한적·관광비실현 △

　관광개방은 이처럼 긍정적 효과와 부정적 측면이 동시에 나타는 양면성을 보여준다. 김정일 시기의 관광산업에 대한 인식 역시 이와 유사하다. 다만, 집권 전후반 시기에 따라 국제정세에 대응하는 과정에서 관광은 금지되거나 제한적으로 허용되었다. 김정일 시기를 집권 전후반으로 구분할 경우 이러한 관광정책의 변화를 발견할 수 있다.

제1절 전기 김정일 시기 관광정책 전개(1991~1998년)

1. 체제위기와 관광 빗장 닫기

1) 탈냉전과 고난의 행군

　1989년부터 동구권의 사회주의 일당 체제가 무너지면서 1991년에는 결국 소련마저 붕괴되었다. 동구 사회주의권의 붕괴는 이들 국가

와의 교류에 의존하던 북한의 고립을 초래했다. 사회주의 경제체제
의 비효율과 집단적 노력 경쟁운동의 피로감으로 1980년대 말부터
흔들리기 시작한 북한경제는 이 시기 들어 최악의 상태에 이르렀다.
대외무역은 급감하고 석유와 전기 에너지를 비롯한 주요 자원의 공
급부족으로 인해 북한 곳곳에서 공장과 기업소가 가동이 중단되는
상황을 맞이했다. 그로 인해 북한이 공식 실패를 인정한 3차 7개년
계획(1987~1993년) 기간에 해당하는 1990년부터 마이너스성장이 시
작된다.

〈표 4-2〉 북한의 경제성장률(1987~2002, 단위: %)

'87	'88	'89	'90	'91	'92	'93	'94	'95	'96	'97	'98	'99	'00
3.3	3.0	2.4	-3.7	-3.5	-6.0	-4.2	-2.1	-4.1	-3.6	-6.3	-1.1	6.2	1.3

출처: 한국은행,『북한 GDP 추정결과』, 각 년도.

   이를 타개하기 위해 북한은 중국의 지원에 의존하였다. 그러나 결
국 중국마저 자국의 경제위기를 이유로 지원을 중단하면서 경제는 결
국 파탄에 이르렀다.[1]

---

[1] "북한은 1991~1993년간 국내 식량 수요의 상당부분을 중국의 옥수수를 수입해 충
당해왔다. 중국은 북한과의 무역에서 여전히 '우호가격'을 적용하는 유일한 국가로
서 북한이 수입하는 옥수수의 거의 전량을 공급해왔다. 그러나 1993년 동북아를 휩
쓴 냉해로 중국의 옥수수 생산이 타격을 받은 데다 중국과 북한의 정치적인 문제
까지 얽히면서 1994년 중국의 대북 옥수수 수출은 전년 대비 80% 가까이 하락했다.
그러한 이유로 1990년 이후 150만 톤을 상회하던 북한의 해외곡물 수입량이 1994년
들어 30% 정도 줄어들었다." 김양희,『김정일 시대 북한의 식량정치 연구』, 동국대
학교 대학원 박사학위논문, 2013, 126쪽.

〈표 4-3〉 북한의 대중국 곡물 수입량(1995~2010, 단위: 만 톤)

연도	1995	1996	1997	1998	1999	2000	2001	2002
곡물량	15	55	87	29	24	28	44	22
연도	2003	2004	2005	2006	2007	2008	2009	2010
곡물량	39	9	33	8	14	12	26	34

출처: 김양희,『김정일 시대 북한의 식량정치 연구』, 동국대학교 대학원 박사학위
논문, 2013, 125쪽.

일반적으로 북한에서 필요한 식량은 약 500만 톤에 육박하는데
1993년의 흉작과 1990년대 중반의 수해로 인한 최악의 대흉작으로 인
해 대규모 식량난이 발생한다.

〈표 4-4〉 북한의 쌀, 옥수수 생산량(1989~1997, 단위: 백만 톤)

구분	1989	1990	1991	1992	1993	1994	1995	1996	1997
쌀	3.24	3.36	3.07	3.34	3.56	2.18	1.40	0.98	1.10
옥수수	4.34	3.90	4.20	3.72	3.94	3.55	1.37	0.83	1.01

출처: UNDP, 1998.

이로 인해 사회주의 수령공동체를 유지하는 근간이 되었던 배급제
마저 붕괴되고 주민 수백만 명이 기아로 고통받았으며 아사자가 속출
하기 시작했다. 북한의 식량난, 에너지난, 외화난은 체제의 존립 자체
를 위협했다. 국가가 관리하는 계획부분에 의존할 수 없게 된 주민들
은 경제생활을 스스로 책임져야 했다. 주민들은 암시장에서 생필품을
구입하고, 암시장을 위해 생산하기 시작했다. 암시장을 통한 경제활
동은 당국의 묵인 하에 북한 주민들의 생계를 유지시켜 주는 역할을
하였다.2)

1994년 김일성 주석의 급작스런 사망으로 집권한 김정일 위원장의 최대 과제는 이러한 '고난의 행군'[3]으로 불리는 대참사를 극복하는 것이었다. 1996년 1월 1일『로동신문』등 북한의 매체들은 신년 공동사설에서 "모자라는 식량을 함께 나눠먹으며 일본군에 맞서 투쟁한 항일빨치산의 눈물겨운 고난과 불굴의 정신력을 상기하자"며 "'고난의 행군' 정신으로 어려움을 헤쳐나가자"고 호소하기에 이른다.

2) 자력갱생 고수와 관광 빗장 닫기

김일성 주석과 김정일의 사실상 공동정권 시기라 할 수 있는 1980년대 말부터 1990년대 고난의 행군기까지 김정일은 관광산업에 대해 비교적 부정적 인식이 강했다. 이는 김일성 주석이 1986년 내각 소속의 국가관광총국을 확대·개편하여 국가 차원에서 관광산업을 대대적으로 발전시킬 것을 독려했던 것과는 대조적 입장이다. 사회주의 제도 수호에서 물질적인 측면보다는 주민들의 의식 통제를 중시하는 '사상론'을 주장하고 있던 김정일은 관광업을 발전시키더라도 '모기장은 더욱 든든히 쳐야 한다'는 '모기장론'을 견지했다.[4] 이는 후기 김일

2) 박순성,『북한 경제와 한반도 통일』, 서울: 풀빛, 2003, 130쪽.

3) "고난의 행군은 1994년 김일성 사망 후 나라의 경제사정이 극히 어려워지자 이를 극복하기 위해 주민들의 희생을 강요하며 김정일이 내놓은 당적 구호로서, 1996년 신년공동사설을 통해 제시되었다."『통일부 북한정보포털』(https://nkinfo.unikorea. go.kr/nkp/term/viewNkKnwldgDicary.do?pageIndex=2&koreanChrctr=&dicaryId=4, 검색일: 2020년 4월 25일).

4) "1980년대 말에는 당과 국가의 명맥을 김정일이 틀어쥐고 있었으므로 김일성의 뜻대로 관광업이 진척될 수가 없었다. 김정일은 당 정치국 회의에서 관광업 발전을 위한 적극적인 조치를 강구한다는 결정이 채택되었음에도 불구하고 내적으로는 관광객 비자 발급 시 관광총국-외무성-국가보위부-외무성-관광총국 검토체계를 만들어 놓고 매 관광객의 신분을 철저히 조사하여 문제가 없을 때만 관광 사증을

성 시기 경제회복을 위한 관광활성화 정책이 현장에서 실현되지 못한
원인이 되었다.

또한 김정일은 김일성 사후 고난의 행군 시기를 포함한 1990년대를
통틀어 자력갱생의 정신으로 생산을 정상화하고 자립적 민족경제의
토대하에서 경제를 발전시킬 것을 주장한다.

> "자강도에서 공업잠재력과 내부예비를 적극 탐구동원하여 동
> 력문제를 풀고 원료와 자재도 자체로 해결하여 생산을 정상화해
> 나가고 있는데 이렇게 하는것이 바로 자력갱생입니다. 자력갱생
> 이 제일입니다. 우리가 몇해동안 〈고난의 행군〉을 하면서 고생
> 은 하였지만 고생을 해본것이 결코 나쁘지 않습니다. 〈고난의 행
> 군〉을 하는 과정에 우리 일군들과 인민들속에서 자체로 살아 가
> 는 생활력이 강해 졌으며 자력갱생의 참뜻을 더욱 가슴깊이 새
> 기게 되었습니다. 모든 지방, 모든 단위에서 자강도처럼 자력갱
> 생의 혁명정신을 발휘하여 자립적민족경제의 토대를 더욱 강화
> 하고 그 잠재력을 적극 동원하여 있는 밑천을 가지고 생산을 정
> 상화하고 경제를 발전시켜야 합니다."5)

따라서 자립경제 노선을 벗어나는 경제발전 방식은 일체 부정되었
고 특히 관광산업을 육성하고 외국인 투자를 유치하여 경제를 발전시
키자는 주장은 허용되지 않았다. 심지어 이런 주장을 하는 부류에 대
해서는 사회주의 근간을 무너뜨리려는 의도를 가진 반당분자로 처분

발급하는 체계를 세울 것을 지시했다. 그리고 관광객들을 북한 주민과 철저히 격
리하며 관광 내용도 철저히 체제 홍보에 집중할 것을 요구했다." 태영호, 「한국 관
광 업체 대표들과의 세미나(2017.7.18), 토론문」, 2017.

5) 김정일, 「자강도의 모범을 따라 경제사업과 인민생활에서 새로운 전환을 일으키
자」, 『김정일저작집 14권』, 평양: 조선로동당출판사, 2000, 165쪽.

했다. 또한 김정일은 루마니아 사회주의 정권의 급격한 몰락의 원인
을 관광산업을 허용한 때문으로 비난하기도 했다.[6]

고난의 행군과 같은 당장의 어려움을 참지 못하고 자본주의적 관광
을 받아들여 약간의 외화를 획득하는 것은 숭고한 사회주의에 스며드
는 독버섯과 같다는 지도자 김정일의 인식으로 인해 1998년 금강산관
광을 필두로 한 남북한 관광협력이 현실화하기까지 북한 관광산업은
암흑기를 맞이했다. 다음과 같은 김정일의 발언은 그의 관광산업 인
식의 일단을 보여준다.

> "관광업을 하고 자원이나 팔아 돈을 벌어 가지고서는 경제를
> 발전시킬수 없습니다. 관광업을 하면 돈을 좀 벌수는 있겠지만
> 그것은 우리 나라의 현실에 맞지 않습니다. 외자를 끌어들여 경
> 제를 부흥시켜 보려 하는것도 어리석은 생각입니다. 그처럼 어
> 려웠던 전후복구건설시기에도 우리는 관광업이나 외자도입이란
> 말을 모르고 살았습니다. 우리는 절대로 남을 처다볼 필요가 없
> 습니다."[7]

2. 북한 예술작품에 반영된 고난의 행군기의 관광개방 논쟁

김정일 국방위원장이 사망한 해인 2011년 7월 14일, 북한의 매체들

---

[6] "김정일은 루마니아에서 챠우쉐스꾸 정권이 허물어진 것이 관광객으로 위장한 미
중앙정보국 요원들이 루마니아에 들어가 폭동을 일으켰기 때문이라고 하면서 관
광업을 잠시 축소할 것을 지시했다. 1994년 김일성이 죽음으로서 김일성은 북한의
관광업 활성화를 보지 못했다. 1990년대 초부터 10여 년 동안 북한에서 관광업을
하겠다고 하면 사회주의 제도를 허물어 버리려는 반당분자로 낙인찍히는 정도였
다." 태영호, 「한국 관광 업체 대표들과의 세미나(2017.7.18), 토론문」.

[7] 김정일, 「자강도의 모범을 따라 경제사업과 인민생활에서 새로운 전환을 일으키
자」, 『김정일저작집 14권』, 평양: 조선로동당출판사, 2000, 165쪽.

은 김정일 국방위원장이 후계자인 김정은 노동당 중앙군사위원회 부위원장과 함께 북한의 국립연극단이 제작한 연극 '오늘을 추억하리'를 관람했다고 보도한다.[8] 이날 관람에는 김기남 · 최태복 당비서, 장성택 국방위 부위원장, 김양건 · 박도춘 · 최룡해 · 태종수 · 김평해 당비서, 문경덕 평양시당 책임비서, 주규창 당 기계공업부장, 우동측 국가안전보위부 제1부부장 등이 참석했다.

이 작품은 김정일 위원장이 사망 전 공식 관람한 마지막 연극작품이었으며, 특히 후계자였던 김정은 부위원장이 동행한 사진이 보도되면서 북한 내에서 반향을 일으켰다. 주요 내용은 고난의 행군 시기 중소형 발전소를 건설하라는 당의 방침을 관철하기 위해 투쟁하는 어느 한 산간 군인민들을 주인공으로 불굴의 정신력과 뜨거운 향토애를 강조하는 내용이다.

김정일 위원장은 이 연극이 "국립연극단의 창작가, 예술인들이 5대 혁명연극 창조 과정에 이룩된 주체적 연극이론을 옹호고수하고 창작 실천에 철저히 구현하여 선군시대의 미감에 맞는 사상예술성이 완벽한 훌륭한 연극"[9]이라며 공연 성과를 높이 평가한다. 또한, "사상성은 물론 모든 형상 요소들이 최상의 경지에 이른 연극 '오늘을 추억하리'는 슬픔에 대한 추억이 아니라 신념과 의지에 대한 추억을 철학적으로 깊이 있게 해명한 명작 중의 명작"이라거나 "인간관계 설정으로부

---

8) 김 위원장은 공연관람후 사상적 무기로써의 연극의 역할을 다음과 같이 강조한다. "우리의 혁명적인 연극은 높은 사상예술성으로 하여 사회의 모든 성원을 주체형의 혁명가로 키우고 온 사회를 주체사상의 요구에 맞게 개조하는데서 위력한 사상적 무기 … 공연활동을 활발히 벌여 우리 인민들에게 많이 보여주어야 한다." 『로동신문』; 『조선중앙통신』, 2011년 7월 14일.
9) "위대한 령도자 김정일동지께서 연극 〈오늘을 추억하리〉를 관람하시였다", 『로동신문』, 2011년 7월 14일.

터 극작술, 무대미술, 효과음악, 연기형상에 이르기까지 손색없는 작
품, 선군시대 문학예술을 대표하는 또 하나의 기념비적 걸작"이라고
극찬한다. 한편, 이 연극은 고난의 행군기와 선군시대로 일컬어지는
김정일 시대를 살아갔던 주인공들을 통해 고난과 위기의 사회주의 체
제를 지켜내겠다는 강한 신념을 읽을 수 있다. 또한 경제난을 이유로
일부 인사들이 관광개방을 주장하는 과정에서 관광개방이 가져올 자
본주의적 현상에 대한 강한 경계심을 연극 내용에 담아냄으로써 초기
김정일 시기의 관광산업 전반에 대한 부정적 인식의 단면을 엿볼 수
있다.

1) 북한 연극 〈오늘을 추억하리〉의 주요 내용

북한당국은 김일성 사망 후 유훈통치 기간과 고난의 행군 시기가
겹쳤던 1990년대 말을 보내고, 새로운 지도자와 함께 2000년대를 맞아
'강성대국' 건설을 위한 혁명을 주창한다. 또한 1995년부터 윤곽을 드
러내기 시작한 '선군(先軍)'의 정치담론을 문화예술 전반에 걸쳐 투사
시키며 강성대국 건설에 군과 인민들의 적극적인 혁명적 투쟁을 유도
한다. '선군'이라는 정치이념 아래 북한의 연극계는 이전의 작품을 재
공연하며, 대대적으로 선전하고 그 성과를 발표하였는데, 대표적인
작품이 연극 〈오늘을 추억하리〉이다.[10]

이 연극의 주요 내용은 다음과 같다. 한 아이의 어머니이자 군행정
경제위원회 위원장인 주인공 강산옥은 북한의 고난의 행군 시기의 고

10) 김미진, 「북한 연극의 인물 전형 형상화」, 『한국문화기술』 통권 제19호, 단국대학
교 한국문화기술연구소, 2015, 7~8쪽.

통을 고스란히 체현하는 인물로 그려진다. 주인공은 어린 딸이 굶주
림으로 죽게 되는 슬픔을 겪는다. 헤어진 지 40여 년 만에 만난 주인
공의 남동생 최광천은 발전소 건설이 난관에 봉착하자 이를 관광지로
건설하자는 주장을 한다. 이때 주인공은 혈육의 정보다 그를 반동분
자로 취급하며 개조시키고자 한다. 반면, 최광천은 해당 지역의 경제
적 생존과 발전이 반드시 발전소 건설에만 있는 것이 아니라는 주장
을 굽히지 않으면서 고생하지 않고도 잘 살 수 있는 길을 모색한다.
이 과정에서 최광천과 강산옥은 경제문제 해결을 위한 관광지 건설을
두고 대립을 겪는다.

> "광천: 내 얼마전에 우리 도행정위원회 무역국장 동무한테
> 서 의견을 받았는데 동무네만 있는 노다지가 있지 않
> 소?
>
> 산옥: 노다지라니요?
>
> 광천: 라디움온천 말이요. 외국사람들은 라디움온천이라면
> 오금을 못 쓴다지 않소. 이 선양군이 못살긴 해두 산천
> 경개야 얼마나 좋소. 게다가 라디움온천이 세 개씩이
> 나 있구… 어디 그뿐이요. 유명한 절간두… 그걸 포함
> 해서 여기다 관광지를 꾸리면야…
>
> 산옥: (아연해하며) 관광지를요?
>
> 광천: 글쎄, 나두 동무처럼 처음엔 무슨 소릴 하는가 하구 무
> 역국장동무의 의견을 일축해 버렸는데 돌아앉아 생각
> 해보니 일리가 있거던. 어떤 나라는 말이요. 땅덩어리
> 는 조마구만 해도 국민소득은 대단하오. 관광업으로
> 그렇게 됐거던.
>
> 산옥: 남들이야 어떻게 하든 우리야 우리 식으로 살아갈 길을
> 찾아야지요.
>
> 광천: 음?

산옥: 그렇게 남의 돈주머니를 넘겨다보다가 저도 모르게 그
   속으로 끌려들어갈수 있습니다."[11]

주인공 강산옥은 위기에 맞서 '우리 식대로' 타개하고자 하는 반면 최광천은 삶은 옥수수 한 줌 먹고도 등짐을 지며 일하기보다 관광산업을 발전시켜 편하게 살아보자는 욕망을 드러낸다. 두 사람 모두 고난의 행군을 극복하고 강성국가로 나아가기 위한 방법을 제시하였지만 강산옥은 자본주의적 관점을 가진 최광천을 비판하고 '우리 식'을 강조한다. 강산옥이 사회주의를 지켜내기 위해 투쟁하고 희생하는 북한식 영웅의 모습이라면, 광천은 사적 욕망을 추구하는 인물로 묘사된다.

"광천: 이것보오. 내 그래서 여길 관광지로 꾸리자는 거요.
산옥: 또 그소립니까. 그럼 쓰르는 쉬파리와 먹이떼는 어떻
   게하고요. 우리가 사는 집은 남들처럼 그리 크지 않습
   니다. 그러니 문만열면 순간에 그 더러운 것들이 덥쳐
   들텐데 집안은 무엇이 되겠습니까.
광천: 뭐요?
산옥: 글세, 우리식으로 잘 살게 되는 그때 가서야 뭐 구데기
   무서워 장못 담그겠습니까. 하지만 우린 지금 적들과
   단독으로 맞서 치열한 대결전을 벌리고 있어요. 영토
   도 크지 않고 종심도 깊지못한 우리나라가 혁명의 원
   칙을 저버리면 적들이 바라는 대로 된다는 걸 모른단
   말입니까. 위험합니다."[12]

11) 김흥기 외, 「(희곡) 오늘을 추억하리」, 『조선예술』 2011년 제11호, 평양: 문학예술출판사, 2011, 76쪽.
12) 『youtube』(https://www.youtube.com/watch?v=6EU-39ej3dI, 검색일: 2020년 4월 2일).

[그림 4-1] 북한 연극 〈오늘을 추억하리〉의 주요 장면

출처: 『youtube』(https://www.youtube.com/watch?v=6EU-39ej3dI, 검색일: 2020년 4월 2일).

이 작품은 김정일 위원장의 영도 아래 군민들의 단합된 힘으로 난관을 극복하고 발전소 건설의 해결책을 찾아가는 것으로 마무리된다.

> "주인공들은 김정일령도자만 계시면 조선은 반드시 승리한다는 필승의 신념과 의지를 간직하고 모진 시련과 난관을 맞받아 헤치며 자체의 힘으로 중소형발전소를 건설해 나간다. 오열을 삼키게 하는 가슴아픈 희생과 시련앞에 주저하는 사람들과의 심각한 대립을 이겨내며 군행정경제위원회 위원장 강산옥을 비롯한 주인공들은 인민군군인들과 군내인민들의 단합된 힘에 의거하여 발전소건설의 돌파구를 열고 인민생활향상을 위한 휘황한 전말을 펼쳐 놓는다."[13]

2) 작품에 투영된 김정일 위원장의 관광개방 인식

북한의 연극 〈오늘을 추억하리〉 공연은 김정일의 창작지도와 더불어 현지시찰과도 다름없는 직접 관람 장면을 대대적으로 노출시키면

---

13) 「시대정신을 구현하는 연극 '오늘을 추억하리'」, 『통일신문』, 2012년 2월 13일.

서 주민들을 선군의식으로 계도하기 위한 목적으로 활용되었다. 이러한 지도자의 정치적 행보는 연극 〈오늘을 추억하리〉를 통해 그의 통치행위를 이입시키려는 무언의 작동기제로 활용되고 있다는 것을 예측해 볼 수 있다. 지도자가 보아 준 연극, 그 자체만으로도 이 연극은 대중을 선동할 수 있는 상징체가 되는 것이다.[14] 북한 TV가 연극 관람 내내 김정일 위원장이 손수건을 꺼내 눈물을 닦는 장면을 방영한다거나 연극 내용에 대해 토론하기 위한 노동당 당세포 총회가 열리는 것, 해당 연극배우들에게 호화 주택을 선물하고 주택 배정일에 아들 김정은과 직접 주연배우들의 집을 찾는 행보 등은 김정일 시기에 강조하고자 하는 정치적 메시지 전달 방식이라 할 수 있다.

경제적 난관에도 흔들리지 않는 신념을 보인 주인공 강산옥의 모습은 강성대국 건설에 박차를 가할 시기에 보여주어야 할 인물의 '전형'으로 제시되었다. 사회주의 체제를 지켜내고 관광업을 통한 자본주의 유입을 차단하고자 하는 김정일 위원장의 의지가 주인공 강산옥에게 투영된 것이라 할 수 있다. 초기 김정일 시기의 이러한 인식은 고난의 행군기를 마무리하고 금강산관광을 매개로 하는 본격적인 남북한 관광협력 시대를 맞이하기 전까지 북한이 관광산업에 대해 취한 강고하고 폐쇄적인 조치의 논리적 배경이 되었다.[15]

---

14) 김미진, 「북한 연극의 인물 전형 형상화」, 11~12쪽.
15) 그러나 그 이전 김일성 시기의 김정일은 아버지 김일성 주석의 관광산업에 대한 활성화 의지에 동조하는 입장을 취하였다. 1980년대 특히 합영법 시행을 전후한 시점의 발언에서 이러한 면모를 발견할 수 있다. "이제 우리가 우리 나라의 명승지들을 멋들어지게 꾸려놓고 여러 나라 관광객들을 받아들이면 자연의 경치도 조선이 제일이라고 하면서 앞을 다투어 찾아오게 될 것입니다." 김정일, 「당원들과 근로자들이 높은 민족적 긍지와 혁명적자부심을 가지도록 하여야 한다」(1980.5.18), 『김정일선집 증보판 제9권』, 평양: 조선로동당출판사, 2011, 191쪽; "우리는 앞으로 관광지들과 여러 가지 봉사시설을 더 잘 꾸리고 다른 나라의 관광객들을 많이 받으려고 합니다.

제2절 후기 김정일 시기 관광정책 전개(1998~2011년)

1. 우리민족제일주의의 등장과 남북한 민족공조 전개

1980년대 말부터 시작된 동구 사회주의권의 급격한 변화는 북한에게 커다란 충격을 주었다. 무엇보다 사회주의권에서 불어오는 개방·개혁 바람과 국내의 자립경제 기반 붕괴 및 이에 따른 체제위기 국면으로 인해 체제수호를 위한 대책마련의 필요성이 대두되었다. 이러한 상황 속에서 북한은 다른 사회주의 국가들과의 차별성을 부각하여 내부적 사상 동요를 막고 체제결속을 도모하기 위한 통치담론으로 우리민족제일주의를 내내외 선전에 이용하였다. 북한에서는 1985년 무렵부터 민족주의를 새롭게 정의하고 해설하는 논문이 대거 출판되었고[16], 1986년 7월에는 김정일이 당중앙위원회 책임간부들과의 담화를

우리 나라에서 아직은 관광사업이 시작에 지나지 않습니다. 우리는 앞으로 관광사업을 적극 발전시켜나갈것이며 우리 나라를 찾아오는 다른 나라의 관광객들을 친절히 맞이하고 따뜻이 환대해줄 것입니다." 김정일, 「민주주의캄보쟈 주석이 제기한 질문에 대한 대답」(1985.5.2), 『김정일선집 증보판 제11권』, 평양: 조선로동당출판사, 2011, 123쪽.

[16] 레닌은 공산혁명을 위해 1단계 혁명(예비혁명)에서 제국주의와 자본의 지배로부터 식민지·반(半)식민지에서 피억압 민족의 해방(민족해방혁명)이라는 관점에서 민족문제를 활용하며 이를 중시했다. 그러나 2단계 혁명(목적혁명) 과정에서는 민족주의를 '부르조아 민족주의'라 비판하며 철저히 배격하고 사회주의 혁명에 복무하는 '프롤레타리아 국제주의'를 강조한다. 옛 소련의 과학아카데미도 민족주의는 속성상 마르크스-레닌주의와 양립할 수 없으며 적대적이라고 강조한 바 있다. 북한 역시 과거 프롤레타리아 '국제주의' 질서하에서의 민족주의를 '부르조아 민족주의'라고 해석하고, 수령을 숭배하는 민족주의를 '참다운 민족주의'라고 정의한다. 무엇보다 민족을 특징짓는 가장 중요한 징표가 혈연과 언어의 공통성에 있다고 하여 이전의 계급론에 기초한 프롤레타리아 국제주의적 개념과 다른 정의를 내린다. 이러한 변화는 북한의 문헌을 통해서 확인할 수 있는데 북한의 1981년판 『정치사전』은 민족주의를 "프롤레타리아 국제주의 원칙에 어긋나게 자기 민족의 이익을 위한다는 구실하에 타 민족과의 반목을 조성하는 반동사상"이라 규정하고 있다.

중심으로 한 "주체사상 교양에서 제기되는 몇 가지 문제에 대하여"라는 논문을 통해 '우리민족제일주의'라는 용어가 공식 등장하였다.

> "세계혁명앞에 우리 당과 인민이 지닌 첫째가는 임무는 혁명의 민족적임무인 조선혁명을 잘하는것입니다. 자기 나라 혁명에 충실하자면 무엇보다도 자기 민족을 사랑하고 귀중히 여길줄 알아야 합니다. 나는 이런 의미에서 우리 민족제일주의를 주장합니다. 우리 민족이 제일이라고 하는것은 결코 다른 민족을 깔보고 자기 민족의 우월성만 내세우라는것이 아닙니다. 우리 공산주의자들이 민족주의자로 될수는 없습니다. 공산주의자들은 참다운 애국주의자인 동시에 참다운 국제주의자입니다. 내가 우리 민족제일주의를 주장하는것은 자기 민족을 가장 귀중히 여기는 정신과 높은 민족적자부심을 가지고 혁명과 건설을 자주적으로 해나가야 한다는것입니다."[17]

이렇듯 우리민족제일주의는 북한의 우리식 사회주의를 강화하기 위해 외부와의 차단을 합리화하는 통치담론이라 할 수 있으며, 이는 우상화 논리로도 연결되고 있다. 북한이 조선민족 '제일'을 부각하는 것은 다름 아닌 김일성·김정일과 주체사상, 혁명전통이다. 이러한 북한의 민족주의는 수령론과 결합하여 헌법에서까지 '김일성민족'을 규정하였다.

김정일은 1989년 12월 28일 조선로동당 중앙위원회 책임일군들 앞에서 한 연설 "조선민족제일주의정신을 높이 발양시키자"에서 '조선민족제일주의정신'에 대해 '한마디로 말하여 조선민족의 위대성에 대

그러나 1992년판 『북한 조선말대사전』에는 민족주의를 "민족의 리익을 옹호하는 진보적인 사상… 단일민족국가인 우리나라에서 진정한 민족주의는 곧 애국주의로 된다"고 해석한다.

17) 김정일, 「주체사상 교양에서 제기되는 몇 가지 문제에 대하여」, 『김정일선집 11권』, 평양: 조선로동당출판사, 2011, 371쪽.

한 긍지와 자부심, 조선민족의 위대성을 더욱 빛내여나가려는 높은
자각과 의지로 발현되는 숭고한 사상감정'이라고 정의한다.[18] 그는
'우리민족제일주의 정신'의 정당성에 대해 다음과 같이 주장한다.

> "참으로 우리 인민은 자기의 창조적지혜와 영웅적투쟁으로 이
> 룩해놓은 위대한 승리와 성과에 기초하여 민족제일주의의 사상
> 감정을 당당히 가질수 있게 되었습니다. 우리 인민이 자기 민족
> 을 세상에 제일이라고 자랑할수 있는것은 바로 위대한 수령, 위
> 대한 당의 령도가 있고 위대한 주체사상이 있으며 가장 우월한
> 사회주의제도가 있기때문입니다. 인민대중이 자기 운명의 주인
> 으로 등장한 오늘 민족의 운명을 결정하는 결정적요인은 민족을
> 이끌어나가는 당과 수령의 령도이며 민족이 지침으로 삼는 지도
> 사상이며 민족이 살고 활동하는 사회제도입니다."[19]

즉, 우리민족제일주의는 곧 '위대한 수령'과 당, 주체사상과 사회주
의제도 그 자체라는 것이며, 그중에서도 '위대한 수령'이 있기 때문에
제일이라는 것이다. 즉 한민족의 유구한 역사와 빛나는 민족적 전통
은 수령이 없는 조건에서는 의미가 없다고 본다. 그는 '우리민족제일
주의 정신'과 '수령'의 관계에 대해 다음과 같이 설명하고 있다.

> "우리 인민이 지닌 조선민족제일주의정신은 위대한 수령을 모
> 신 긍지와 자부심입니다. 자주의 길로 나가는 민족의 운명은 로
> 동계급의 탁월한 수령에 의하여 개척됩니다. 위대한 수령을 모
> 셔야 민족이 나아갈 정확한 길을 밝혀주는 지도사상을 가지게

18) 송승환, 『우리 민족제일주의와 조국통일』, 평양: 평양출판사, 2004, 2쪽.
19) 김정일, 「조선민족제일주의정신을 높이 발양시키자」, 『김정일선집 13권』, 평양: 조
    선로동당출판사, 2012, 129~130쪽.

되고 민족의 주체적혁명력량을 튼튼히 꾸려 혁명과 건설을 성과
적으로 수행해나갈수 있습니다. 민족의 가장 큰 행복은 위대한
수령의 령도를 받는것입니다. …… 우리 인민의 크나큰 긍지와
자부심은 곧 위대한 수령님을 민족해방의 구성으로, 창조와 건
설의 영재로 높이 모신 긍지와 자부심입니다. 우리 인민은 위대
한 수령을 모신 민족적 긍지와 자부심을 가슴깊이 간직하고 경
애하는 수령님을 영원히 충성으로 높이 받들어나갈 뜨거운 마음
으로 가슴불태우고있습니다."[20]

즉, '수령'이 구원자이기에 '수령의 위대성'이 '민족의 위대성'을 담
보한다는 것이고, '수령'이 위대하기에 '우리민족제일주의 정신'을 가
질 수 있게 되었다는 것이다. 북한은 우리민족제일주의 정신을 담은
문화예술작품과 교양자료들을 1990년대부터 대대적으로 생산해 북한
주민에 대한 사상교육을 실시한다.[21] 북한은 이러한 민족우선 담론을
통해 동구권 사회주의 국가들의 체제 붕괴, 김일성 주석의 사망과 고
난의 행군, 미국과의 갈등과 같은 체제위기 상황을 극복해 왔다.

[그림 4-2] 민족담론과 국가담론 간 슬로건 변화[22]

---

20) 김정일, 「조선민족제일주의정신을 높이 발양시키자」, 『김정일선집 13권』, 평양: 조
선로동당출판사, 2012, 130쪽.
21) 대표적으로는 '3대 자랑가', '우리는 긍지높이 노래하네', '우리가 제일일세', '온 세상
이 부러워 하네', '우리 민족 제일일세', '토장의 노래', '평양냉면 제일일세' 등의 노
래가 유행되고, 이를 필수 지정곡으로 학습을 시켰다.

특히, 김정일 시기에 이르러 핵개발 문제로 조성된 미국 및 국제사
회의 비핵화 압력과 경제제재 및 전쟁위기를 우리민족제일주의에 입
각한 남북한 '민족공조'를 통해 타개하고자 하였다. 북한은 민족공조
에 대해 민족의 운명을 개척하기 위한 투쟁에서 민족구성원들 모두가
마음과 뜻, 힘과 지혜를 하나로 합치고 서로 협력해 나가는 것이며,
이를 위해서는 민족이 자기운명의 주인이라는 자각을 가지고 외세에
의존하기보다 민족끼리 서로 도우면서 자체의 힘과 지혜를 합치고 행
동을 같이 해나가는 단결과 협력의 원칙이라고 설명한다. 또한, 온 민
족이 하나로 힘을 합쳐 외세의 침략과 간섭에 공동으로 대응하고 민
족의 통일과 번영을 위해 남북한이 함께 노력하는 것을 민족공조의
실현 방식으로 제시하였다.[23]

북한은 수세적 차원에서 민족우선 담론을 통해 남한으로부터 더 많
은 대북지원을 얻고자 하였다. 이는 식량난과 경제난 등의 대내적 위
기를 극복하기 위한 불가피한 선택이었으며, 실제 북한은 각종 남북
교류와 금강산관광 등을 적절하게 취사선택하여 경제적 실리를 취하
여 왔다.[24] 이를 실현하기 위해 북한은 휴전선을 통과하는 철도 및
도로연결사업, 개성공단사업과 금강산관광사업을 활발히 추진하고
이를 뒷받침하기 위해 군사시설을 철수하는 등 남북 간 군사적 대결
을 완화하였다.

이 시기 북한은 "민족끼리 하는 경제협력사업을 방해하고 금강산관

22) 김정일 시기인 2007년 10월 4일 노무현 대통령의 방북 당시 '아리랑' 공연에서는 '우
리민족끼리'라는 구호가 등장하였다. (左) 김정은 시대의 '우리 국가제일주의'를 강
조하는 우표(右).
23) 송승환, 『우리 민족제일주의와 조국통일』, 117쪽.
24) 박승식, 「북한의 민족공조의 실체」, 『통일정책연구』 제14권 제2호, 통일연구원,
2005, 231쪽.

광사업도 파탄시키려고 책동하고 있는 것이 바로 미국"이라며 남북한
민족공조를 방해하는 외세로 미국을 지목한다.[25] 또한, 금강산관광,
개성공업지구건설, 철도와 도로연결 등의 남북경협이 민족 간 협력사
업이므로 그 진전 속도에 미국이 간섭하는 것은 "조선민족의 자주권
과 내정에 대한 간섭이고 용납할 수 없는 침해행위"라고 비난한다.[26]
이에 북한 당국은 "우리 민족끼리 마주앉으면 모든 일이 잘돼 나가지
만 외세의 간섭에 놀아나면 잘되던 일도 망칠 수 있다는 것을 지난
5년 간 북남대화의 역사가 증명하고 있다"며 금강산관광사업을 민족
공조의 중요한 사례로 강조했다.[27]

[그림 4-3] 우리민족제일주의를 통한 위기 돌파

따라서 후기 김정일 시기의 관광정책 역시 북한이 처한 경제적 난
관을 해결하기 위해 제시된 우리민족제일주의 담론에 입각해 금강산
관광, 개성 관광 등 관광협력사업을 추진하고자 했던 맥락에서 보아
야 한다.

25) 『로동신문』, 2003년 1월 25일.
26) 『로동신문』, 2004년 1월 11일.
27) 『로동신문』, 2005년 6월 10일.

2. 남북관광협력을 통한 체제·경제위기 돌파

김정일 위원장은 두 가지 조치를 통해 고난의 행군에서 벗어나려 했다. 우선 내부적으로 '선군정치'[28]를 통해 군부의 지지를 확보하는 한편 대외적으로는 우리민족제일주의 노선에 따라 남한과의 민족공조를 통해 경제난을 돌파하려 했다. 이 결과 김정일 위원장은 관광교류를 중심으로 한 남한과의 관계 개선을 통해 상당한 정치적, 경제적 성과를 거둔다. 후기 김정일 시기라 할 수 있는 이 당시 북한은 2000년 6월 김대중 대통령 및 2007년 10월 노무현 대통령과의 남북정상회담을 추진하였고, 남북관계 개선을 통해 10억 달러 규모의 상당한 경제적 지원을 확보할 수 있었다. 또한 금강산관광과 개성공단을 통한 외화 수입은 물론 거의 매년 수십만 톤의 비료와 쌀을 지원받았다.

1) 금강산관광사업의 전개

북한은 1998년부터 남한 관광객을 대상으로 민족공조 차원의 금강산관광사업을 추진한다. 북한이 1989년 1월 남한의 현대그룹과 체결한 '금강산관광개발 의정서'를 통해 금강산관광의 추진을 합의한 후인 1989년 11월에 첫 금강산관광이 시작되었다. 이 시기 남한의 김대중 정부는 북한에 대한 햇볕정책의 일환으로 남북경협 활성화 조치를 취

---

[28] "선군정치는 김정일 정권의 출범을 계기로 등장한 김정일의 정치방식이다. 선군정치는 군사력 강화를 최우선 목표로 하고, 정치/경제/사회/문화 등 모든 부문에서 군이 중심이 되는 정치방식이다." 『통일부 북한정보포털』(https://nkinfo.unikorea. go.kr/nkp/term/viewNkKnwldgDicary.do?pageIndex=1&dicaryId=126&menuId=NK_KN WLDG_DICARY, 검색일: 2020년 4월 25일).

했고 1998년 6월 정주영 명예회장의 소떼방북이 더해져 금강산관광이
라는 성과로 나타났다.

  북한 입장에서 금강산관광사업은 대규모 투자와 큰 준비 없이 사업
진행이 가능하고, 단기간에 외화를 충분히 조달할 수 있는 매력적인
사업이었다. 1998년 금강호가 북한의 장전항에 입항하면서 시작된 금
강산관광사업은 수차례 정치군사적 충돌로 중단 위기를 겪었다. 그러
나 그때마다 제도적 장치 마련을 통해 2003년에는 육로관광을 시작하
고, 2008년에는 기존의 버스관광에서 승용차를 이용한 관광으로까지
발전하였다.

  금강산관광사업의 성공에 고무된 북한 당국은 연이어 개성관광, 평
양관광, 백두산관광을 추진하였으며 2008년까지 지속된 금강산관광
은 누적 관광객 수 193만 명을 기록하는 등 안정적인 성장세를 기록
하였다. 하지만 남북한 내부의 정치적 여건 변화와 2008년 발생한 금
강산 관광객 피격 사망사건으로 남한 관광객을 대상으로 한 관광이
전면 중단되었고, 이후 특별한 상황의 변화 없이 현재에 이르고 있다.

〈표 4-5〉 금강산관광사업의 주요 연혁

날짜	주요 내용
1989.01	정주영 명예회장 북한 방문(기업인 첫 공식방문) - 금강산관광개발 의정서 체결
1998.06	정주영 명예회장 소떼 방북
1998.10	'금강산관광사업에 대한 합의서 및 부속합의서' 체결 - 정주영 명예회장, 김정일 국방위원장 면담
1998.11	금강산관광 개시(금강호 동해항 첫 출항)
1999.02	현대아산 창립
2000.09	김정일 국방위원장 금강산 방문
2002.11	북, 금강산관광지구법 발표: 20년 토지이용증 발급

날짜	주요 내용
2003년 2월	금강산 육로관광 개시
2004년 6월	1박2일, 당일관광 개시
2004년 11월	남북 동해선 본도로 완공
2005년 6월	금강상관광객 100만 돌파(KBS 금강산 열린음악회 개최)
2005년 7월	현정은 회장, 김정일 국방위원장 첫 면담 - 개성·백두산관광 추진합의
2006년 11월	농협 금강산지점 개소 및 신계사 낙성식
2007년 6월	내금강관광 개시
2007년 11월	현정은 회장, 김정일 국방위원장 면담 -개성·백두산관광 합의서 체결
2007년 12월	개성관광 개시
2008년 3월	금강산 승용차관광 개시
2008년 6월	금강산 골프장 완공
2008년 7월	금강산관광 중단(관광객 피격 사건 발생)
2009년 8월	현정은 회장, 김정일 국방위원장 면담 - 금강산관광 재가동 등 5개항 합의
2010년 2월	금강산관광 재개 당국회담(상호 입장차로 결렬)
2010년 10월	추석계기 이산가족상봉
2011년 8월	금강산 상주 남측인원 전원 철수
2013년 11월	금강산관광 15주년 기념식(금강산 현지 현대-아태 공동행사)
2014~2015년	설계기 상봉행사, 추석계기 상봉행사
2018년 8월	8·15계기 상봉행사
2018년 11월	금강산관광 20주년 기념 남북공동행사 개최(금강산)

출처: 백천호, 「금강산관광사업의 성과, 한계 그리고 과제」, 『한국관광정책』 제74
　　 호, 한국문화관광연구원, 2018, 51쪽 재인용.

〈표 4-5〉의 연혁과 같이 중단 이전의 금강산관광은 남북 간에 제도
적 장치를 마련하기 위한 여러 절차를 통해 점차 안정적 단계로 발전
하는 과정이었다. 이를 반영하듯 금강산 관광객 수는 1998년 10,554명
을 시작으로 2007년에는 345,006명까지 확대되었다. 특히, 금강산관광
을 위한 남한정부의 지원책이 마련된 2002년 이후 금강산 관광객의 수

가 비약적으로 증가하였다. 2008년 7월 11일 남한 관광객에 대한 북한의 총격으로 발생한 남북한 갈등과 관광객 신변 안전보장을 위한 제도적 개선조치 문제를 두고 관광이 최종 중단되기까지 총 1,934,662명이 금강산을 방문하였다. 이와 같이 금강산관광사업은 총격 사건이라는 변수가 없었다면 중단될 이유가 없을 정도로 확대일로에 있었다.

〈표 4-6〉 금강산 관광객 수

연도	인원(명)	연도	인원(명)
1998	10,554	2004	268,420
1999	148,074	2005	298,247
2000	213,009	2006	234,446
2001	57,879	2007	345,006
2002	84,727	2008	199,966
2003	74,334	합계	1,934,662

출처: 『통계청 국가통계포털』(http://kosis.kr/statHtml/statHtml.do?orgId=101&tblId=DT_1ZGAG, 검색일: 2020년 4월 26일).

2) 금강산관광사업을 통한 남북한 관광협력의 성과

남북한 간 추진된 금강산관광사업은 관광산업이 경제성을 넘어 이문화 간에 신뢰성과 이해를 향상시킬 수 있는 기초가 되며 관광이 이해와 협력을 향상시키는 사회적 힘이라는 인식에 바탕하고 있다. 이는 인적 교류를 통한 비공식적 방식이 오히려 정치적 긴장관계를 해소할 수 있다는 정치적 이론으로 설명된다. 이러한 인식을 기반으로 기능주의를 이념적 토대로 삼았던 남한의 김대중 정부는 금강산지구를 중심으로 한 관광을 통해 남북한 간 인적 교류를 확대하는 것을 대북정책의 중심축으로 삼았다. 또한 금강산관광은 최초로 남한의 대규모 인원이 북한을 방문한 사례이자 북한 내에 실질적인 남한의 투자가 이루어진 최초의 사례로 의미가 크다.

특히 금강산관광 체험 과정에서 다양한 비판과 문제들이 제기되었음에도[29] 약 200만 명에 달하는 관광객이 왕래하고 교류하면서 남북 주민 간 이질감을 낮춰 상호 간 신뢰 구축에 기여하였다. 이를 통해 남북한은 상호 신뢰에 바탕한 협력을 이끌어 냈으며 이는 개성공단, 남북철도 및 도로 연결, 통신선 연결 등으로 남북경협사업이 확대 발전하는 데 큰 영향을 미쳤다. 북한 입장에서 금강산관광이 갖는 긍정적 효과는 무엇보다 경제적 요인에 있었다. 북한은 금강산관광을 통해 외화를 획득하는 경험을 함으로써 관광산업이 갖는 경제적 효과를 실감하게 되었다. 이는 이후 이어지는 평양관광, 개성관광, 백두산관광, 아리랑관광 등을 추진하는 기반이 되었다.

또한 과거 서구기업의 투자를 전제로 한 1984년의 '합영법'과 1991년의 '나진·선봉자유경제무역지대'와 달리 금강산관광사업은 현대그룹과의 투자계약 위에서 출발하였다. 합영법과 나진·선봉자유경제무역지대의 실패 경험을 통해 북한은 우리민족제일주의에 입각한 민족공조 방식으로 사업 파트너를 서구기업으로부터 남한기업으로, 주요 관광객을 서구인으로부터 남한국민으로 전환하는 정책결정을 추진하였다.

---

29) 금강산 관광사업의 추진 과정에서 제기되었던 다양한 문제들은 다음과 같다. "일반 관광지와는 다른 까다로운 제재 조항과 규칙들, 비싼 관광비 등이다. 따라서 금강산관광은 '어른들의 수학여행'이나 '모기장식 관광'이란 조롱을 벗어날 수 없었다. 시간과 규율을 엄격히 지키며 먹고, 자고, 일정 구역 밖으로는 벗어날 수 없는 그런 여행이다. 입국신고장의 분위기는 자못 위압적이며 특별한 사유가 아니면 개인적으로 여행지를 떠날 수도 없다. 관광지에서 느껴야 하는 편안함이 아니라 묘한 긴장감을 느끼게 해준다. 이러한 것에 흥미를 느끼는 사람도 있으나 그것은 호기심에서 비롯된 것이고 대개는 호기심 충족과 더불어 식상하게 된다." 서유석, 「금강산관광 중단과 해결방안」, 『한국평화연구학회 학술회의, 2009 춘계 학술세미나』, 한국평화연구학회, 2009, 64쪽.

〈표 4-7〉 금강산관광사업의 북한 측 경제적 파급효과

구분		경제적 파급효과		
		생산	부가가치	고용
관광사업	유발승수	1.3769	0.7701	0.9825
	유발효과	7,378억 원	3,388억 원	4,323명

출처: 채종훈, 「남북한 금강산관광사업의 경제적 파급효과 분석」, 『국제지역연구』
제19호 제1호, 국제지역학회, 2015, 171쪽.

이 결과 후기 김정일 시기의 금강산관광사업은 고난의 행군기를 통
과하던 북한 경제에 필요한 외화를 획득할 수 있는 창구의 역할을 하
였으며 이를 통해 직간접인 경제적 파급효과를 창출하였다.[30]

3. 남북관광협력 중단의 대안 찾기: 북중 관광협력

고난의 행군 시기를 벗어나고 맞이한 후기 김정일 시기는 관광에
대한 기존의 인식에서 변화를 꾀하고 경제 재건의 수단으로 제한적이
나마 관광산업에 대해 빗장을 풀어가는 과정이었다. 이 시기는 남한
과 중국의 관광객들을 중심으로 한 단체관광이 대표적이다. 남한과
중국을 사이에 두고 북한은 이들 국가와의 정치적 · 군사적 상황에 따
라 관광을 실시하거나 중단하였다.

북한은 경제난 해소와 외화확보의 한 축을 담당했던 남한과의 관광

---

30) "금강산관광사업의 시행으로 인해 관광사업 관련 소비지출 약 4,400억 원이 발생할
경우 북한 경제에 유발된 파급효과는 생산유발효과 7,378억 원, 부가가치 유발효과
3,388억 원, 고용창출효과 4,323명이 발생하여 북한경제의 활성화에 기여한 것으로
분석되었다." 채종훈, 「남북한 금강산관광사업의 경제적 파급효과 분석」, 『국제지
역연구』 제19권 제1호, 국제지역학회, 2015, 171쪽.

협력이 비경제적 원인에 의해 중단됨에 따라 이를 외국인 특히 중국인 관광으로 돌파하고자 하였다. 실제 북중관광은 2010년 중국인 단체관광객을 대상으로 한 금강산관광을 시작으로 2011년 나선-금강산 국제시범관광단이 금강산을 방문하는 등 점차 확대되었다.

1) 북중관계 복원과 경제협력 확대

1990년대 사회주의 개혁·개방 이후 북중관계는 매우 불안정했다. 이러한 관계는 1992년 정점에 달했다. 중국은 대내적으로 사회주의 시장경제론을 채택하며 개혁·개방을 가속화했고, 대외적으로는 서방국가들과의 관계 개선과 함께 남한과도 외교관계를 수립했다. 반면 북한은 이러한 변화를 수용하기보다 고난의 행군이라는 경제적 위기 속에서도 자립적 생존 방식을 선택했다. 이에 따라 양국관계는 건국 이후 최악의 국면으로 진입하여 사실상 7년여의 기간 동안(1992~1999) 단절 상태에 있었다.

이러한 양국관계는 김정일 정권의 공식 출범 이후인 1999년부터 복원되기 시작하면서 정치, 경제, 문화 등의 교류가 다시 활발해지기 시작했다.[31] 경제교류의 경우 1992년 이후 북중교역은 지속적으로 축소되었으나 1999년 3.7억 달러로 최저치를 기록한 무역액은 2000년 4.8억 달러를 기록한 이후 빠르게 증가하여, 2001년 7.4억 달러, 2003년

---

[31] "1992년 한·중수교 이후 소원해졌던 북·중관계가 1998년 김정일 정권의 출범과 함께 복원되기 시작하였다. 중국 장쩌민 주석이 1998년 9월 김정일의 당총비서 추대를 축하하는 축전을 보냈고, 이어서 1999년 6월 3일 김영남 최고인민회의 상임위원장이 중국을 공식 방문함으로써 북·중관계는 복원되었다." 김진무 외, 『북한과 중국, 의존과 영향력』, 서울: 한국국방연구원, 2011, 33쪽.

10억 달러, 2004년 13.8억 달러, 2005년 15.8억 달러, 2009년 26.8억 달러로 증가했다.

〈표 4-8〉 탈냉전기 북한의 대중국 교역 규모 추이(단위: 백만 달러)

연도	대중수출	대중수입	대중교역	세계교역 중 비중(%)	무역수지
1991	86	525	611	22.7	-439
1992	156	541	697	25.5	-385
1993	297	602	899	31.7	-305
1994	199	425	624	27.2	-226
1995	64	486	550	23.5	-422
1996	69	497	566	25.4	-428
1997	122	535	657	26.4	-413
1998	57	356	413	24.8	-299
1999	42	329	371	20.5	-287
2000	37	451	488	20.4	-414
2001	167	573	740	27.7	-406
2002	271	467	738	25.4	-196
2003	395	628	1,023	32.8	-233
2004	586	800	1,385	39.0	-214
2005	499	1,081	1,580	39.0	-582
2006	468	1,232	1,700	39.1	-764
2007	582	1,393	1,974	41.7	-811
2008	754	2,033	2,787	49.5	-1,279
2009	793	1,888	2,681	52.6	-1,095

출처: 김진무 외,『북한과 중국, 의존과 영향력』, 서울: 한국국방연구원, 2011, 110쪽.

북한의 지속적인 대중국 수출 증가는 남북교역 중단으로 인한 외화소득 감소분을 만회하였으며, 대중국 무역의존도 역시 1999년 20.5%에서 2009년 52.6%를 넘는 수준으로 증가하였다. 북중 경제협력의 확

대가 북한의 중국경제로의 예속화를 초래한다는 우려에도 불구하고
현실은 기존의 남북한 간 경제협력을 대체하였음을 보여주고 있다.32)

〈표 4-9〉 2012년 중국 관광객을 통한 북한 외화 수입규모 추정33)

산출근거	합계(1USD=6.15RMB, 2013.6.28. 기준)	
	RMB	USD
주요 도시 출발기준	133,296,420~212,740,530	2,169~3,462만 달러

〈표 4-10〉 금강산관광과 북중 관광협력을 통한 북한 외화수입 규모 비교34)

2007년 금강산관광을 통한 외화규모(A)	2012년 북·중 관광협력을 통한 외화규모(B)	비중(B/A)
2,040만 달러	2,169~3,462만 달러	1.1~1.7배

금강산관광사업과 북중 관광협력을 비교하면, 2012년 일부 도시에
서 출발한 중국 관광객을 통해 북한이 벌어들인 외화 수입 추정치는
금강산 관광협력이 가장 활발했던 2007년 금강산관광을 통해 벌어들
인 외화 수입과 비교할 때 약 1.1~1.7배 높은 것으로 나타난다.35) 이

32) 남북경협없는 북중경협이 중국경제로의 예속화를 심화한다는 의견이 있다. "최근
   북중경협의 추세는 대중국 종속 가능성을 시사하고 있다. 그간 북중경협이 확대되
   었지만 북한은 무역경쟁력을 개선하지 못함으로써 기초 생필품조차 수입대체를
   하지 못하고 있다. 향후 북한정부의 적극적 개혁 노력없이는 북중경협의 확대는
   대중국 종속 심화를 초래할 가능성이 크다." 이영훈, 「중국의 대북 경제적 영향력
   분석」, 『통일경제』 2011년 제1호, 현대경제연구원, 2011, 33쪽.
33) "2012년도 북한이 옌지와 훈춘, 투먼, 선양과 단둥, 베이징에서 출발한 중국인 여행
   객을 통해 벌어들인 외화규모는 1억 3,330만~2억 1,274만 위안으로 추산되며, 이를
   미화로 환산할 시 그 규모는 약 2,169~3,462만 달러로 추산된다." 『북·중 관광협력
   의 현황과 시사점』, 서울: 대외경제정책연구원, 2013, 72쪽.
34) 위의 책, 79쪽.

는 후기 김정일 시기 남북 간의 관광협력이 중단됨에 따라 북중 관광
협력이 이를 완벽하게 대체하고 있음을 보여준다.

후기 김정일 시기의 북한은 남북한 간 경제협력의 중단 상황 속에
서 정치와 경제의 안정을 위해 북한을 지원할 수 있는 유일한 국가인
중국과 협력관계를 복원하는 것이 불가피했다. 이에 따라 북한은 기
존의 자립경제 방식을 일정 부문 유보하고 중국 동북지역과의 경제교
류 및 협력에 적극 나서면서 경제적 생존을 모색하였다. 2010년 11월
자유경제무역지대가 설치된 기존의 나선시를 나선특별시로 승격하여
중앙당과 내각의 직접 지시를 받는 도급 행정단위로 독립시키고, 외
국인투자기업노동법(2009년), 신압록강대교 착공(2010년 12월), 황금
평 – 위화도경제지대법(2011년) 등 경제특구에 관한 일련의 제도개선
조치를 취했다.[36]

미국의 중국 견제가 강화되는 상황하에서 중국 역시 북한의 전략적
중요성을 재인식하게 된다. 즉 미국과의 외교적, 군사적 경쟁에서 주
변 지역의 안정을 확보하는 것이 중요했고 이러한 인식에서 북한의
지정학적인 가치는 더욱 높아졌다.[37]

---

[35] 위의 책, 79쪽.
[36] 이상국, 『북중 경제교류 · 협력 동향과 시사점』, 인천: 인천발전연구원, 2012, 11쪽.
[37] 중국의 입장에서 북한에 대한 과도한 제재는 북한의 위기 상황을 초래하고 이는
동북진흥전략 추진과 동북아 국제정세의 유리한 구도를 확보하는 데 부정적인
요인으로 작용할 수 있다. 또한, 미국, 일본 등의 해양세력과의 대결구도에서 일
정한 완충지대 역할을 담당할 수 있는 북한의 위상에 대한 전략적 중요성도 감안
해야 한다. 미국 중심의 국제적 대북제재 하에서도 중국이 오히려 북한과의 교역
과 투자를 확대하고 인프라 연계협력을 추진하고 있는 것이 이를 방증한다고 할
수 있다.

2) 중국인 단체관광을 통한 북중관광 협력 전개

김정일 시기 후반기에 이르러 금강산관광을 포함한 일체의 남북관광이 중단되자 북한은 이를 대체할 국가로 중국에 주목하고 중국과의 관광협력에 매진한다. 북중관광은 1988년 4월 단둥시 국제여행사가 출시한 신의주 1일 관광상품의 출시를 기점으로 시작되었으며, 그 이후 관광노선을 신의주에서 평양·묘향산·금강산·개성으로 확대하는 데 합의하게 된다.[38] 중국은 북한관광에 나서는 중국인들 사이에 도박 열풍이 불자 2006년 북한 단체관광을 제한하는 조치를 취하기도 했다. 이후 2008년 중국이 북한을 공식적인 방문지로 지정[39]하고, 2009년 원자바오 중국 총리가 북중수교 60주년[40]을 맞아 북한을 방문하여 중국 국가여유국과 북한 국가관광총국 간에 '중국관광객의 북한관광에 대한 양해각서'를 체결[41]했다. 양국 간 관광의 공식화 조치를 근거로 2010년부터 중국인의 북한 단체관광이 전면 허용됨에 따라 다양한 여행상품이 출시되고 중국인의 북한관광이 급증하였다.[42]

북한 역시 중국인 관광객 유치에 적극적인 조취를 취했다. 북한은

---

38) 임을출 외, 『북한관광의 이해』, 서울: 대왕사, 2017, 307쪽.

39) 「中, 북한 단체관광 목적지로 결정」, 『노컷뉴스』, 2008년 9월 3일.

40) 마오쩌둥(毛澤東)이 1949년 10월 1일 중화인민공화국 출범을 선언한 이후 중국은 1주일 만에 7개국과 수교했다. 북한은 소련(2일), 불가리아(4일), 루마니아(5일)에 이어 중국의 네 번째 수교국이 됐다.

41) 「원자바오, 평양에서 북중 관광양해각서 서명식 참석」, 『내일신문』, 2009년 10월 8일.

42) 「작년 北관광 중국인 13만 명…36.4%↑」, 『연합뉴스』, 2011년 11월 4일; "중국 정부는 북한을 방문하는 자국 관광객 규모를 밝히지 않고 있다. 중국 정부가 마지막으로 북한 방문 관광객 수를 밝힌 것은 2012년으로, 당시 방문객은 23만 7000여 명이었다." 『주간조선』 2577호, 2019년 10월 7일.

2011년에 현대아산의 금강산관광 독점권을 취소하고 금강산관광지구
법을 폐지하는 대신 금강산국제관광특구법을 새로 채택했다. 김정은
시대를 맞이한 2012년부터는 중국인을 대상으로 관광지를 추가 개방
하고 신규 관광코스를 개발했으며 도로·철도·항공 접근성을 높이
고 통행증, 비자, 휴대전화 소지 등 관광객 편의를 확대했다.[43] 항공
편의 경우 2011년 평양과 상하이, 하얼빈, 시안 간 국제항공편이 개설
되고, 전세기에 의한 하얼빈과 금강산 간 국제관광도 실시됐다. 또한
해상을 통한 라선-금강산 시범국제관광이 진행됐고, 칠보산 관광열
차 개통식도 거행되는 등 다양한 관광경로와 교통수단이 개발됐다.

이밖에 북한은 대집단체조와 예술공연 아리랑, 국립교향악단 공연,
역사박물관과 역사유적 참관, 민족음식 맛보기, 민족풍습 체험을 비
롯한 다양한 문화체험 관광 프로그램 개발에도 힘을 쏟는다. 이 시기
북중관광의 규모는 연간 2억~3억 달러에 달하는 것으로 추산된다.[44]

3) 중국인 관광객의 북한관광 선택 요인

김정일 정권 후반기의 양국 간 관계복원과 이로 인한 관광확대 조
치는 대규모 중국 관광객의 북한 방문으로 이어졌다. 중국관광객들이
북한을 관광하는 주요 동기로는 첫째, 과거를 회고하는 일종의 향수
관광 또는 회고관광을 들 수 있다. '경제발전 이전인 1950~60년대에

---

[43] "북한 국가관광총국 관광홍보국장은 중국 신화통신과의 인터뷰에서 2018년 방북한
외국인 관광객이 20만 명을 넘고 이중 중국인이 90%를 차지한다고 밝혔다. 2016년
무렵 북한의 관광상품을 이용하는 외국인이 10만 명 정도라고 알려진 것과 비교하
면 두배나 많은 숫자다." 윤인주, 「경제정책 핵심분야로 개방성 높아진 관광산업」,
『통일시대』 2019년 11월호, 서울: 민주평화통일자문회의, 2019, 19쪽.
[44] 「중국인 북한 관광, 2년 만에 2배 증가」, 『미국의 소리(VOA)』, 2012년 11월 3일.

대한 향수, 가까운 이웃이자 지구상 거의 유일한 스탈린주의 국가에 대한 호기심'과 같은 가난했던 시절 자신들의 과거의 기억에 대한 향수를 느낄 수 있는 곳으로 북한 관광이 각광을 받게 된 것이다.[45] 둘째, 북한 방문비용의 상대적 경제성이다. 중국의 일반 대중이 높은 비용이 소요되는 유럽과 미주 등의 장거리 관광을 대규모로 실시하는 것은 쉽지 않은 일이다. 북한은 가깝고 낮은 비용으로 여행이 가능하다는 장점이 있다. 이에 더해 '폐쇄적인' 북한 사회에 대한 호기심이 더해져 북한 관광이 주목받게 된다. 셋째, 중국인에 대한 간소한 입국 절차이다. 북중 접경지역의 신의주, 나선을 관광하는 당일상품을 이용하면 북한 비자를 받을 필요가 없다. 여권소지 의무도 없어 일반 신분증으로 단둥 출입경관리소에서 통행증 신청을 하면 다음날 발급받는다.

〈표 4-11〉 방북 외국 관광객 수(단위: 만 명)

연도	2009	2010	2011	2012	2013	2014	2015	2016
인원	9.6	13.1	19.4	23.7	20.6	10	10	60

출처: 박은진, 「북한의 관광산업 변화와 특징」, 『KDB북한개발』 2018년 여름호, KDB산업은행, 2018, 171쪽 재인용.

[45] "북·중 최대의 접경도시인 단둥에는 북한관광을 취급하는 여행사 수십 곳이 있다. 2008년 이후 가장 성황이다. …… 올해 7월부터 '무비자 반나절 관광'을 개시하는 등 북한 당국도 중국 관광객 유치에 발 벗고 나섰다. 장시(江西)성에서 온 장춘란(66) 씨는 『사우스차이나모닝포스트』와의 인터뷰에서 '향수(nostalgia)'를 북한 여행의 동기로 꼽았다. 그는 "이 나라는 1950~1960년대 중국과 매우 비슷하다"며, "나는 그 시절을 여전히 좋게 기억한다"고 말했다. 일본 교토에서 법학을 공부 중이라는 옌링(27) 씨는 스탈린주의의 마지막 보루에 대한 신비감(mysterious)을, 베이징에서 온 양양치(61) 씨는 "중국의 가장 가까운 이웃나라"에 대한 호기심(curious)을 방북 이유로 들었다." 『통일뉴스』, 2016년 12월 28일.

  이와 같은 북중관계의 밀착화는 김정일 위원장 집권 후반기 국제제
재와 남북관계의 단절이라는 상황 속에서 전개되었다. 이는 김정일
위원장의 사망으로 인한 김정은 집권 이후에도 관광분야를 중심으로
지속적으로 확대되고 있다.

제5장

/

김정은 시기의
관광정책 변화 고찰

김정은 시기의 관광정책 변화 고찰

제1절 이념관광(정치)에서 실리관광(경제)로의 전환기

1. 사회주의 이데올로기의 한계와 대안 찾기

북한은 건국 이후 김일성 시기부터 경제발전 전략의 일환으로 중화학공업 중심의 자립적 민족경제노선을 견지해 오고 있다. 이에 따라 중화학공업 분야의 성과물인 '주체철', '주체비료', '주체섬유'와 같이 북한 자체의 자원과 기술로 이룬 산업적 성과에 대해 '주체'라는 호칭을 부여한다. 이는 대외적 환경에 영향받지 않고 주체적으로 작동하는 자립적 공업국가를 완성하겠다는 사회주의적 경제관이 투영된 것이다. 실제로 북한의 경제발전 방식은 1970년대까지 상당한 성과를 거두었다. 그러나 자립경제 방식은 1980년대의 침체기와 1990년대 경제위기를 거치면서 작동이 멈추고 성장을 주도할 산업이 부재하는 등 북한의 산업구조를 퇴행적으로 변화시켰다.[1]

1) 김정은 시기의 산업기반 붕괴현상

북한은 자원, 자본, 기술과 노동력 등 생산요소의 동원에서부터 소비에 이르기까지 일체의 경제활동이 국내에서 완결되는 자급자족형 경제를 지향하고 있다. 그러나 기술수준이 낮고 영토가 좁은 북한의 상황에서 자급자족적 경제발전은 고비용 – 저생산의 악순환이 되풀이 되는 결과를 초래했다.[2] 특히 북한의 중화학공업 등 제조업은 1980년대 이후 지속적으로 급격한 하락세를 겪었다. 또한 2000년대 들어 서비스업의 비중이 증가하면서 제조업이 전체 GDP에서 차지하는 비중 역시 점차 감소하였다. 1999년 북한의 제조업 수준은 1989년도 대비 48%에 불과할 정도로 쇠퇴하였는데, 이는 같은 기간의 GDP 하락폭(30%p)보다 큰 수준이다. 1990년대 이후 북한 GDP에서 제조업이 차지하는 비중은 1990년에 29.5%를 기록한 이후 점차 감소하여 20%대 초반에 머무르고 있다. 특히 1990년대 '고난의 행군'을 거치면서 1차 산업 위주의 산업구조로 퇴보했다.[3] 2차 산업이 일정 수준 발달되어 있는 중진국형 산업구조에서 농림, 어업 등 1차 산업 위주의 전형적인 저소득 개도국형 산업구조로 퇴보한 것이다. 이는 제조업 기반이

---

[1] 북한은 제조업 회복의 지연 외에 성장 주도산업의 부재라는 현실을 마주하고 있다. "현재 북한의 가장 큰 문제는 성장 주도산업이 존재하지 않는다는 것이다. 1980년대까지 성장을 주도하던 중화학공업은 최소한의 자본재 및 원부자재 공급기능도 하지 못하고 있으며, 2000년 이후 상대적으로 투자가 증가한 경공업 역시 경제성장을 주도하지 못하고 있다. 무연탄을 비롯한 지하자원과 수산물 등이 수출주력산업으로 역할을 하고 있지만 북한경제의 회복과 성장을 이끌기에는 뚜렷한 한계가 있다." 이석기, 「대한전기협회 세미나(2019.3.7.), 김정은 시대 북한의 산업 및 산업정책과 남북한 산업협력에 대한 시사점 주제발표」.

[2] 신정화, 「북한의 개혁·개방정책의 변화: 관광산업을 중심으로」, 『북한연구학회보』 제14권 제2호, 북한연구학회, 2010, 134쪽.

[3] 김한수 외, 『한반도 경제통일을 디자인하라』, 서울: 중소기업중앙회, 2017, 211~212쪽.

붕괴됨에 따라 공업, 특히 중화학공업의 비중이 대폭 축소된 데 따른 것이다.⁴⁾

제조업 중 중화학공업의 쇠퇴는 심각한 수준으로 북한의 산업구조 변화 추이를 보면 중화학공업의 비중이 25.6%(1990)에서 12.0%(2018)로 크게 감소하였다. 반면, 경공업은 해당 기간에 6%대를 유지하였으므로 중화학공업의 쇠퇴가 전체 제조업의 붕괴로 이어진 원인이라 할 수 있다.⁵⁾

〈표 5-1〉 북한의 산업구조(단위: %)

	2016	2017	2018
농림어업	21.7	22.8	23.3
광공업	33.2	31.8	29.4
광업	12.6	11.7	10.6
제조업	20.6	20.1	18.8
(경공업)	(6.9)	(6.8)	(6.8)
(중화학공업)	(13.7)	(13.3)	(12.0)
전기가스수도업	5.2	5.0	5.4
건설업	8.8	8.6	8.9
서비스업	31.1	31.7	33.0
(정부)	(22.4)	(23.2)	(24.6)
(기타)	(8.7)	(8.4)	(8.5)
국내총생산	100.0	100.0	100.0

출처: 한국은행, 『북한의 산업구조』, 각 년도.

4) 『통일부 북한정보포털』(https://nkinfo.unikorea.go.kr/nkp/overview/nkOverview.do?sumryMenuId=EC206, 검색일: 2020년 4월 26일).

5) 1990년과 2018년의 산업구조를 비교해 보면 농림어업의 비중은 27.4%에서 23.3%로 하락했고, 광업의 비중은 9.0%에서 10.6%로 상승했다. 반면 제조업의 비중은 18.8%로 대폭 감소했다. 이 가운데 경공업은 6.2%에서 6.8%로 미세 상승한 반면, 중화학공업은 25.6%에서 12.0%로 크게 감소하였다.

2) 북한 산업의 정상화 부진 요인과 관광산업

김정은 시기 북한경제는 비제조업 중심의 제한적인 회복 및 성장이라는 김정일 시기의 추세를 반복하면서도 이에 대한 해법을 찾기 위한 정책적 시도를 꾀하고 있다. 김정은 시대에도 산업의 정상화가 부진한 원인으로 다음과 같은 문제들을 꼽을 수 있다.

첫째, 제조업 기반의 붕괴이다. '고난의 행군' 종료 후 현재까지 북한의 제조업은 고난의 행군 이전 수준으로 회복하지 못하고 있다. 2010년대 이후 제조업 정상화를 위하여 각종 지원정책을 마련하였지만, 전력난과 인력 등 내부자원의 동원 한계로 미진한 실정이다.

둘째, 제조업 정상화를 위한 동력의 상실이다. 1990년대 이후 북한의 기초 원자재 공급량이 지속적으로 감소하고 있으며, 생산시설 및 기술의 노후화와 비효율로 생산성 또한 저하되었다. 또한 국제사회의 대북제재 강화로 에너지난이 가중되면서 생산에 필요한 전력 등의 에너지 공급 규모가 감소했다.

셋째, 중화학공업의 붕괴현상이다. 북한은 '중공업 우선주의'를 주요 경제원칙으로 삼으면서 제조업 내 중화학공업의 비중이 70% 수준을 상회한다. 그러나 북한이 중공업 중심의 산업정책을 오랜 기간 추진함에 따라 경공업 분야의 발달이 지체되고, 자력갱생 원칙으로 인해 제조업 간 연계발전이 저해되고 외부 기술도입 또한 부진했다. 그 결과, 2002년의 중화학공업 생산액은 1990년도의 42.6%에 불과할 정도로 쇠퇴하였고, 이후 점차 회복세를 보이고 있으나 1990년 대비 69% 수준에 불과하다.

〈표 5-2〉 북한의 경제활동별 국내총생산 추이(단위: 십억 원)

연도	1990	1996	2002	2008	2016
제조업	8,518	4,917	4,350	4,877	6,658
중화학공업	6,565	3,372	2,802	3,254	4,549
경공업	1,880	1,565	1,547	1,620	2,117

출처: 통계청, 『북한의 주요통계지표』 각 년도.

　넷째, 북한은 노동당의 정치사상적 지도 및 '사회주의 노력동원' 방식이 여전히 우세하게 작동하기에 기업운영의 효율성이 효과적으로 발현되지 못하고 있다.[6] 2016년 북한은 〈국가경제발전 5개년 전략〉을 제시하고 2020년까지 제조업 분야 발전의 인프라를 구축하기 위해 매진했다. 이는 북한 경제의 전반적 성장을 추구하면서, 특히 제조업 분야의 발전을 통해 자국의 산업기반을 정상화하기 위한 시도이나 세부 기업운영에 대한 노동당의 과도한 정치적 개입은 산업기반 정상화 목표 달성에 장애요인이 되고 있다.

　결국 북한 경제의 지속적 성장을 위해서는 제조업의 빠른 회복과 성장이 절대적으로 필요하다. 이를 위해 김정은은 직접 공장과 기업소 현장을 방문하는 현지지도를 통해 강도 높은 혁신을 요구하고 있다. 북한 노동당 역시 전면에 나서서 제조업의 정상화를 독려하고 있다. 그럼에도 불구하고 일부 제조업 부문의 생산역량 회복이 제조업 전체로 확산되지 못하고 있다.

---

6) 『주간한국』(http://weekly.hankooki.com/lpage/politics/201905/wk2019052009462814587 0.htm), 검색일: 2020년 4월 26일.

[그림 5-1] 북한의 산업특성 및 개방가능성

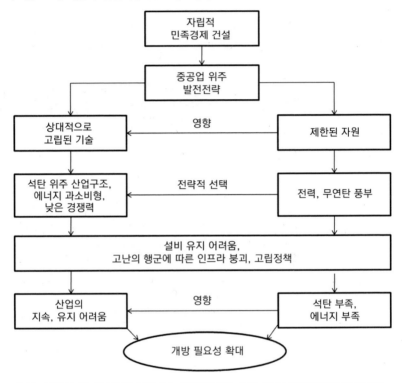

출처: 김종선 외, 『북한의 산업기술 발전경로와 수준 및 남북산업연계 강화방안』,
서울: 과학기술정책연구원, 2010, 9쪽.

김정은 시대의 산업정책이 실질적인 발전 성과를 거두기 위해서는
대내외 자금조달 통로 및 관련 제도를 구축하는 것이 시급하다. 실질
적인 생산활동을 담당하고 있는 국영 제조업 기반이 절반에도 못 미
치는 상황에서 기술진보와 효율성 제고를 통한 성장전략이 의미 있는
성과로 나타날 가능성은 크지 않다. 따라서 국영기업의 가동률 제고
및 실질적인 고용확대 등 경제 전반의 기초체력 회복이 선행되어야
한다. 이를 위해서 가장 절실한 것은 국영기업의 생산역량 확충과 위

험이 큰 연구개발(R&D)을 위한 외부자본 조달이다. 북한의 기업들이 대내외에서 투자자금을 유치할 수 있는 통로와 메커니즘이 확보되어야 한다.[7]

또한 낙후된 기존 중화학공업 부문의 문제를 해결하기 위해 신규 투자와 시설 보수가 지속적으로 필요하다. 그러나 북한이 중후장대하고 낙후된 산업을 정상화하려 하면 할수록 보다 많은 외화가 요구되며 이것은 대중동원이나 낙후된 자체기술을 동원하는 방식으로는 해결이 불가능하다.[8]

이러한 현실 속에서 김정은 시기의 북한은 관광산업을 기존 산업이 가진 구조적 문제의 대안으로 인식하고 있다. 대규모 제조업 생산시설투자에 비해 관광산업이 소규모 투자로도 외화가득율을 높일 수 있기 때문이다.

> "국제관광이 외화수입의 중요한 원천으로 되는 것은 우선 그것이 큰 투자없이도 외화수입을 늘일수 있는 가장 효과적인 수단으로 리용되고있기 때문이다. … 관광에 대한 투자는 수출품 생산기지를 꾸려 상품수출을 늘이기 위한 투자에 비하면 비할바 없이 적다."[9]

---

7) 이석기, 「김정은 시대 북한산업과 남북경협에 대한 시사점」, 『KIET산업경제』 2018년 8월호, 산업연구원, 2018, 11쪽.

8) "북한의 자본총량 30년간 24% 늘었지만… 대부분 제조업과 무관: 이는 실제 투자의 내역이 생산성 향상과 경제 성장에 직결되는 설비투자보다는 건설투자에 치중하고 있다는 의미다. 물론 2010년대부터 설비투자를 늘리면서 일부 제조업 부문의 플러스 성장이 이뤄졌지만, 이마저도 1990년대 '고난의 행군' 시절 발생한 설비자산의 손실을 메우는 데는 이르지 못한 것이다. 성장회계 분석 결과 2000년대 이후 북한 경제가 회복되면서 총요소생산성 감소폭이 완화됐지만 국제 사회의 대북제재로 2017년 이후 다시 급격히 추락한 것으로 분석된다. 조태형 한은 북한경제연구실장은 "기업 등의 운영 혁신과 대외 개방을 통한 해외 투자 유치가 선행돼야 성장 부진에서 벗어날 수 있을 것"이라고 했다." 『한국일보』, 2020년 11월 9일.

이와 같은 인식하에 외래관광을 외화획득을 위한 주력산업의 하나로 설정하여 관광산업의 육성을 위한 전략을 수립하고, 정부재정을 투입하여 관광인프라를 본격적으로 확충한 것은 김정은 집권 이후라고 볼 수 있다.[10]

실제 북한은 UN 대북제재로 인해 원자재 확보와 수출 등에 제약이 발생하자 과거에 집중했던 중화학공업과 같은 중후장대한 산업보다 적은 비용투자로 큰 부가가치를 창출할 수 있는 관광산업, IT소프트웨어산업, 건설업 등과 같은 산업에 집중하는 정책을 추진 중이다.[11]

[그림 5-2] 산업정상화를 위한 관광산업의 역할

국내외 위기	대안	기대효과
국제사회 제재, 자립경제 노선	관광산업 활성화 (국제제재 우회)	타 산업 자본투입 및 설비투자
산업기반 붕괴	자본축적	산업기반 구축과 성장

이를 통해 김정은 시기의 북한이 관광산업에서 경쟁력을 갖추게 되면 관광산업이 창출하는 재원을 타 산업부문의 재건과 정상화를 위해

9) 박광전, 「관광업은 외화수입이 중요원천」, 『우리나라무역』 2016년 제2호, 평양: 공업출판사, 2016, 19쪽.
10) 양문수 외, 『북한의 서비스산업』, 서울: 산업연구원, 2017, 26쪽.
11) 박은진, 「북한의 관광산업 변화와 특징」, 『KDB북한개발』 2018년 여름호, KDB산업은행, 2018, 171쪽.

투입할 수 있을 것으로 전망된다.

2. 세계를 향한 북한관광 빗장 열기

전통적으로 북한은 관광정책을 정치의 하부단위로 역할을 부여해 왔다. 김정일 시기의 외래관광은 북한 지도자에 대한 우상화와 주체 이념을 홍보하고 체제 우월성을 선전하는 정치적 역할을 수행했다.[12] 관광의 국민경제적 효과를 중시하는 세계적 흐름과 달리 자본주의의 침투를 차단하고자 외화획득을 중시하는 실리노선의 등장을 억압해 옴으로써 북한의 관광산업은 발전이 현저히 지체되어 왔다. 또한 자 립적 민족경제건설 노선은 철회되지 않았고 대를 이어 강화되었다. 김정은 시기에 들어서 북한은 김일성과 김정일 시기의 관광 방식을 뛰어 넘는 변화를 실험하고 있다.

1) 사회주의 이념관광에 대한 인식 변화

전술한 바와 같이 전통적으로 북한의 관광산업은 사회주의 체제의 우월성을 홍보하고 선전하는 정치적 역할을 수행하는 것에 머물러 왔 다. 쿠바와 베트남과 같은 사회주의 국가들이 경제난을 극복하는 과 정에서 관광산업을 통해 서방국가들과 관계를 개선하고 경제를 발전

---

[12] "김정일 시대에는 관광상품이 우상화 홍보 선전에 치중하였다. 외국인들이 북한에 가면 제일 먼저 김일성 동상에 인사하고 그다음부터 혁명사적관, 김일성 생가, 주 체사상탑, 지하철 등 홍보 수단들만 참관하는 것이 관례였다. 그리고 참관 후 관광 객들에게서 좋은 반영을 받아내고 관광을 통해 몇 명을 친북 인사로 만들었는가를 관광 안내들이 주 생활 총화에서 정치적으로 총화하게 만들었다." 태영호, 「한국 관광 업체 대표들과의 세미나(2017.7.18), 토론문」, 2017.

시켜온 것과 달리 북한은 개혁·개방 대신 자립경제 방식을 고수함으
로써 관광산업 역시 본격적인 산업화의 길로 들어서지 못했다.

북한은 김일성 시기인 1984년 합영법 제정을 통해 그 이전까지만
해도 '자본주의 사회의 전유물'로 여겨 별다른 관심을 두지 않았던 '관
광'을 공업, 건설, 과학기술과 함께 외화획득을 위한 합영 대상의 하나
로 선정하고, 외국인 관광유치를 장려하였다. 이후 제3차 7개년 계획
(1985~1991년)에서는 관광을 국가 주요 사업의 하나로 지정하였다. 이
후 북한은 관광개방과 관련하여 '제한적 시도－실패－제한적 시도'의
과정을 반복해 왔다. 북한의 관광산업은 자립경제 방식과 사회주의식
관광을 고수하고자 하는 '정치의 영역'과 관광개방을 통한 실리 추구
라는 '경제의 영역' 사이에서 그 역할이 혼재되어 있다.

김정은 시기의 북한 관광산업은 전통적 역할에서 벗어나 혼돈과 변
화를 맞이하고 있다. 가장 큰 변화는 지도자의 의지와 선택이 절대시
되는 북한 사회에서 김정은이 관광산업 육성의지를 강하게 피력하고
있고 실제로 정부재정 투입을 통해 관광인프라를 확충해 나가고 있다
는 것이다.[13] 또한 북한은 후기 김정일 시기의 남북 간 및 북중 간
관광협력의 추진과 시행착오를 통해 얻은 경험을 축적해 놓고 있다.

김정은 시기 들어 또 다른 변화는 관광산업을 체제선전 수단으로
보는 시각에서 벗어나 관광의 수익성 개념이 등장하고 관광산업을 경

---

[13] "아버지와 달리 김정은은 관광업에 대해 긍정적인 견해를 가지고 있었다. 이런 점
에서는 할아버지 김일성과 유사하다고 볼 수 있다. 북한에서는 매주 토요일 그 주
간에 있는 김정은의 '말씀과 당의 방침을 전달하는 토요 정규화생활'이라는 것을
하는데 2012년 초 김정은이 갓 집권했을 때 그는 북한이 관광업을 발전시켜야 한
다고 수차례 강조하였다. …… 이것은 확실히 스위스에서 오랫동안 생활하면서
득실 관계를 면밀히 주시한 사람의 생각인 것이다. 그 후 김정은의 생각 중 상당히
많은 것이 북한 현실에 구현되었다." 태영호, 「한국 관광 업체 대표들과의 세미나
(2017.7.18), 토론문」.

제의 일부로 받아들이고 있다는 것이다.[14] 관광산업의 개념도 변화를 보이고 있는데 "자연경치나 역사유적 같은 것을 선전함으로써 사람들을 많이 끌어들여 구경을 시키면서 생활상 편의를 도모해주고 식료품과 일용품 같은 것을 많이 팔아주면서 수입을 얻는 경제부문"[15]으로 정의하고 있어 과거와 달리 '수익'과 '경제'의 개념이 강조되고 있다.

이러한 변화된 인식에 기반하여 김정은 위원장은 북한 주민에게 제공하는 레저와 관광을 통해 민심을 얻는 정치적 행보를 지속하면서도 대외관광을 위한 북한 내 지방별 '관광개발구' 지정과 '원산갈마해안관광지구'와 같은 중앙급 관광특구 조성을 추진하고 있다. 이를 위해 대규모 인력과 정부 재정을 집중 투입하기도 한다. 북한은 지역을 거점으로 하는 관광지 개발을 통해 경제를 발전시키려 하며 이러한 실행 의지를 다음과 같이 소개하고 있다.

> "우리 나라에서 관광업은 오늘 경애하는 최고령도자 김정은동지의 현명한 령도에 의하여 새로운 발전단계에 들어섰다. 경애하는 최고령도자동지께서는 원산지구와 칠보산지구를 비롯한 나라의 여러곳에 관광지구를 잘 꾸리고 관광을 활발히 벌릴데 대하여 가르쳐주시였으며 특히 원산-금강산국제관광지구를 세계적인 국제관광지구로 건설하도록 하시였다. 이에 따라 우리 나라에서는 강원도의 도소재지인 원산시의 일부와 금강산지구, 마식령스키장과 올림폭포지구, 석왕사지구와 통천지구의 넓은

---

14) 이러한 인식 변화는 북한의 경제부문 학술지에서도 확인할 수 있다. "**관광경제**는 관광 및 관광업의 확대발전의 필연적산물로 출현하였다. … 관광경제는 상업경제, 공업경제와 마찬가지로 관광을 둘러싸고 이루어지는 사람들의 경제활동분야의 하나이다." 박정철, 「관광경제에 대한 일반적리해」, 『김일성 종합대학학보』 2017년 제4호, 평양: 김일성종합대학출판사, 2017, 101쪽.

15) 전영명, 「사회주의관광업의 본질적특징과 역할」, 『김일성 종합대학학보』 2015년 제1호, 평양: 김일성종합대학출판사, 2015, 65쪽.

지역을 포괄하는 원산-금강산국제관광지구와 칠보산지구를 세계관광업발전추세와 우리 인민의 지향에 맞게 최상의 수준에서 꾸리기 위한 사업이 진행되고 있다. 또한 각도들에 자체의 실정에 맞는 관광개발구들을 내오고 특색있게 발전시켜나가고 있다."16)

2) 고객수요 중심의 관광상품 출시와 사회주의 관광 방식의 공존

전통적으로 북한은 관광을 정치와 사상교육의 일환으로 접근해 왔다. 북한에서 관광은 '외국인에 한한 것'이며, 북한 주민들은 '견학'이라는 단어를 사용한다. 북한은 주민들이 견학·답사·참관의 방법을 통해 체제에 대한 자부심을 키우도록 우상화 교육을 실시하고, 외부 세계와의 교류와 문물을 통한 사상적 변화를 차단하고자 한다. 따라서 북한 주민들은 열악한 교통 사정으로 인해 거주 지역 내 관광지를 이용하거나, 단체의 경우 사상교양 위주의 백두산(김정일 고향집)이나 묘향산(국제친선전람관), 금강산(삼일포-김일성·김정숙 권총사격 장소)을 견학하는 것이 일반적이다.

이처럼 북한의 관광이 주민의 휴식과 휴양을 지원하는 차원에서 추진된 것이 아니기에 국내는 물론 내국인의 국제관광 역시 엄격히 제한하고 있다. 이는 가뜩이나 부족한 외화가 외부로 반출되는 것을 막기 위한 이유와도 연관된다. 김정은 시기에 들어와서 북한은 주민 복지 차원의 관광시설 투자와 관광체험을 장려하고 있으며, 이를 통해 주민들의 긍정적 민심을 얻고자 한다.17)

---

16) 리기성·김철, 『조선민주주의인민공화국 경제개괄(General Overview of the DPRK Economy)』, 평양: 조선출판물수출입사, 2017, 110~111쪽.

〈표 5-3〉 북한의 관광목적과 관광대상

구분	외국인	북한주민
목적	• 관광	• 견학 · 답사 · 참관
관광지 및 관광대상	• 자연명승지(금강산 등) • 건축물(주체사상탑 등) • 문예작품	• 도시, 기념비 • 명승지(백두산 전적지 등) • 고적유물, 문화유산 등

출처:『통일부 북한정보포털』(http://nkinfo.unikorea.go.kr/nkp/overview/nkOverview.
do?sumryMenuId=EC219, 검색일: 2020년 4월 2일).

김정은은 집권 초기부터 관광을 과거와 같이 체제선전 수단으로만 생
각하지 말고 외화획득을 위한 경제적 수단으로 간주해야 하며 관광상품
도 체제선전효과가 있는 대상을 고수하던 것에서 벗어나 자연, 휴식, 체
육, 모험 등 컨텐츠를 다양화할 것을 지속적으로 강조한다. 이에 북한은
외국인을 대상으로 하는 해외 관광설명회를 개최하거나 명승지 중심의
단체관광 방식을 개선하여 레저 · 스포츠 프로그램과 계절별 각종 체험,
테마 중심의 개별관광까지 다양한 관광상품 개발을 추진하고 있다.

북한은 2017년 7월 국가관광총국의 〈조선관광〉 홈페이지를 개설하
여 외국인 관광객들을 위한 신규 관광상품을 출시 · 홍보하고 있다.
〈표 5-4〉는 김정은 시기 북한이 출시하는 다양한 관광상품들을 보여
주고 있다.

예를 들면, 2014년에는 묘향산 트래킹 이후 텐트로 야영하는 상품
도 출시되었으며, 평양국제마라톤(만경대상 국제마라톤대회) 관광상
품이 외국인들에게 개방됐다. 이 상품은 김일성경기장, 개선문, 조중
우의탑, 미래과학자거리 등 평양시내의 다양한 사회문화관광자원들
을 둘러 볼 수 있도록 설계되어 있다. 2017년에는 평양시내를 도보로

---

17) 임을출 외,『북한관광의 이해』, 서울: 대왕사, 2017, 20쪽.

둘러보는 상품도 출시됐다. 관광상품도 국경지역 당일관광부터 9박 10일 프로그램까지 확대되고 있다.

이와 같은 변화에 대해 북한관광상품을 취급하고 있는 영파이어니 어투어스는 "북한은 자연경치로 사람들을 끌어 모으려 하지만 관광객들은 북한 시스템에 관심이 있고 공장이나 학교 등을 방문해서 북한 사람들과 접촉을 하고 싶어 한다"고 주장한 바 있는데 김정은 시기의 북한은 이러한 관광객들의 요구를 반영한 관광상품을 기획·출시하고 있는 것으로 보인다.[18] 민생경제를 책임져야 하는 지방정부 역시 외국인 관광객들에게 공개하기를 꺼려하던 학교, 시장, 농촌 같은 다양한 생활자원들을 체험할 수 있는 관광상품들을 제시하고 있다.

〈표 5-4〉 김정은 체제 등장 전후부터 새로 선보인 관광상품

연도	관광상품명	주요 내용
2009	보트관광	대동강에서 보트를 타는 관광상품
2011	자전거투어	평양-남포 청년영웅도로를 자전거로 이동
	골프관광	평양골프장에서 진행된 아마추어 골프대회
	자동차관광	북-중 라선변경 자동차이용 관광상품
	환형관광	북-중-러 3국 환형 관광상품
	주체사상관광	주체사상을 배우는 관광상품
2012	경제관광	남포 천리마제강소 등을 돌아보는 관광상품
	테마관광	김일성 주석 탄생 100주년 기념 관광상품
	골프관광	평양 아마추어 골프시합 관광상품
	비행기관광	고려항공 보유 비행기 종류 관람 및 견학

---

[18] "미국의 북한관광 전문여행사인 우리투어스는 "지난 몇년간은 여행사 측에서 서방 관광객들이 어떤 형태의 휴가를 보내고 싶은지 설명하면 북한 당국이 거기에 호응해 왔다. 과거 같으면 승인하지 않았을 관광계획이나 일정도 최근엔 더욱 적극적으로 고려한다"고 밝혔다." 김한규, 「북한 외래관광 조직의 구조와 특성에 관한 연구」, 『북한학연구』 제11권 제2호, 동국대학교 북한학연구소, 2015, 35쪽.

연도	관광상품명	주요 내용
2013	정치관광	군 관계자, 남북대치상황 및 핵문제 등 설명
	철도관광	철도이용 동해안지역 관광(원산, 함흥, 청진 등)
	베테랑투어	평양에서 무궤도전차와 전차 타고 도심 이동
	맥주관광	낙원백화점, 생맥주양조장 등 견학
2014	새해맞이관광	불꽃놀이 참가, 가정집·양조장·미림승마구락부 방문
	노동체험관광	농민과 함께 모내기·김매기·과일수확 체험
	묘향산 캠핑관광	묘향산 트래킹 이후 숙박은 텐트 이용
	열차관광	관광전문열차 이용, 지역 도시 및 명승지 관광
	스키투어	마식령스키장에서 스키타기
	지하철관광	평양 지하철 2호선 첫 이용 관광상품
	프로레슬링관광	일본 안토니오 이노키 등 주최 국제프로레슬링대회
2015	파도타기관광	함경남도 마전해수욕장에서 실시되는 서핑관광
	태권도관광	일반인 대상의 '평양 태권도 투어 2015'
	열병식관광	김일성광장에서 펼쳐지는 열병식 참관
	김정일생일관광	김위원장의 생일을 해외관광 상품화
2016	나무심기관광	야산에 나무심기관광
	빅토리아데이관광	7월 24~30일 전승절기념 관광
	농축산관광	강원도 고산 과수종합농장과 인근 세포지구 축산지구 연계 관광
2017	두만강 수상관광	중국 지린성 창바이 조선족자치현 및 허룽시 항구 통해 배를 타고 둘러보는 관광상품
	도보관광	4박5일 일정의 평양 시내 도보관광

출처: 임을출 외, 『북한관광의 이해』, 서울: 대왕사, 2017, 280쪽.

　북한이 출시하고 있는 관광상품들 중 다수를 차지하고 있는 것이 평양을 중심으로 한 도시관광이다. 평양은 사회주의 체제의 기념비적 건축물들이 대규모로 소재하고, 북한관광을 위한 국제공항과 국제열차의 시작점이자 종착점이다. 아리랑공연, 평양국제마라톤대회, 대동강 불꽃놀이, 시내 항공(헬기)관광과 같은 대표적 관광상품들을 연중 체험할 수 있다.

북한은 평양시 현대화를 최우선적 대상으로 하여 혁명수도이자 관광의 중심지에서 더 나아간 상품화 도시로의 변화를 꾀하고 있다. 이런 흐름의 일환으로 '건축관광'이라는 주제로 평양의 상징적인 건축물이 관광상품화되어 외화벌이 수단으로 활용되고 있다.[19] 북한의 국가관광총국 산하 관광 전문 웹페이지인 〈내나라〉는 평양지구, 금강산지구, 묘향산지구, 개성지구, 남포지구, 나선지구로 나누어 관광 상품들을 홍보하고 있다. 대표적인 관광자원들은 체제선전관광과 역사문화관광, 자연문화관광으로 구분된다. 평양지구의 관광 상품들은 주로 체제선전관광이 주를 이룬다. 여기에 역사문화관광과 자연문화관광이 전체의 10% 정도를 차지한다.[20]

〈표 5-5〉 평양지구의 관광유형과 상품

유형	관광상품	비고
체제선전	만수대기념비, 주체사상탑, 개선문, 당창건기념탑, 만경대학생소년궁전, 인민대학습당, 조국해방전쟁승리기념관, 평양지하철도	기본상품
	동상, 주체사상탑, 개선문, 열사릉, 천리마동상, 당창건기념탑, 조국해방전쟁승리기념탑, 조국통일 3대헌장 기념탑	기념비
	조선혁명박물관, 국가선물관, 조국해방전쟁승리기념관, 3대혁명전시관, 김일성화김정일화전시관, 조선미술박물관, 조선중앙력사박물관, 조선인민군무장장비관, 조선우표박물관	박물관/전시관
	김일성종합대학, 김책공업종합대학, 김원균명칭 음악종합대학, 인민대학습당, 만경대학생소년궁전, 평양학생소년궁전	교육기관
	만수대예술극장, 4·25문화회관, 평양대극장, 동평양대극장, 청년중앙회관, 보통강교예극장, 인민문화궁전, 인민극장, 평양국제문화회관, 평양국제영화관	문화기관

19) 임을출 외, 『북한관광의 이해』, 283쪽.
20) 강채연, 『김정은 시대 관광산업의 국제화전략과 관광협력의 선택적 이중구조』, 서울: 통일부, 2019, 35~36쪽.

유형	관광상품	비고
체제선전	김일성경기장, 5월 1일 경기장, 평양체육관, 빙상관, 평양보링관, 창광원, 서산축구경기장, 태권도전당, 력기경기관, 롱구경기관, 수영경기관, 배구경기관, 중경기관, 경경기관, 탁구경기관, 송구경기관, 레스링경기관	체육시설
역사문화	단군릉, 동명왕릉, 대동문, 평양종, 연광정, 을밀대, 칠성문, 보통문, 대성산성, 남문, 광법사	
자연문화	능라유원지, 만경대유희장, 대성산유원지, 개성청년공원, 중앙동물원, 중앙식물원, 모란봉	
봉사시설	평양고려호텔, 양각도국제호텔, 양강호텔, 청년호텔, 청류관, 고려의학과학원, 김만유병원, 평양산원	

출처: 강채연, 『김정은 시대 관광산업의 국제화전략과 관광협력의 선택적 이중구조』, 서울: 통일부, 2019, 23~24쪽 일부 수정.

3) 관광을 통한 긍정적 국가 이미지 홍보

북한을 방문하는 외국인 관광객들에게 북한은 어떤 인상을 주는가를 피드백하면 북한이 지향하는 변화 방향을 판단할 수 있을 것이다. 북한은 관광을 통한 경제효과는 물론이고 북한을 향한 국제적 압박과 제재가 완화되기를 기대하고 있다. 전 세계를 향해 이색체험이 가능한 각종 관광상품을 홍보하고 이를 체험하는 관광객들로 하여금 북한에 대한 긍정적인 인상을 갖게 함으로써 북한에 가해지는 압박을 완화시켜보자는 의도를 가지고 있다.

이와 관련하여 북한을 방문했던 외부세계 여행자가 느끼는 북한과 북한관광에 대한 인상을 소개하면 다음과 같다.

"미국의 북한전문여행사인 아시아태평양 여행사 월터 키즈 대표는 북한관광을 원하는 사람들을 가리켜 "여행업계의 얼리 어답터(Early Adopter)"라 부른다고 한다. 그리고 북한을 다녀온 외

국인들은 북한을 '이상한 나라'로 느낀다고 한다. 전 세계 배낭여
행족에게 바이블로 통하는 여행 가이드북 '론리 플래닛'을 만든
토니 휠러도 '이상한 엘리스의 나라에 다녀온 느낌'이라고 말했
다. 국제구호단체 월드비전의 딘 오웬 언론담당관은 "오래전에
문을 닫은 가게 내부를 유리창을 통해 보는 느낌"이라고 표현했
다. 그나마 북한을 쉽게 접할 수 있는 중국인들은 블로그나 SNS
등을 통해 "북한을 둘러보니 개혁개방 전 중국이 생각난다", "과
거로의 시간여행을 다녀온 느낌이다"라고 말한다."[21]

　　"탈리스여행사(Talis Journeys) 대표 그레함 우드는 "북한과 같은
지역을 여행한다는 것은 그리 쉽지 않은 일이지만 진짜 멋진 여행
을 원한다면 이것보다 좋은 게 없을 것"이라면서 북한 상품에 대한
외국인 관광객의 수요가 증가하고 있음을 밝히고 있다. 코리아 컨
설트는 "유엔의 제재와 북한관광은 연계돼 있지 않은데 관광객들
이 왜 제재에 신경을 쓰겠는가?"라며 "핵과 미사일 시험이 관광에
일시적으로 부정적인 영향을 주기도 하지만 그 영향은 길어야 2주
정도"라며 핵실험과 북한 관광과의 연관성은 그리 높지 않고 북한
을 찾는 외래관광객은 우려와 달리 늘어나고 있다고 언급했다."[22]

　　북한은 외부세계의 공감을 얻기 위한 활동의 일환으로, 북한의 현
실과 북한이 다른 나라들을 바라보는 방식을 이해하도록 가능한 한
관광객 대상을 다각화하고자 한다. 이는 북한관광이 단순히 외화벌이
뿐 아니라 외부세계의 대북 인식 변화를 염두에 둔 포석이기도 하다.
또한 부정적 표현으로 북한 당국이 민감해하던 서방 여행사들의 여행

---

[21] 『민주평화통일자문회의』(https://blog.naver.com/nuacmail/221293719643, 검색일: 2020
　　년 4월 26일).

[22] 박정진, 「국제 정치·경제적 관점에서 본 김정은 시대의 북한관광 변화 연구」, 『관
　　광연구저널』 제32권 제6호, 한국관광연구학회, 2018, 87쪽.

객모집 문구에 대해서도 비교적 관대해진 측면이 있다.

> "과거 외국의 여행사들이 북한 관광상품을 소개할 때 세계에
> 서 마지막 '스탈린 국가를 체험해 볼 기회', '비합리성, 비이성적
> 인 것이 극치에 이른 북한 사회에 대해 신비로움과 궁금증을 풀
> 기회' 등으로 관광상품을 선전하면, 북한 외교관들이 즉시 해당
> 여행사에 찾아가 항의하거나 해당 여행사가 주관하는 관광단은
> 접수하지 않는 것과 같은 제재를 가하였다. 그러나 북한 당국은
> 점차 이를 묵인하고 있다. 수많은 서방 여행사들이 북한의 '비이
> 성적인 사회의 신비로움'을 관광상품으로 선전하고 있다."[23]

북한은 국가관광총국이 운영하는 〈조선관광〉 홈페이지를 통해 북
한을 방문하고자 하는 외국인들에게 평양, 원산·금강산, 칠보산, 함
흥, 남포, 구월산, 묘향산, 개성, 신의주와 같은 관광지구를 소개하고
있다. 또한 각 관광지구별 여행 일정을 자세히 안내하고, 열차관광,
스키관광, 비행기 애호관광, 태권도관광 등 다양한 테마의 여행 프로
그램을 홍보하고 있는데 특히, 이를 경험한 해외 관광객의 긍정적인
후기도 소개하고 있다.

홈페이지 구성은 관광지, 주제관광, 축전 및 행사, 여행사, 봉사시
설로 구분하고, 관광 일정은 3박 4일, 4박 5일, 7박 8일, 13박 14일 일
정으로 제시하고 있다. 특히 관광주제에 따라 열차관광, 태권도관광,
파도타기관광, 등산관광, 운수애호가관광, 평양시 공중유람관광, 비행
기애호가관광과 같은 주제관광 상품들을 소개하고 있다. 또한 '축전
및 행사' 코너에는 평양국제상품전람회, 평양국제영화축전, 백두산국

---

23) 태영호, 「한국 관광 업체 대표들과의 세미나(2017.7.18), 토론문」.

제휘거축전, 4월의 봄 친선예술축전, 조선우표전시회, 수중체조무용 모범출연 등을 대표적인 축전행사로 소개하고 있다. 다만 일정에 따른 구체적인 비용은 제공하지 않고, 조선국제여행사 등 북한 내 여행사 현황과 취급 여행상품을 안내하고 있다.

무엇보다 북한의 관광을 체험한 여행자의 체험담을 소개하는 공간을 할애하여 북한에 대한 신비롭고 긍정적인 이미지를 선전하는 효과도 기대한다.

[그림 5-3] 북한 국가관광총국 개설 홈페이지 〈조선관광〉

출처: 『조선관광』(http://www.tourismdprk.gov.kp/, 검색일: 2020년 4월 26일).

또한, 북한은 북한을 방문한 외국 관광객의 소셜미디어 활동을 허용함으로써 자연스럽게 북한관광을 홍보하고 있다. 북한 방문 과정에서 사진이나 동영상을 촬영할 수 있도록 허용하고 이것을 유튜브나 페이스북 등에 등록하게 함으로써 보다 현실에 가까운 북한의 모습이 외부사회에 알려질 수 있도록 하고 있다. 북한은 외래 관광객들이 체험한 북한사회의 모습을 직접 소개하는 것에 대해 이를 통제하지 않고 있는 것으로 보인다. 이는 관광객 유치라는 1차 목적과 함께 북한 사회가 개방되어 있으며, 발전하고 있음을 외부에 알리고자 하는

의도도 있기 때문으로 추정된다.[24)]

〈표 5-6〉 북한 국가관광총국 공식 홈페이지 '조선관광'의 제공 상품

구성		주요 상품
관광지	평양	기념비, 혁명사적지, 박물관, 교육기관, 문화예술기관, 체육시설, 공원 및 유원지, 역사유적, 기타
	북부지구	백두산
	서부지구	남포, 구월산, 묘향산, 개성, 신의주
	동부지구	원산-금강산, 칠보산, 함흥
주제관광		열차관광, 등산관광, 체육관광, 비행기애호가관광, 대중교통수단관광, 파도타기관광, 건축관광, 산악마라톤관광, 자전거관광, 운수애호가관광, 평양시공중유람관광, 노동생활체험관광, 태권도관광
축전 및 행사		백두산국제휘거축전, 평양국제상품전람회, 4월의 봄 친선예술축전, 조선우표전시회, 수중체조무용모범출연, 평양국제영화축전
여행사		조선국제여행사, 조선국제태권도여행사, 조선국제체육여행사, 국제청소년여행사, 평양고려국제여행사, 조선민족유산국제여행사, 금수강산관광여행사, 만경국제여행사, 조선국제청년여행사, 삼천리여행사, 여명골프여행사, 고려항공여행사, 녹음정국제여행사, 기타 각도 여행사
관광일정		3박 4일, 4박 5일, 7박 8일, 13박 14일
봉사시설 (호텔)	평양	평양고려호텔, 양각도국제호텔, 보통강여관, 서산호텔, 청년호텔, 창광산호텔, 해방산호텔, 평양호텔
	백두산	베개봉호텔
	원산-금강산	송도원여관, 금강산호텔
	칠보산	칠보산민박숙소
	묘향산	향산호텔, 청천여관
	개성	개성민속여관
관광체험		북한관광 외국인 경험담 소개

출처: 『조선관광』(http://www.tourismdprk.gov.kp/, 검색일: 2020년 4월 26일) 정리.

24) 양문수 외, 『북한의 서비스산업』, 서울: 산업연구원, 2017, 154쪽.

4) 국가 차원의 관광산업 경쟁력 확보 지원

관광산업의 성장 가능성 측면에서 북한은 다양한 장점을 가지고 있다.[25] 김정은 시기의 북한은 이러한 강점과 약점, 기회와 위협 요인을 잘 인식하고 있으며 북한 내 타 산업에 비해 비교우위가 있다는 점을 적극 활용하고자 한다. 무엇보다 외래관광을 외화획득을 위한 주력산업으로 육성하기 위해 정부 차원의 전략을 수립하고 관광인프라 확충을 위해 과감하게 직접 정부재정을 투입하는 의사결정을 하는 것은 과거와 다른 모습이다.

북한은 관광산업 활성화를 위해 다양한 관광상품을 출시하는 것은 물론이고 외국인 방문이 가능한 지역도 점차 늘려 나가고 있다. 외국인 관광객의 입국심사도 간소화하고 주민과의 접촉이나 사진촬영 등에 대한 통제나 감시도 점차 완화하는 추세이다.[26] 특히 2014년 김정은의 지시로 실행된 북한의 관광비자 절차 간소화 조치(선 승인, 후 검열)는 북한 체제에 있어 혁명적이라 할 수 있다.

[그림 5-4] 관광비자 발급 절차 변화

25) 김용현 동국대 북한학과 교수는 "**관광은 북한이 대외적으로 비교우위가 있는 유일한 분야**인 만큼 **국가 경제의 성장 동력으로 관광을 육성**하는 것 같다"며 "김정은은 관광을 통해 북한경제의 역동성을 보여주고 싶어할 것"이라고 말했다. 「〈'관광대박' 꿈꾸는 北〉 ②김정은, 관광에 '몽땅 걸다」, 『연합뉴스』, 2014년 6월 17일.
26) 임을출 외, 『북한관광의 이해』, 281쪽.

북한은 세계에서 가장 빠른 성장을 보이고 있는 1억 3천만 명 규모의
중국여행객 시장과 인접해 있으며, 아웃바운드 3천만 명 규모의 남한시
장과 근거리의 일본, 러시아 시장을 두고 있다. 또한 관광인력의 높은
친절도과 특색 있고 다양한 음식, 오염되지 않은 자연경관 등의 내부요
인과 세계 유일의 폐쇄적 사회주의 국가 이미지, 관광산업에 대한 북한
정부의 높은 관심 등을 감안할 경우 잠재적인 성장 가능성이 높다.

이러한 비교우위를 바탕으로 관광산업이 활성화될 경우 북한은 경
제적 효과 외에 국가이미지 개선이나 국제협력 확대와 같은 추가적
효과를 거둘 수 있을 것이다.

〈표 5-7〉 남북관광 협력의 SWOT 분석

Strengths [강점]	Weaknesses [약점]
· 미지의 미공개 지역이라는 차별성 - 북한관광 자체가 신기한 상품 - 지구상 최후의 공산주의 국가 · 북한 특유의 차별적 상품 - 김일성 · 김정일 유적지, 북한음식 등 · 오염되지 않은 생태 · 미개발 자연환경 - DMZ, 금강산, 백두산, 개마고원 등	· 남북관계 불안정성, 정치 · 군사요인에 민감 · 법 · 제도 미비, 합의 불이행 등 국제기준 미흡 · 관광인프라 및 접근성 취약, 출입절차 복잡 · 제한되고 통제된 관광(묻지마 · 깜깜이 관광) · 관광상품, 일정의 다양성 부족 · 서비스 인력의 전문성 미흡 등
Opportunities [기회 요인]	Threats [위협 요인]
· 김정은 시대, 관광산업 육성정책 추진 - 관광 경제개발구 지정 · 대화국면 진입, 사회문화 교류 확대 전망 - 북, '18년 신년사에서 남북관계 개선 강조 - 남북 및 북미 정상회담 개최 합의 - 금강산, 이산가족 상봉장소로 활용 - 지자체, NGO, 주변국들의 방북수요 증가 · 소득 증가에 따른 관광수요 증가 - 체육관광, 크루즈관광, 주변국 연계 관광 등 · 남북접경지역 개발수요 증대 등	· 국제사회의 대북 경제제재 지속 - 개성공단: 북한 내 회원국 금융기관 사무소 · 은행계좌 개설금지 등(경제제재 22070호) - 공공인프라 등을 제외한 북한과의 합작사업 전면 금지(경제제재 2375) 등 · 북핵문제 해결의 불투명성 · 남북 관광협력에 대한 남남갈등 상존 - 관광대가의 WMD 유용 가능성 논란 · 관광인프라 개발을 위한 자본부족 등

출처: 홍순직, 「남북관광 협력 성과와 발전 방안」, 『통일을 준비하는 문화세미나』, 국민대학교 한반도미래연구원, 2018, 16쪽.

5) 북중 관광협력을 통한 국제제재 돌파 시도

북한에 대한 국제사회의 제재와 압박은 외화획득 수단이던 해외 북한식당들의 영업 축소, 해외송출 근로자들의 귀환, 무기와 광물자원 수출금지 등으로 확대되고 있다. 북한은 국제제재의 틈새시장인 관광을 통해 이 문제를 돌파하고자 한다. 북중 간 경제협력에서 관광부문이 주목받는 것은 UN이 외국인의 북한여행이나 여행 관련 대금을 현금으로 지불하는 행위, 즉 관광산업은 제재대상으로 규정하지 않고 있기 때문이다. 중국정부 역시 대북제재의 대상이 되지 않으면서도 민간 인적 교류의 성격이 강한 북중관광을 지속적으로 장려하고 있다. 특히 백두산과 금강산을 중심으로 중국인 단체관광이 추진됨에 따라 북한관광의 대부분을 차지하는 중국인 관광수익이 북한 경제회복의 마중물이 되고 있다. 실제 2018년 북한을 방문한 중국 관광객 120만 명이 사용한 비용을 1인당 200달러로 가정할 경우 북한은 2억 4천만 달러의 관광수입이 발생한 것이다. 이는 북한의 대중수출액(2억 1천만 달러)보다 많은 금액이며 실제 북한의 외화난 해소에 큰 기여를 하고 있다. 과거 후기 김정일 시기에는 북중 관광협력을 통해 남북관광 중단을 대체하는 역할을 수행하였다.

물론 북한은 대외 관광산업의 지나친 중국 의존도를 낮추기 위해 러시아, 일본, 말레이시아 심지어 미국의 관광객을 유치하고자 노력하였으나 여전히 북중 간의 지리적 밀착성과 우호성으로 인해 북한을 방문하는 외국관광객 가운데 중국인이 압도적인 비중을 차지하고 있다.27) 김정은 위원장은 급증하는 중국인 관광객을 수용할 기존 숙박

27) 위의 책, 27쪽.

시설이 한계에 이른 상황하에서 현지시찰을 통해 관광지 건설을 적극 독려하고 있다.[28] 특히 중국인 관광객 입국의 편의를 위해 베이징－평양 직항노선과 함께 상하이－평양 직항노선, 다롄－남포 여객선 운항, 자동차 여행 등 교통수단 확충과 철도와 도로 등 중국인 관광객의 편의를 위한 관광인프라 개선에 매진하고 있다.

제2절 지역개발과 함께하는 관광산업전략

1. 경제개발구를 통한 지역별 관광개방

김정은 시기의 북한은 주요 거점지역을 대상으로 하는 경제개발구를 통해 해외자본과 선진기술, 경영관리 노하우가 유입되는 창구로 만들고자 한다. 북한은 2013년 3월에 김정은 위원장이 당 중앙위원회 전원회의에서 각 지방의 실정에 맞는 경제개발구를 설치하고 특색 있게 발전시키도록 지시한 후 5월 29일에 경제개발구법을 제정하였다. 또한 같은 해 11월 21일에 신의주경제특구와 13개 지방급 경제개발구 설치를 발표했다. 이듬해 2014년 6월 11일에는 최고인민위원회 상임위원회 정령으로 원산－금강산국제관광지대를 발표하고, 7월 23일 6개의 경제개발구를 추가 지정하였다. 이후 2015년 1월 14일에는 13개 지방급 경제개발구 개발총계획이 작성되었으며, 같은 해 4월에는 양강도 무봉국제관광특구와 10월 함경북도 경원경제개발구를 신설하였

28)「北, 외국인 관광객 급증 감당 못해 하루 1천 명으로 입국 제한」,『서울신문』, 2019년 3월 12일.

다. 2017년 12월에는 평양시 강남경제개발구를 지정함으로써 김정은
시기 들어 지정된 경제특구와 경제개발구는 24개에 달한다. 김정일
시기의 대북한 투자는 경제개발구를 중심으로 전개될 것이다.

북한이 1990년대 초 이후 대규모 특수경제지대 건설 경험을 토대로
경제개발구를 설치하는 구체적인 목적은 첫째, 대외경제거래의 확대
를 통해 지방경제를 활성화시키고, 둘째, 주민생활을 개선하는 데 필
요한 상품 공급과 기술 도입, 자금부족 문제를 해결하며, 셋째, 수출
구조를 단기간에 개선하고 대외경제관계를 확대발전시켜 경제강국의
완성을 앞당기려는 것이다.[29]

또한 2014년 6월 북한의 대외개방 및 특구정책을 담당할 조직체계
를 기존 무역성, 조선합영투자위원회 그리고 국가경제개발위원회에
서 무역성으로 통합하고 이를 대외경제성으로 개칭하였는데 이는 당
통제 하에 내각 중심으로 대외경제사업을 진행할 것임을 시사한다.[30]

〈표 5-8〉 북한의 특수경제지대 조직 및 역할

구분	조직	역할
나선 경제특구	대외경제성	지대면적의 선정, 외국투자 대상에 대한 심의 및 개발 과정 전체 수행
	도(직할시)	-

[29] 나용우 외, 「김정은 시대의 대외개방정책과 남북경제협력: 경제개발구 전략을 활용한 새로운 협력모델의 모색」, 『평화학연구』 제18권 제4호, 한국평화연구학회, 2017, 286쪽.

[30] 2010년 북한은 외자유치를 위한 공식창구로 조선합영투자위원회와 조선대풍국제그룹을 조직했다. 특히 합영투자위원회는 외자유치와 합영, 합작 등 외국과 관련된 모든 사업을 통일적으로 지도하는 북한의 국가적 중앙지도기관이었으나, 2014년 6월 대외경제성으로 통폐합되었다.

구분	조직	역할
중앙급 경제개발구	대외경제성	외국투자 대상의 선정 및 개발 승인
	도(직할시)	외국투자 심의와 개발당사자 선정 등 개발 과정상의 권한
지방급 경제개발구	대외경제성	실무적 사업에 대한 전반적 관리
	도(직할시)	개발계획과 세부계획 작성 및 개발기업 선정

출처: 이종규, 「북한의 경제특구·개발구 추진과 정책적 시사점」, 『KDI 정책연구시리즈』 2015-13, 한국개발연구원, 2015, 54쪽.

이러한 경제개발구의 성공적 안착을 뒷받침하기 위해 2013년 경제개발구법 제정을 시작으로 경제개발구 관련 법규가 대폭 늘어나며 구체적·체계적으로 정비되고 있다. 특히 지방정부가 직접 관리하고 운영할 수 있는 개발구 설치가 허용되어 대외경제 관계를 확대하는데 지방정부의 정책적 자율성이 높아진 것이나, 경제개발구의 개발과 관련해 지방기관, 기업소 및 해외기업에까지 확대되는 등 다양한 경제주체의 개입을 허용하는 것 등은 과거 경제특구 운영과 차별화된 모습들이다.[31]

1) 김정은 시기 경제개발구의 유형과 특징

북한의 24개 경제개발구 유형을 분류하면 종합형 경제개발구, 공업개발구, 농업개발구, 관광개발구, 수출가공구, 첨단기술개발구, 녹색시범구 등 7개 유형으로 구분할 수 있다.

[31] 나용우 외, 「김정은 시대의 대외개방정책과 남북경제협력: 경제개발구 전략을 활용한 새로운 협력모델의 모색」, 『평화학연구』 제18권 제4호, 한국평화연구학회, 2017, 279쪽.

〈표 5-9〉 경제개발구 유형

구분		중앙급	지방급
종합형		신의주	압록강, 만포, 청진, 혜산, 경원, 강남
전문형	공업개발구		위원, 현동, 흥남, 청남
	농업개발구		북청, 어랑, 숙천
	관광개발구	원산-금강산국제관광지대, 무봉국제관광특구	신평, 온성섬, 청수
	수출가공구	진도	송림, 와우도
	첨단기술개발구	은정	
	녹색시범구	강령	

출처: 김두환,「북한 문헌을 통해 본 경제개발구 정책의 특징과 전망」,『북한토지주택리뷰』 제2권 제1호, LH토지주택연구원, 2018, 50쪽.

종합형 경제개발구는 7개(신의주, 압록강, 만포, 혜산, 청진, 경원, 강남), 공업개발구는 4개(위원, 청남, 현동, 흥남), 농업개발구는 3개(숙천, 북청, 어랑), 관광개발구는 5개(원산-금강산, 무봉, 온성섬, 청수, 신평), 수출가공구는 3개(진도, 송림, 와우도), 첨단기술개발구는 1개(은정), 녹색시범구 1개(강령)로 구성되어 있다. 이 중 신의주국제경제지대, 원산-금강산국제관광지대, 무봉국제관광특구 등은 경제특구 규모이나 경제개발구법이 적용된다는 점에서 경제개발구로 분류할 수 있다.

지방급 경제개발구는 종합적 개념의 경제개발구를 비롯하여, 공업개발구, 농업개발구, 관광개발구, 수출가공구, 첨단기술개발구 등으로 구분된다. 종합적 개념의 경제개발구에는 평안북도 신의주시의 압록강경제개발구와 자강도의 만포, 함경북도의 청진과 경원, 양강도의 혜산 등 5개가 있다.

[그림 5-5] 북한의 관광개발구 소개책자와 원산갈마지구 건설선전화

출처: (좌)『조선민주주의인민공화국 특수경제지대』, 평양: 조선경제개발협회, 2019;
(우)『조선문학』2018년 제6호, 평양: 문학예술출판사, 2018.

북한이 전문형으로 분류하고 있는 경제개발구 중 첫째, 공업개발구
는 중공업과 경공업 분야의 생산공장들과 시설 등이 집중 배치되어
수입대체, 수출지향, 산업구조 개선형의 공업생산이 진행되는 개발구
이다. 자강도 위원, 강원도 현동, 함경남도 흥남, 평안남도의 청남 개
발구 등이 이에 해당한다.

둘째, 농업개발구는 채종, 작물재배, 가축사육, 양어 등 높은 가치
의 생산성을 가진 현대 농축산, 어업분야의 연결 생산체계를 갖추고
농업과학기술 연구기지와 식료품가공 및 포장기지를 결합한 경제개
발구이다. 함경남도 북청, 함경북도 어랑, 평안남도 숙천의 개발구가
이에 속한다.

셋째, 수출가공구는 경제무역지대와 가공제조업지대의 결합체로서
수출지향형 공업생산을 위주로 하면서 무역활동도 함께 진행할 수 있

다. 황해북도 송림, 남포시 와우도가 대표적이다.

넷째, 첨단기술개발구는 과학연구와 생산공정이 밀접해지고 선진기술의 투자와 보급이 활발히 진행되는 지역이며, 첨단기술개발구 운영을 통해 북한의 과학기술 발전과 선진기술의 도입, 기술무역의 발전, 지식경제시대의 경제일꾼 양성 등을 촉진시킬 계획이다. 평양시 은정첨단기술개발구가 대표적이다. 다섯째, 녹색시범구를 통해 녹색제품 생산 및 실현을 위한 공업지구, 현대적 하부구조시설 건설, 주민지역, 연안지역, 산림지역, 관광지역 등을 조성한다는 계획이다. 이를 통해 자연생태환경을 보호하고 개선하여 생태순환체계를 형성하고 자원과 에너지의 이용을 최대한 높여 경제의 지속적 발전을 이룩하고자 한다. 황해남도 강령군의 강령시범구가 대표적이다.

마지막으로 관광개발구는 "자연생태환경과 여행자들의 수요를 결합한 특색 있는 관광제품 생산기지와 관광시설들을 건설하고 관광 서비스를 이용함으로써 많은 관광객들을 받아들이는 경제개발구"로 정의하고, "나라의 발전 수준과 문명 정도, 명소들과 우수한 민속문화를 세계에 널리 해설 선전하는 데 기여할 수 있게 한다."고 규정하고 있다.[32] 북한의 관광개발구는 함경북도의 온성섬관광개발구, 황해북도의 신평관광개발구, 평안북도의 청수관광개발구들과 관광, 공업, 농업, 수출 등의 종합형 개발구들인 양강도 혜산경제개발구, 평안북도 압록강경제개발구가 대표적이다.

---

32) 리일철, 「경제개발구의 개념과 주요류형」, 『경제연구』 2015년 제2호, 평양: 과학백과사전출판사, 2015, 43쪽.

2) 경제특구와 김정은 시기 경제개발구의 차별성

북한은 이전 시기의 특수경제지대(경제특구)들이 전문적 성격이라기보다는 복합적 성격을 띠고 있었으나, 경제개발구들은 비교적 단순한 기능을 수행하며, 경제개발구들이 공업개발구, 농업개발구, 관광개발구, 수출가공구, 첨단기술개발구 등으로 불리는 것도 바로 그 전문적인 성격에 기인한 것으로 소개한다.[33] 물론 압록강경제개발구, 만포경제개발구, 청진경제개발구, 혜산경제개발구 등과 같이 복합적 성격의 개발구들도 있지만 이 경우도 이전 시기 특수경제지대와 비교하면 기능이 복잡하지 않다.

경제개발구의 면적이 경제특구에 비해 작은 것에 대해 북한은 경제개발구가 주로 전문형의 특수경제지대이기 때문이고, 복합형인 경우에도 그 기능이 상대적으로 단순한 것과 관련 있다고 소개한다.[34] 경제개발구 선정은 ① 대외 경제협력과 교류에 유리한 지역, ② 나라의 경제 및 과학 기술발전에 이바지할 수 있는 지역, ③ 주민지역과 일정하게 떨어진 지역, ④ 국가가 정한 보호구역을 침해하지 않는 지역이라는 원칙하에 이루어졌다. 이 중 ①원칙과 관련하여 경제개발구는 대부분 북중 국경지대, 서해안, 동해안에 지정되었음을 알 수 있다. 또한 ③원칙은 김정일 시기 '모기장식 개방'과 같이 대외 개방의 파급효과가 내국인들에게는 미치지 못하게 하려는 의도인 것으로 이해된다.[35] 실제 기존 경제특구가 중앙급 특구로 대규모인데 반해 경제개

33) 김영철, 「각 도에 창설되는 경제개발구들의 특징」, 『경제연구』 2016년 제4호, 주체 105, 평양: 과학백과사전출판사, 2016, 49쪽.
34) 위의 책, 49쪽.
35) 공민달, 『변화하는 북한 부동산과 국토』, 서울: 리북스, 2019, 157쪽.

발구는 지방급으로 관광개발구를 제외한 개발구별 용지규모는 대부분 2~3㎢, 목표 외자유치 규모도 대부분 1억 달러 내외의 투자액을 목표로 하고 있다. 이는 지방 현실에 맞게 소규모로 개발할 수 있도록 함으로써 과거보다 현실성 있는 계획으로, 대규모 산업특구와 달리 관광, 농업 등 소규모 자본으로 개발을 추진할 수 있게 되었다.

[그림 5-6] 북한의 경제특구와 경제개발구 현황

출처: 최재선, 『KMI 동향분석』 VOL.92, 한국해양수산개발원, 2018, 2쪽.

기존의 경제특구와 차별화된 개발을 통해 경제개발구가 성공적인
운영 단계에 이르기 위해서는 기반인프라 구축과 관련 산업부문 육성
이 순차적으로 진행되어야 한다. 경제개발구의 인프라 개발과 산업부
문 육성을 위해서는 약 1,740억 달러가 소요될 것으로 추정된다.[36]

〈표 5-10〉 북한의 경제개발구 세부 소요 비용 추산

인프라개발	억 달러	산업육성	억 달러
철도	773	농수산	270
도로	374	광업	20
전력	104	전기전자	20
통신	96	경공업	8
공항	30	산업단지조성	30
항만	15	-	-
합계	1,392	합계	348

출처: 신제윤, 「한반도 통일과 금융의 역할 및 정책과제」, 금융위원회 컨퍼런스,
2014.11.19, 토론문 중에서 정리.

3) 경제개발구법을 통해 본 제도적 차별성 고찰

북한은 2013년 5월 29일 최고인민회의 상임위원회 정령 제3192호로
북한 전역에 경제특구를 확대하는 것을 주요 내용으로 하는 경제개발
구법을 채택하였다. 경제개발구법은 기존 경제특구 법제와는 달리 북
한의 20여 년간의 경험을 반영하여 독자적으로 제정한 법률이며, 향
후에 지정·개발될 모든 경제개발구에 기본법으로서 적용될 것이라

---

36) 박준홍, 「경제의 문 여는 북한, 미래의 돌파구로 활용하자」, 『PISRI 보고서』, 포스코
경영연구원, 2015, 7쪽.

는 점에서 중요한 위상을 가지고 있다. 경제개발구법은 김정은 시대 최초로 제정된 대외개방 관련 법률로서 북한이 지향하는 경제정책이 투영되어 있다.37) 그러나 이 법은 나선경제무역지대와 황금평, 위화도 경제지대, 개성공업지구와 금강산국제관광특구에는 적용되지 않는다.

구체적으로 살펴보면, 북한의 기존 경제특구는 특정지역을 대상으로 북한 사회와 분리된 반면 경제개발구법은 중앙과 지방정부가 지역을 지정하여 경제개발구를 창설할 수 있는 근거를 마련하였다. 특히 지방정부가 경제개발구를 설치할 수 있도록 하고 있다. 이는 지방의 특성과 장점을 살린 창의적 시도가 진행될 수 있다는 장점이 있는 반면, 경제개발구들 간 동시다발적 사업 추진 시에 재정지원의 부족문제와 가용한 물적·인적 자원의 제약 문제에 직면할 수 있다. 한편, 경제개발구법은 북한 기업이 주도적으로 사업에 참여하는 것을 허용하고 있으며, "경제개발구에서 류통화폐와 결제화폐는 조선원 또는 정해진 화폐로 한다."고 규정하여 외화가 합법적으로 유통될 수 있도록 하고 있다.

또한 경제개발구법은 투자자들이 재산과 소득, 신변 안전, 지적소유권 등의 보호를 받으며 토지는 50년 동안 임차할 수 있다고 명시하고 있다. 투자가들이 기업경영에 필요한 물자 등을 반입할 때 관세를 면제하고 외화와 이윤, 재산도 자유롭게 외부로 송금할 수 있다. 북한

---

37) "경제개발구에 국가가 특별히 정한 법규가 적용되는 것은 이 지역에 대한 외국투자를 국내의 다른 지역과는 달리 보다 적극적으로 장려하기 위해서이다. 만일 국내의 전 지역에 적용되는 법규를 경제개발구에 그대로 적용한다면 외국투자가들이 여기에 투자하지 않을것이며 따라서 경제개발구서의 의의가 없게 된다." 리일철, 「경제개발구의 개념과 주요류형」, 42쪽.

기반시설에 투자하는 기업에 대해서는 토지 선택의 우선권을 부여하고 사용료도 면제하는 특혜를 제공한다. 이밖에 경제개발구법에서는 기존 소득세를 25%에서 14%로 인하하고 인프라와 첨단기술, IT기업 투자 등 북한이 장려하는 분야에 대해서는 추가로 10%의 감세 혜택을 부여한다.

한편, 경제개발구법의 적용과 관련하여 원산－금강산국제관광지대에 포함되어 있는 금강산국제관광특구에서는 「금강산국제관광특구법」과 그 하위 규정, 시행세칙들이 적용되며 그 외 다른 지역에서는 「경제개발구법」과 그 하위 규정이 적용된다. 이는 기존 금강산국제관광특구가 원산－금강산국제관광지대에 포함되기는 하지만 여전히 독자적인 특수경제지대로서 지위를 유지하고 있기 때문이다.[38] 경제개발구법에는 경제개방정책에 대한 북한의 복잡한 입장이 그대로 반영되어 있다. 외화확보와 경제 재건을 위해 적극적인 외자유치를 도모하나 이를 통한 자본주의적 요소의 확산도 경계한다. 즉, 경제개발구법은 관리기관의 독자성을 약화시키고 중앙의 간섭을 법적으로 인정함으로써 경제개발구의 운영이 관리와 통제방식으로 진행될 것임을 시사하고 있다.

이와 반대로 김정은 시기 경제개발구의 개방성에 대한 긍정적 인식도 존재한다. 나선경제무역지대와 같은 이전 시기 특수경제지대들은 기업의 생산과 관리, 주민생활에서 제기되는 여러 필요 사항들을 지대 내에서 해결해야 했다. 경제개발구는 경제활동과 연계된 문제들을 개발구 밖에서 해결해야 한다. 개발구의 관리·운영 과정에서 제기되

38) 김상학, 「원산－금강산국제관광지대의 특징」, 『경제연구』 2016년 제4호, 평양: 과학백과사전출판사, 2016, 50쪽.

는 많은 문제들을 충족시키기 위해 개발구 밖과 상호 연계가 필수적
이며, 이는 지역발전을 기대할 수 있는 요소이다.[39]

4) 김정은 시기의 관광개발구 육성정책

김정은 시기의 북한은 중앙재정의 한계로 인해 각 지역별로 특화
된 경제개발구를 지정하고 해외투자를 유치하기 위한 각종 지원정책
을 제시하고 있는데, 이 중 관광진흥을 위한 지역별 관광개발구 지정
및 관광프로그램 개발을 핵심적으로 추진하고 있다. 또한 관광개발
구가 아닌 일반 경제개발구의 경우에도 지역별 특성을 반영한 관광
지 개발계획을 포함토록 하는 등 전방위적인 관광활성화 노력을 경
주하고 있다.

북한은 관광개발구에 대해 "국가가 관광자원이 풍부한 지역을 외국
관광객을 받아들이기 위한 특수경제지역으로 설정하고 관광자원 개
발이나 관광업을 진행하는 데서 특혜적인 조건과 환경을 보장하는 지
역"으로 규정하고 있다. 또한 관광개발구 내에는 여행, 숙박, 교통, 통
신, 상품판매, 의료, 금융, 보험, 회계검증 등과 같은 서비스 업체들과
인원 및 물자 반출입 감독, 세무감독, 환경보호 감독 등 감독통제기관
들이 기업경영활동을 하게 되는 것으로 소개한다.[40]

---

39) 김영철, 「각 도에 창설되는 경제개발구들의 특징」, 49쪽.
40) 공혁, 「관광개발구의 특징」, 『우리나라무역』 2015년 제2호, 평양: 공업출판사, 2015,
   11쪽.

〈표 5-11〉 북한의 관광특구 및 관광개발구 현황

분류	명칭	면적 (km²)	지정 연도	주요기능
경제특구	원산-금강산국제관광지대	100.0	2002	국제적 관광지
중앙급 경제개발구	무봉국제관광특구	84.0	2015	백두산 연계 관광지
지방급 경제개발구	청수관광개발구	37.7	2014	혁명사적지, 관광단지 등
	신평관광개발구	8.1	2013	탑승, 휴양, 체육, 오락 등
	온성섬관광개발구	1.7	2013	수영장, 골프장, 경마장 등

출처: 김성윤 외, 「북한 관광개발계획 현황과 남북관광 협력방향」, 『Research Brief』 제27호, 경제·인문사회연구회, 2018, 4쪽 수정.

김정은 시기의 북한은 관광개발구를 통해 관광업을 더욱 발전시키고 북한이 경제강국을 건설하는 데 필요한 외화수요를 보장하고자 한다. 관광개발구에 대한 관광인프라 구축에 있어 외국인 투자를 통할 경우 추가적인 외채 부담없이 국제자본의 안정적 도입이 가능하다. 또한 외국인 직접투자는 경영권을 확보하여 장기적인 사업이익의 획득을 목적으로 하기에 금융적 성격의 투자에 비해 안정적이다. 이밖에 북한 현지 인력 채용에 따른 직접적인 고용창출 효과와 자본유입으로 인한 자본수지와 무역수지의 개선 효과를 기대할 수 있다. 이를 위해 북한은 관광개발구의 기본 투자대상으로 호텔과 식당 등 관광봉사 부문과 지역의 관광활동에 필요한 하부구조인 도로, 철도, 교량, 공항, 통신시설 등 관광봉사시설물에 대한 투자유치를 희망하고 있다.

이러한 북한의 관광개발구는 관광목적에 따라 산악관광개발구와 해안관광개발구, 도시관광개발구, 농촌관광개발구, 문화전통관광개발구, 치료관광개발구, 휴식관광개발구, 종합관광개발구로 구분하고 있다.[41] 또한, 개발 형식에 따라 〈표 5-12〉와 같이 '열린형'과 '닫긴형'으로 구분하고, 닫긴형은 '완전닫긴형'과 '반닫긴형'으로 세분하기도 한다.

〈표 5-12〉 북한의 관광개발구 유형

유형		내용
열린형		- 국내지역과 완전히 개방된 개발구 - 국내외 관광객들의 자유로운 관광활동 허용 - 지정학적 행정구역을 설정하는 방법으로만 국내지역과 구분됨
닫긴형	반닫긴형	- 국내지역과 분리되나 다양하고 밀접한 경제적 연계를 보장
	완전 닫긴형	- 국내지역과 완전히 분리된 개발구 - 국내 경제기관들이나 공장, 기업소, 주민들이 없는 지역에 설정 - 지대를 둘러싼 인공적인 울타리(관세경계선과 같은 분리선) 설치

출처: 공혁, 「관광개발구 개발에서 나라의 경제적 리익보장원칙」, 『우라나라무역』 2018년 제4호, 평양: 공업출판사, 2018을 토대로 재정리.

　북한은 관광개발구를 다른 지역과 분리하여 개발하는 것에 대해 관광개발구에만 적용되는 특혜제도와 유리한 관광환경을 보장하기 위함임을 강조한다.[42] 관광개발구에 대해서는 개발기업에 의한 토지정리와 분양, 인프라 건설과 운영, 관광기업 설립, 관광객 봉사 제공 등에 있어 각종 특혜제도가 적용된다. 이와 같이 관광개발구를 다른 지역과 분리하는 목적은 경제적 이유도 있지만 북한이 "사회주의 사상문화와 제도를 지키며 적들의 반동적이고 썩어빠진 사상문화가 우리

---

[41] 이해정 외, 『북한의 관광정책 추진 동향과 남북 관광협력에 대한 시사점』, 서울: 대외경제정책연구원, 2019, 59쪽.

[42] 예를 들어 관광개발구가 아닌 다른 지역에 관광지를 개발하는 경우 북한정부 당국의 개발계획에 의해 국가적 투자로 진행되기에 북한의 건설기업소들이 개발에 참여하게 된다. 만일 해외 투자가들에 의해 관광지가 개발될 경우도 별도의 특혜제도나 유리한 경제활동 조건이 보장되지 않는다는 것이다.

내부에 절대로 쉬를 쓸지 못하도록 철저히 격폐시킬 수 있는 지역"을 강조하는 데서 보듯이 자본주의적 요소가 다른 지역에 침습하는 것을 방지한다는 정치적 요인 역시 작용하고 있다.

[그림 5-7] 북한의 관광개발구 역할과 기대효과

사업주체, 이용주체	지방정부	기대효과
관광개발구 활용 관광사업	재정수입 창출	경제회생 마중물
토지, 자연자원 독점적/배타적 사용권	토지사용료 수입, 관광수입	농업, 경공업, 중화학공업 성장지원

김정은 시기 관광산업의 성패는 기존의 관광지역과 달리 국가적으로 특혜적 지원이 제공되는 지역인 관광개발구의 성공 여부에 달려있다. 관광개발구에 대한 해외 투자유치를 통해 관광산업이 활성화된다면 북한의 농업, 경공업 등 타 부문의 산업성장을 견인할 마중물이 될 수 있다.

2. 관광개방의 상징 거점: 원산－금강산국제관광지대

북한은 2013년 3월 김정은 국무위원장이 원산－금강산국제관광지대 조성 의지를 표명한 이후 정부 차원의 개발을 본격화한다. 북한 동해안의 대표도시인 원산을 거점으로 금강산관광과 연계한 이 개발계획은 이후 김정은이 지속적인 현지시찰을 통해 추진을 독려했다. 특히 2016년 7월 지대 내에 '원산갈마 해안관광지구' 개발계획을 밝힌

바 있는데, 김정은의 역점사업에 해당하는 만큼 해외 자본유치 노력
과 병행하여 국가재정을 투입하는 건설을 추진하고 있다.

> "원산지구와 칠보산지구를 비롯한 나라의 여러 곳에 관광지구
> 를 잘 꾸리고 활발히 벌리며 각도들이 자체의 실정에 맞는 경제
> 개발구들을 내오고 특색있게 발전시켜야 합니다."[43]

[그림 5-8] 원산 – 금강산국제관광지대 종합계획도

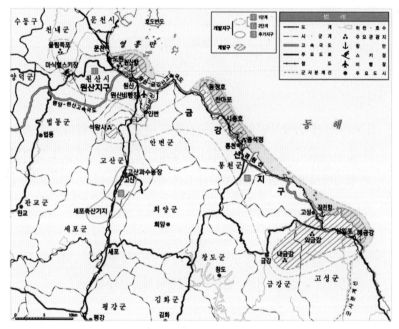

출처: 삼성증권, 「한반도 CVIP의 시대로」, 『북한투자전략 보고서』, 삼성증권, 2018,
      116쪽.

---

43) 『로동신문』, 2013년 4월 2일.

북한은 2013년 3월 당 중앙위원회 전원회의에서 원산-금강산지구 관광활성화를 새로운 정책으로 결정하고 총 계획을 수립한다. 이에 따라 같은 해 11월 내각 비준을 거쳐 2014년 6월 11일 북한의 최고의 사결정기구인 최고인민회의 상임위원회가 정령 제48호('원산-금강산국제관광지대를 내옴에 대하여')를 발표하고 개발을 공식화한다. 2016년 7월에는 강원도 원산의 갈마해안관광지구를 세계적 관광지로 조성할 것을 목표로 호텔과 해양체육 및 문화오락시설 등을 건설할 계획이라고 발표한다.[44] 갈마지구는 원산과 금강산을 잇는 관광벨트로 조성 중인 원산—금강산 국제관광지대 내에 위치하고 있다.

1) 신년사와 현지지도를 통한 건설 독려

북한 지도자의 신년사는 북한 주민의 학습 대상이며 제시된 과업은 필히 집행해야 하는 절대지침이다. 김정은 위원장은 2015년 신년사를 시작으로 원산-금강산국제관광지대의 추진을 지속적으로 강조해 왔다.[45] 2017년 신년사의 경우 전년도부터 추진하고 있던 평양의 여명거리 건설과 함경남도 단천 일대에 건설 중인 단천발전소 외에 원산지구 건설 등이 새로운 '대상건설'로 등장하였다.[46] 특히, 2018년 신년

---

44) 『조선중앙통신』, 2016년 7월 15일.
45) "대외 경제관계를 다각적으로 발전시키며 원산-금강산 국제 관광지대를 비롯한 경제개발구 개발사업을 적극 밀고나가야 합니다." 2015년도 북한 김정은 국무위원장의 신년사(2015.1.1)
46) "건설부문에서는 려명거리건설을 최상의 수준에서 완공하고 단천발전소건설과 김종태전기기관차련합기업소현대화공사, 원산지구건설을 비롯한 중요대상건설에 력량을 집중하며 교육문화시설과 살림집들을 더 많이 훌륭히 일떠세워야 합니다." 2017년도 북한 김정은 국무위원장의 신년사(2017.1.1)

사의 경우 개발지역을 구체화하여 우선적으로 원산지역 관광특구 내의 원산갈마해안관광지구를 서둘러 완성할 것을 독려한다.[47)]

또한, 김정은은 원산−금강산지역의 건설현장을 방문하여 현지지도하면서 조속한 건설을 강조한다. 북한은 이러한 현지지도 방식에 대해 '천만군민을 불러 일으켜 사회주의건설의 새로운 앙양을 일으켜 나가는 독특한 영도방식'[48)]으로 정의하고 있다. 북한 지도자의 현지지도가 특별한 의미를 지니는 이유는 소통이나 현지시찰에서 그치는 것이 아니라 정책지도 활동으로 제도화되었기 때문이다.[49)] 북한의 지도자들은 현지지도를 통해 각 분야의 정책집행 실태를 이해하고 제기되는 문제점들을 포착함으로써 새로운 정책 방향을 제시해 왔다. 곧 현지지도를 통해 "혁명과 건설의 모든 부문, 모든 분야의 사업을 새롭게 혁신하고 발전시키기 위한 방향과 방도들이 제시"된다.[50)] 또한 현지지도, 특히 경제부문에 대한 지도는 부족한 노동력을 전략적 사업에 동원해 인민들의 생산을 독려할 뿐 아니라 당의 정책을 인민대중에게 설명하고 이를 관철하기 위한 메커니즘으로 활용된다.[51)]

[47)] "올해에 군민이 힘을 합쳐 원산갈마해양관광지구 건설을 최단기간 내에 완공하고 삼지연군 꾸리기와 단천 발전소 건설, 황해남도 물길 2단계 공사를 비롯한 주요 대상 건설을 다그치며 살림집 건설에 계속 힘을 넣어야 합니다." 2018년도 북한 김정은 국무위원장의 신년사(2018.1.1)

[48)] 『로동신문』, 2002년 2월 20일.

[49)] 대표적인 사례로 1950년대 말 김일성 주석이 현지지도를 통해 보여준 새로운 경제관리 방법인 '청산리방법'을 들 수 있다. 그는 1960년 2월 5일부터 15일 동안 평안남도 강서군 청산리를 현지지도하면서 평범한 현지 농민들의 집을 방문하여 그들의 생활상을 파악하고 각급 단위들과 당사업을 분석해서 해결책을 제시했다. 이를 교훈으로 위가 아래를 도와주고 현지에 내려가 실정을 깊이 알아보고 올바른 방법을 세우며 모든 사업에 정치사업을 앞세우는 청산리 방법을 발표했다. 이후 전국의 당 지도 간부들을 청산리 방법으로 지도하게 만들어 이를 일반화시켰다.

[50)] 『로동신문』, 2002년 2월 20일.

[51)] 이교덕, 『김정일 현지지도의 특성』, 서울: 통일연구원, 2002, 1쪽.

　김정은 역시 현지지도 방식을 답습하고 있다. 다만, 과거 김일성, 김정일 시대의 현지지도가 주로 중화학공업 중심의 생산현장에 집중되었던 반면, 김정은 시대의 경우 관광지의 위락시설과 공항, 철도, 도로 등의 관광인프라 건설현장을 중심으로 이루어지고 있다.

　북한의 관광산업과 관련하여 원산 인근에 위치한 마식령 스키장에 대한 김정은 위원장의 관심은 각별했다. 마식령 스키장은 북한이 세계적 수준의 스키장을 조성한다는 목표로 스키장 건설을 촉구하는 호소문 발표와 완공 전 수차례 현지지도를 통해 2013년 준공했다. 이후 북한은 10년이 걸릴 공사를 1년 만에 완공했다며 '마식령 속도전'[52]이라는 용어를 만들어 선전하면서 김정은의 대표적 업적으로 소개한다.

　원산의 갈마해안관광지구 역시 김정은의 주요 현지지도 장소로 꼽힌다. 특히, 2018년 5월 26일 김정은 위원장은 강원도 원산 갈마해안관광지구 건설현장을 현지지도하고 2019년 4월까지 완공할 것을 지시한다.[53] 이와 관련하여 김정은은 "공사 일정계획을 현실성 있게 세우고 모든 대상건설에서 천년책임, 만년보증의 원칙에서 설계와 시공기준, 건설공법의 요구를 엄격히 지켜 건축물의 질을 최상의 수준에서 보장해야 한다"고 강조하며, "건재생산부문을 비롯해 전국의 연관 단위에서 증산투쟁, 창조투쟁을 힘있게 벌여 건설장에 필요한 설비와 자재, 마감건재품들을 공사에 지장없이 보장해야 한다"고 교시한다.

---

52) 북한에서 속도전은 자력갱생의 기치 아래서 인민대중의 정치적인 자각과 창조적 자극성에 의거해 사회주의 건설에서 비약적인 기적을 이룩하는 것이라고 주장한다. 대표적인 속도전에는 1950년대 '평양속도', 1960년대는 '비날론 속도 · 강선속도', 1970년대 들어서는 '천리마 속도'와 '100일 전투' 등이 있다. 속도전이 공식적으로 북한 노동당 차원에서 채택이 된 것은 1974년 2월 당 중앙위원회 제5기 8차 전원회의를 통해서이며, 사회주의 노력경쟁의 공식구호로 속도전이 채택되었다.
53) 『조선중앙통신』, 2018년 5월 26일.

이에 대해 "인민군 군인들과 건설자들은 낮과 밤이 따로없는 맹렬한
격전을 벌려 짧은 기간에 지대정리와 노반성토, 하부망공사를 질적으
로 끝내고 모든 건축물들에 대한 골조공사를 다그치고 있다"는 언론
보도를 통해 인민군 군인들과 건설돌격대들의 속도전 결의를 부각시
키고 있다. 이후 김정은 위원장은 약 3개월 만인 2018년 8월 17일 건
설현장을 재방문하여 당 창건기념일인 2019년 10월 10일까지 완공하
라고 다시 지시한다.54) 이후 원산갈마해안관광지구의 완공은 2019년
4월 초 현지지도 때 "다음해(2020년) 태양절(4월 15일, 김일성 주석 탄
생일)까지 완벽하게 내놓자"고 지시하면서 연기된다.55) 북한 당국은
김정은이 제시한 완공일정 목표를 달성하기 위해 주민들의 자발적 노
력동원 사례를 적극 선전하고 있다.

> "문천시 가평동초급녀맹위원회에서는 원산갈마해안관광지구
> 건설장에 대한 지원사업을 힘있게 벌리고 있다. 얼마전 초급녀
> 맹위원장 정명희동무는 녀맹원들속에 세상에서 제일 좋은 우리
> 인민들이 사회주의문명을 마음껏 창조하고 누리게 하시려는 경
> 애하는 최고령도자동지의 크나큰 로고와 현명한 령도에 의하여
> 원산갈마해안관광지구가 훌륭하게 일떠서고있는데 대하여 감명
> 깊게 이야기하면서 모두가 건설장에 대한 지원사업에 애국의 마
> 음을 다 바쳐가자고 호소하였다. 그에 고무된 많은 녀맹원들이

---

54) 이와 관련하여 김 위원장은 "경치좋고 아름다운 해변가들에 문화 휴식터를 훌륭히
꾸려 인민들이 마음껏 향유하게 하려는 것은 당에서 오래전부터 구상해온 사업이
며 제일하고 싶었던 사업 중의 하나이며 이제는 눈앞에 현실로 바라보게 되었다"
고 언급한다. 특히 "원산갈마해안관광지구건설과 같은 방대한 창조 대전은 강도적
인 제재 봉쇄로 우리 인민을 질식시켜보려는 적대세력들과의 첨예한 대결전이고
당의 권위를 옹위하기 위한 결사전"이라고 강조한다. 『조선중앙통신』, 2018년 8월
17일.

55) 『로동신문』, 2019년 4월 6일.

너도나도 떨쳐나 많은 지원물자를 성의껏 마련하여 건설장에 보
내주었고 현장경제선동대활동과 녀맹돌격대활동에도 적극적으
로 참가하고 있다. 오늘도 초급녀맹위원회에서는 경애하는 최고
령도자동지의 웅대한 사회주의문명건설구상이 빛나는 현실로
펼쳐지고있는 원산갈마해안관광지구건설장에 대한 지원사업을
자력갱생의 기치높이 사회주의건설에서 새로운 앙양을 일으키
기 위한 사업의 하나로 틀어쥐고 계속 근기있게 내밀고 있다."[56]

2) 법적·제도적 지원을 통한 건설 독려

북한의 헌법 제2장 제37조는 "국가는 우리나라 기관, 기업소, 단체와
다른 나라 법인 또는 개인들과의 기업 합영과 합작, 특수경제지대에서
의 여러 가지 기업창설 운영을 장려한다"고 명시하고 있어 외자유치를
법률적으로 보장하고 있다. 이는 북한이 지정한 모든 경제특구 및 경
제개발구에 적용된다. 원산-금강산국제관광지대 개발계획은 이와 같
은 헌법상의 근거와 더불어 2014년 6월 11일 최고인민회의 상임위원회
정령 48호를 통해 처음 발표됐다. 이에 따르면 원산-금강산국제관광
지대에 원산지구, 마식령스키장지구, 울림폭포지구, 석왕사지구, 통천
지구, 금강산지구가 포함된다. 이에 따라 원산-금강산국제관광지대
가 특수경제지대로 개발될 수 있는 법률적 근거가 마련되었다.

원산-금강산국제관광지대는 금강산지구의 경우 금강산관광지구
법, 이외 지역은 경제개발구법 등 2개의 법률이 개별 적용된다.[57] 또

---

56) 김진옥, 「원산갈마해안관광지구건설장을 적극 지원」, 『조선녀성』, 2019년 제6호,
   평양: 근로단체출판사, 2019, 44쪽.
57) 『조선중앙통신』, 2016년 7월 15일. 동 매체는 "갈마지구에서는 2013년 5월에 발표된
   조선민주주의인민공화국 경제개발구법이 적용된다"며 "법에 의하면 외국투자가들
   은 갈마지구 내에서 단독으로도 경영활동을 할 수 있다"고 설명하고 있다.

한 원산-금강산국제관광지대에 투자하는 다른 나라 투자가들의 권리나 이익이 침해될 경우 중재 및 재판을 통해 법적 보호를 받을 수 있으며, 국제 중재기관에 제기, 해결할 수 있도록 법률적 지원을 하고, 많은 특혜를 제공하도록 법적으로 보장한다고 투자제안서는 명시하고 있다.[58] 북한 경제개발구법에 의하면 다른 나라의 법인, 개인과 경제조직, 해외동포는 경제개발구에 투자할 수 있으며 기업, 지사, 사무소 등의 설립이나 자유로운 경제활동을 보장하고 있다. 특히, 원산-금강산국제관광지대에서의 기업소득세율은 14%이며 국가에서 장려하는 산업분야는 보다 낮은 세율이 적용된다.

원산-금강산국제관광지대 관련법과 기타 지역특구법의 근본적인 차이는 기타 지역특구법의 경우 최고인민회의에서 의결된 것에 비해 원산-금강산국제관광지대의 경우 김정은 위원장의 직접적인 지시와 관리에 의한 법이라는 점이라 할 수 있다.[59]

〈표 5-13〉 원산-금강산국제관광지대 대상지 현황

대상지	육성대상산업	면적(㎡)
원산지구(도시중심, 갈마반도)	해양, 도시형 종합관광지	69
마식령 스키장	녹색형 체육관광 리조트	22
울림폭포	생태 관광지	10
통천지구(읍, 동정호, 시중호 등)	호수, 치료, 해안 관광지	88.5

[58] 북한의 투자제안서는 구체적으로, 지사·사무소 설립, 경제활동을 자유롭게 할 수 있으며, 토지이용, 노동력 채용, 세금납부 등에서 특혜적 경제활동 조건을 보장하고, 관광업, 호텔업, 첨단과학기술 및 국제경쟁력이 높은 부문의 투자는 특별히 장려 및 혜택을 부여받으며, 경제활동 조건을 법률적으로 보장하는데 화폐·현물 재산권 투자, 지대에 물자의 반·출입 및 판매 등 자유로운 경제활동이 가능하고 토지·고용 등 제반 경제 생산여건을 지원하도록 하고 있다.

[59] 김범수, 『국제레저관광자유지대 조성 추진전략 연구』, 강원: 강원연구원, 2016, 40쪽.

대상지	육성대상산업	면적(㎢)
금강산지구 (외금강, 내금강, 삼일포-해금강구역 등)	산악형 경치 관광지	225.3
총면적		414.8

출처: 김두환 외,『북한 건설·개발제도 및 계획현황 연구』, 서울: LH토지주택연구
원, 2015, 105쪽.

북한의 '원산~금강산지구총계획'에 따르면 관광객의 접근 편의성을
높이기 위해 원산시 중심부와 마식령 스키장, 울림폭포, 금강산지구
를 연결하는 관광 도로와 고속철도를 건설할 계획이다. 무엇보다 원
산시의 중심 도로를 확장하고 원산과 마식령 스키장 연결 도로를 개
보수하는 것과 원산과 금강산을 연결하는 고속 관광철도를 건설하는
계획도 담고 있다. 이밖에, 원산-금강산국제관광지대가 당과 정부
그리고 최고지도자의 확고한 의지임을 규정하고 있다.

3) 원산-금강산국제관광지대에 대한 북한의 해외투자 예상 규모

북한의 투자제안서에 따르면 원산 중심부 개발에 필요한 투자규모
는 전체 면적 30만㎢에 1억 9,600만 달러로 한화 2,200억 원 선이며,
주요 개발 대상 지역은 원산시, 통천군, 금강군, 고성군, 천내군, 세포
군, 고산군 등이다. 북한 국가설계지도국의 '원산-금강산관광지구
개발 총계획'에 따르면, 향후 2025년까지 78억 달러(약 8조 5,000억 원
규모)를 투입하여 원산지구와 금강산지구로 나누어 2단계에 걸쳐 역
사와 경제·문화 교류를 위한 사계절 국제관광지구로 개발하는 목표
를 밝히고 있다. 우선 1단계(2013년~2017년)로 원산을 집중개발하고,
도심부와 마식령스키장 및 울림폭포, 원산 비행장에 호텔과 카지노·

골프장 등을 조성하는 계획이다. 군사공항이던 원산 갈마공항은 하루
4,000명이 이용 가능한 국제공항으로 전환된다. 실제 갈마공항은 북
한 유일의 지방 국제공항으로 현대화하여 2015년에 개장하였다.

[그림 5-9] 원산 – 금강산국제관광지대 예상투자액

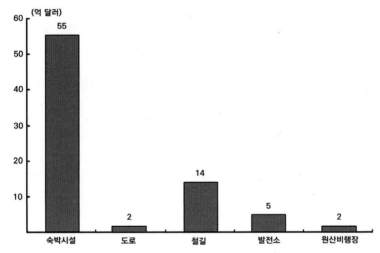

출처: 조봉현, 「박근혜정부의 대북정책과 남북경협」, 『KDI 북한경제리뷰』 2013년
12월호, 한국개발연구원, 2013, 37쪽.

북한이 예상하는 투자액은 호텔과 리조트 등 휴양·숙박 시설에 55
억 달러, 공항·도로 등 인프라에 23억 달러 등 모두 78억 달러가 소
요될 것으로 추산하고 있다. 구체적으로 휴양·숙박시설 투자액이 약
55억 달러로 가장 많고, 철길 투자 14억 달러, 발전소 5억 달러, 원산
비행장 및 도로 각 2억 달러 순이다. 후속 2단계(2018년~2025년) 개발
은 2025년까지 금강산관광과 연계하여 추진할 계획이다. 구체적으로
내금강, 외금강, 삼일포~해금강, 통천(동정호, 시중호), 석왕사지구 등
으로 구분하여 금강산은 자연경승관광, 외금강 온정리 온천, 창터 송

림지구, 시중호는 휴양지구로 개발하고, 기타 산악관광(등반, 스키장),
유람선(시중호, 삼일포, 연안해역), 해수욕장(시중호 부근), 바다낚시,
골프장 등을 함께 개발한다.

〈표 5-14〉 원산 - 금강산국제관광지대 개발 단계

분류	1단계	2단계
시기	2017년 완료	2025년 완료
계획	원산중심부에 호텔, 숙박, 오락시설 건설 마식령스키장에 골프장, 산악승마장 추가건설	기존 금강산특구 시설물 확충 - 내금강, 외금강, 삼일포, 해금강지구에 통천지구와 석왕사지구 추가 - 호텔, 골프장, 휴양소, 해양오락시설 건립

출처: 북한 국가설계지도국, 「원산 - 금강산 관광지구 개발총계획」, 2014 정리.

북한이 2015년 공개한 '원산 - 금강산 국제관광지대 투자대상안내
서'를 살펴보면 〈표 5-15〉과 같이 희망하는 투자시설의 50%가 관광지
원시설, 관광 관련 제조시설, 관광식당을 중심으로 도시지역인 원산
지구에 집중되어 있음을 알 수 있다.

〈표 5-15〉 원산 - 금강산국제관광지대 영역별 투자 요청 현황

	인프라	숙박	급양	상업	봉사	보건	산업	계	신규	개보수
원산지구	1	4	6	3	11	1	9	35	26	9
울림폭포지구			1					1	1	
통천지구	2	4	1		4	2	1	14	12	2
금강산지구		3	2		12		2	19	17	2
전체지구	1							1		1
계	4	11	10	3	27	3	12	70	56	14

출처: 『2015년 원산 - 금강산 국제관광지대 투자대상안내서』, 평양: 원산지구개발
총회사, 2015 정리.

4) 구체화된 원산-금강산 관광개발전략과 국제제재와의 상충 발생

북한의 원산-금강산국제관광지대 개발을 위한 투자유치 활동을 전문으로 설립된 원산지구개발총회사는 2015년에 하부구조시설, 숙박시설, 급양시설, 상업시설, 봉사시설, 보건시설, 산업시설 등 7개 분야 70개 시설을 공개하고 해외자본 투자유치 활동을 시작한다. 북한은 이 지역에 건설될 70개의 관광 관련 시설에 투자할 해외자금의 유입을 기대하고 있다. 주요 시설로는 외국은행의 본점과 지점, 신탁회사, 보험회사, 금융 및 투자자문회사들이 입주할 수 있는 금융봉사소와 원산맥주공장, 외국인이 단독으로 회사를 설립할 수 있는 2~3만 톤급 국제관광여객선과 카지노호텔이 대표적이다.

〈표 5-16〉 원산-금강산국제관광지대 투자대상시설

구분	대상시설
인프라(4건)	신성오수정화장, 원산-금강산철도, 통천수력발전소, 풍력발전소
숙박(11건)	송도원호텔, 원산호텔, 해안호텔, 동명호텔, 시중호호텔, 동정호호텔, 총석정호텔, 장재늪이동식숙소, 삼일포호텔, 삼일포별장식호텔, 삼일포가족호텔
급양(10건)	목란관, 단풍관, 국제음식점거리, 조선음식점, 원산수산물종합식당, 장덕섬종합봉사소, 진주관, 두남산식당, 시중호해산물식당, 울림폭포종합봉사소
상업(3건)	상업거리, 원산백화점, 관광기념품상점
봉사(27건)	국제전람장, 국제관광 및 문화 교류소, 금융봉사소, 원산종합봉사소, 건강운동관, 해안유희장, 원산물놀이장, 원산관광버스사업소, 원산택시사업소, 원산지열설비전시장, 원산연유판매소, 통천연유판매소, 시중골프장, 시중호해수욕장, 시중호고속보트장, 금강산종합봉사소, 삼일포종합봉사소, 삼일포민속거리, 삼일포보트장, 원산-금강산관광여객선, 해금강자연공원, 해금강해수욕장, 금천민속무도장, 2만~3만 톤급 국제관광여객선, 고성해수욕장, 삼일포카지노호텔, 외금강호텔카지노장

구분	대상시설
보건(3건)	동명구급병원, 시중호구급치료소, 시중호감탕치료원
산업(12건)	원산종합식료공장, 원산가구공장, 원산수지제품공장, 원산수산물가공공장, 원산조명기구공장, 원산맥주공장, 원산어구공장, 원산호텔용품공장, 원산빛전지조립공장, 총석정양식장, 고성무공해남새온실, 삼일포양어장

출처: 『2015년 원산-금강산 국제관광지대 투자대상안내서』, 평양: 원산지구개발
총회사, 2015 정리.

　　원산-금강산국제관광지대 개발계획은 이 지역을 각종 휴양·문화
시설과 생태환경이 조화된 관광지구, 역사유적 관광지구, 국제적 휴
양 및 치료 관광지구로 개발할 것을 명시하고 있다. 또한 공항, 항만,
철도, 도로, 전력 등 기반시설과 골프장, 카지노 등 위락시설을 건설
하는 데 필요한 비용은 외국인 직접투자 유치를 통해 추진하고자 한
다.[60] 특히 관광자원 신규 개발뿐만 아니라 기존 자원의 개보수가 혼
합된 형태로 추진되며, 투자자에게는 투자에 따른 운영권 보장 방식
으로 진행될 예정이다.

　　대북제재 상황 속에서 북한은 이미 국가재정을 동원하여 갈마국제
공항과 마식령 스키장을 완공한 바 있다. 대부분의 투자대상들은 합
영[61] 또는 합작[62] 투자 및 외국인 단독기업 설립을 통해 직접투자[63]

---

[60] 김영철 북한 통일전선부장은 2018년 6월 1일 백악관에서 도널드 트럼프 미국 대통
령과 면담시에 원산, 마식령 일대에 카지노 등 관광상품을 개발할 수 있도록 투자
지원을 요청한 것으로 알려졌다. "'원산갈마 해안관광지구'는 김정은이 1월 신년사
에서 조성 계획을 밝힐 만큼 심혈을 기울이는 사업 중 하나로 알려져 있다. 북한이
이곳에 카지노까지 조성해 국제관광단지로 운영하면 매년 5,000만 달러 안팎의 수
익을 창출할 수 있을 것이라는 관측이 정부 내에서 나온다. 북한의 한 해 무역액(70
억~80억 달러)을 감안하면 만만치 않은 규모다." 『동아일보』, 2018년 6월 5일.

[61] 북한은 합영기업에 대해 다음과 같이 기술하고 있다. "자본주의하에서 합영형태
의 기업 창설은 리윤증대와 다른 나라 경제에 대한 지배를 목적으로 한다. 자본
주의하에서 합영형태의 기업 창설은 1950년대 말~1960년대 초에 다국적기업이

하는 방식으로 진행할 계획이다. 다만, 통천군과 고성군 해안지대에 건설될 풍력발전소, 원산시 중심부에 위치한 중동 토지종합개발구역 등 일부 대상 시설은 BOT[64] 방식으로 추진할 계획이다. 북한은 2013년 BOT방식 투자에 관한 내용을 '특별허가경영'이라는 명칭으로 법제화한 바 있다.[65] 북한이 이러한 BOT방식을 도입하는 것은 무작위 외

형성되면서부터 급격히 늘어 났으며 그것은 다국적기업의 해외침투방식의 중요한 형태로 되었다. 다국적기업이 해외에 설치하는 합영기업은 보통 현지법인형태를 취한다. 이렇게 하는것은 다국적기업들이 합영기업에 민족적외피를 씌워 침략하는 나라 인민들을 기만하고 자기의 정체를 가리우기 위해서이다." 『경제사전 2권』, 평양: 사회과학출판사, 1985, 725쪽.

[62] 북한 투자가와 외국 투자가 공동으로 투자하나 생산과 경영을 북한 측이 담당하는 방식이다. 북한은 합작의 개념을 다음과 같이 정의하고 있다. "서로 다른 나라들이 생산과 건설, 운수와 류통 등 분야에서 밀접한 경제적관계를 설정하고 일정한 기간 공동으로 경제활동을 진행하는 국제경제적련계의 한 형태. 원래 합작이라는 말은 힘을 합쳐 공동으로 일한다는것을 의미한다." 위의 책, 724쪽.

[63] 외국인 단독기업은 외국투자가가 단독으로 투자하여 독자적으로 경영하는 기업으로써 북한 내에서 소득원천이 있는 다른 나라의 법인 또는 개인과 북한 안에 있는 그들의 지사, 대리점, 사무소, 출장소 등을 말한다. 2004년 이전에는 합영, 합작투자는 북한 전 지역에서 할 수 있었지만, 외국인 단독투자는 라선경제무역지대에서만 할 수 있었다. 2004년 외국인투자법과 외국인기업법을 개정하여 지대 밖의 정해진 지역에서도 외국인 단독투자를 할 수 있도록 하였다.

[64] "BOT방식이라고 할 때 그것은 건설−운영−양도를 나타내는 영어문자 build-operate-transfer에서 유래된것으로서 그 본질은 한마디로 건설−운영−양도의 형식으로 진행되는 합작에 의한 개발방식이라고 말할수 있다. 다시말하여 외국기업과 투자가들이 합작의 방법으로 해당 나라와 지역의 하부구조건설에 대한 개발권을 넘겨받아 자금조달로부터 건설에 이르는 전공정을 맡아 수행하고 일정한 기간 관리운영하여 투자원금을 회수하고 일정한 리득을 얻은 다음 개발한 대상을 현지 정부에 넘겨주는 개발방식이다." 강철억, 「국제투자방식BOT와 그 적용에서 나서는 기본요구」, 『경제연구』 2014년 제3호, 평양: 과학백과사전출판사, 2014, 51쪽.

[65] 북한의 최고인민회의가 2013년 9월 제정한 「라선경제무역지대개발규정」에는 '특별허가경영'이라는 용어를 사용하여 BOT방식을 비교적 체계적으로 반영했다. '특별허가경영'의 정의를 기업이 특별허가를 받고 일정한 기간 정해진 대상에 대한 건설(Build)을 진행하고 경영(Operate)하는 것으로 규정(규정 제2조)하고, '특별허가경영'의 대상 분야에는 전기, 난방, 가스, 오수 및 오물처리, 도로, 교량과 같은 공공 인프라를 포함(규정 제26조)했다. '특별허가경영계약'에는 경영 기간, 투자방식, 투자회수 방식, 경영자의 권리와 의무, 경영기간 종료 후 대상 이전 방식과 절차(Transfer),

국의 투자를 염두에 두고 외자유치 방식의 다변화를 꾀하는 것으로 볼 수 있다.[66] 실제 북한은 BOT방식에 대해 하부인프라 건설에 소요되는 방대한 자금 문제를 해결하고 건설 과정에서 선진국의 앞선 기술을 도입할 수 있는 중요한 수단으로 인식하고 있다.[67] 모든 투자유치사업은 일정 기간(1년~2년) 건설 이후 운영권을 최소 5년에서 최장 30년까지 보장하는 방식이다.

무엇보다 북한은 외국 관광객에 대한 편의를 제공하기 위해 숙박, 식당, 상업, 관광편의시설에 대해 우선 투자를 희망하고 있다. 또한 관광객을 위한 식당의 신축과 개보수, 상업거리와 백화점 등에 대한 투자를 받아 관광객 편의를 증대하고자 한다. 관광편의시설은 컨벤션, 운송수단, 크루즈 및 관광안내센터 등에 대한 투자유치를, 삼일포와 외금강지역에는 카지노시설에 대한 투자를 요청하고 있다.

〈표 5-17〉 원산-금강산국제관광지대 투자방식 분류

투자방식	대상시설
쌍방합의	신성오수정화장, 원산-금강산철도, 통천수력발전소, 삼일포민속거리
BOT	풍력발전소, 원산 중동토지종합개발대상(2016년 추가)
합영	상업거리, 국제전람장, 국제관광 및 문화 교류소, 금융봉사소, 원산연유판매소, 통천연유판매소, 시중호고속보트장, 동명구급병원, 원산가구공장

분쟁 해결 방식 등을 반영(규정 제27조)하고 있다. 이영석, 「북한의 BOT방식 인프라개발 추진현황 및 시사점」, 『주간 KDB리포트』, KDB산업은행, 2018, 15쪽.
[66] 과거 북한은 「국가경제개발 10개년 전략계획」상 기초시설(철도, 항만 등) 개발방식(2010년), 「개성-신의주 고속철도 건설사업」본 계약서(2014년)에서 사업방식으로 BOT를 명시한 바 있다.
[67] 강철억, 「국제투자방식BOT와 그 적용에서 나서는 기본요구」, 51쪽.

투자방식	대상시설
합작	목란관, 단풍관, 시중호해산물식당, 울림폭포종합봉사소, 해안유희장, 금강산종합봉사소, 삼일포종합봉사소, 시중호구급치료소, 시중호감탕치료원
합영, 합작	삼일포가족호텔, 원산백화점, 원산관광버스사업소, 원산택시사업소, 원산지열설비전시장, 원산-금강산관광여객선, 해금강자연공원, 해금강해수욕장, 고성해수욕장, 원산종합식료공장, 원산수지제품공장, 원산수산물가공공장, 원산조명기구공장, 원산맥주공장, 원산어구공장, 원산호텔용품공장, 원산빛전지조립공장, 고성무공해남새온실
합영, 합작, 쌍방합의	송도원호텔, 원산호텔, 해안호텔, 동명호텔, 시중호호텔, 동정호호텔, 총석정호텔, 장재늪이동식숙소, 삼일포호텔, 삼일포별장식호텔, 조선음식점, 원산수산물종합식당, 장덕섬종합봉사소, 진주관, 두남산식당, 원산종합봉사소, 원산물놀이장, 시중호골프장, 시중호해수욕장, 삼일포보트장, 금천민속무도장, 삼일포양어장
합영, 합작, 보상무역	총석정양식장
합영, 쌍방합의	국제음식점거리, 관광기념품상점, 건강운동관
(외국인) 단독기업	2만~3만 톤급 국제관광여객선, 삼일포카지노호텔
합영, (외국인) 단독기업	외금강호텔카지노장

출처: 『2015년 원산-금강산 국제관광지대 투자대상안내서』, 평양: 원산지구개발총회사, 2015 정리.

한편, 원산-금강산국제관광지대 개발에 대한 김정은 위원장의 야심찬 추진 의지에도 불구하고 북한을 둘러싼 대외 상황은 외국자본의 투자유치를 통해 관광을 활성화하겠다는 개발계획을 수정해야 하는 환경을 맞이하고 있다. 무엇보다 2017년 9월 북한의 6차 핵실험과 8월과 11월의 ICBM 시험발사로 인해 UN에서 채택된 8차~10차 제재결의는 북한경제에 심대한 타격을 입혔다.[68] 북한에서 생산된 섬유제품과 광산물, 수산물 수출이 전면 금지되고, 러시아와 중국을 대상으로 하는 북한 노동자 해외송출도 금지되었다. 이에 더해 북한에 대한 유류 공급량을 제한하는 조치가 취해지면서 2017년 경제성장률은 고난의 행군기 이후 가장 낮은 수준인 -3.5%를 기록했다. 북한의 대외수출은 90% 이상 감소했으며 무역외 외화 수입 역시 급감하였다.[68]

당초 2017년에 마무리할 계획이었던 1단계 원산지역 개발도 국제적인 대북 추가 제재 등으로 개발이 지연되었다. 이에 따라 북한은 해외투자 유치를 통한 관광지개발 방식을 보류하고 원산갈마지구, 삼지연시 등을 중심으로 국가재정과 인력을 투입한 독자개발 방식으로 전환하여 개발이 진행 중이다.

김정은 위원장은 원산갈마해안관광지구 건설현장을 수차례 방문하여 공사 진행 상황을 직접 챙기며 당 창건 기념일인 2019년 10월 10일까지 공사를 마치라고 지시했었지만, 이후 공사기간을 6개월간 더 연장해 2020년 태양절까지 완성하도록 수정 지시한다. 이는 국제사회의

68) "북한 6차 핵실험…유엔 안보리, 역대 최강 제재 추진" 『중앙일보』, 2017년 9월 9일; "北이 풀어달라는 5개 제재는…핵 개발 막기 위한 '돈줄죄기' 핵심, 2017년 대륙간 탄도미사일(ICBM)과 6차 핵실험 이후엔 제재 강도가 더 세졌다. 2371호 결의는 북한의 석탄·철광석·해산물 수출을 봉쇄하고, 노동자 해외 신규 송출을 금지했다. 2375호는 북한의 '생명줄'과 같은 원유와 정유제품 수입을 각각 연간 400만 배럴과 200만 배럴로 제한하고 북한산 섬유 수출을 전면 금지했다. 2397호 결의는 여기서 한발 더 나아가 정유제품 수입 한도를 연간 50만 배럴로 축소했다. 북한의 정유제품 수입량 중 약 90%를 차단하는 조치였다. 또 식용품·기계류·목재류·선박·농산물까지 수출 금지를 확대했다. 북한의 기름 및 무역거래를 막고 노동자를 통한 '외화벌이'까지 틀어막은 것이다." 『한국경제신문』, 2019년 3월 1일.
69) "북한은 2016년 이후 채택된 일련의 경제제재로 상당한 '내상'을 입은 것으로 파악된다. 북한 전문 인터넷 사이트 NK데일리에 따르면 유엔이 북한의 원유 수입을 제한한 2017년 한때 평양 시내 휘발유 가격이 L당 9,000원대에서 2만3,000원대까지 150%가량 뛰었다. 특히 북한 수출의 약 3분의 1을 차지하는 석탄 수출이 제한되고 원유 및 기름 공급이 급감하면서 북한 내 상당수 공장이 올스톱됐다. 북한은 제재 이전 석탄·철광석·해산물 수출로 연간 30억 달러 정도를 벌었지만 제재 이후엔 관련 수출의 3분의 1가량(약 10억 달러)이 날아간 것으로 추정된다." 『한국경제신문』, 2019년 3월 1일.

강력한 제재 조치로 건설장비와 자재 등의 반입이 어려움을 의식한
결과라 할 수 있다.[70]

3. 원산-금강산국제관광지대의 경제적 파급효과 분석(사례)

관광산업의 중요성이 증대함에 따라 관광부문에서의 민간지출과
정부 재정투자가 국민경제에 미치는 효과를 분석해 보는 것은 관광분
야 정책의사결정 시에 참고할 만한 기초 자료가 될 수 있다. 김정은
시기 북한의 원산-금강산국제관광지대 개발계획은 북한이 해외 투
자자금의 유입을 기대하면서 구체적인 투자유치 희망 액수를 밝히고
있다는 점에서 최초의 사례라 할 수 있다. 실제 북한은 '2015년 원산
-금강산국제관광지대 투자대상안내서'와 '2016년 투자제안서' 등의
문헌을 통해 관광지대 내의 총투자 희망 금액과 개별 관광시설 및 관
광기반시설에 대한 투자희망금액을 제시하고 있다. 또한 투자자가 얻
을 수 있는 수익 등을 제시하고 있다는 점은 기존 경제특구들과 차별
되는 사례로서 의미가 있다.[71]

이에 김영봉 외(2009)[72], 채종훈(2015)[73] 등이 시도했던 남북한 관

---

70) "통일부는 11일 북한의 주요 관광지 개발 동향과 관련해 원산갈마 해안관광지구의
완공이 계속해서 연기되고 있는 데 대해 "(대북) 제재 국면이기에 자재를 제 때 수
급하는 데 곤란을 겪고 있는 등 총체적(인 문제가 따르는 것)으로 보고 있다"고 말
했다. 통일부 당국자는 이날 오후 정부서울청사에서 기자들과 만나 "북측에서 구
체적인 지연 사유를 공개적으로는 밝히지 않았는데 아무래도 제재 국면(이기에 연
기되는 것으로 보인다)"며 이렇게 밝혔다." 『동아일보』, 2019년 11월 10일.

71) 북한의 투자제안서에 따르면 원산-금강산국제관광지대 개발을 위해 총 78억 달러
가 소요될 것이며, 투자의 수익성을 판단할 수 있는 시설별 관광수요와 내부수익
률(IRR), 순현재가치(NPV), 할인율, 운영기간, 보상기간 등을 제시하고 있다.

72) 김영봉 외, 「동해연안 남북접경지역에서의 교류협력사업 선정 및 파급효과 분석」,
『지역연구』 제25권 제4호, 한국지역학회, 2009, 65~80쪽.

광협력 시의 경제적 파급효과 연구 사례를 차용하여 본 연구에서도
원산–금강산국제관광지대와 관련한 북한의 제한적 자료를 활용하여
원산–금강산국제관광지대 개발이 북한경제에 미치는 파급효과를 분
석하였다.

위와 같이 김영봉 등은 동해안 남북접경지역에서의 남북한 교류협
력사업 대상을 선정하고 경제적 파급효과를 분석·제시하였다. 채종
훈은 과거 금강산관광사업이 남북한에 미친 경제적 파급효과를 분석
하였다. 이들 연구자 공히 남한뿐만 아니라 북한 경제에 미칠 경제적
파급효과도 도출하고자 하였다. 이 과정에서 북한자료 부족을 사유로
남한 대비 북한의 주요 산업생산량과 기술수준을 비교 분석하고,[74]
북한의 경제 상황을 남한의 1975년 수준으로 가정[75] 한 후 1975년 한
국은행 산업연관표를 바탕으로 투입산출표(I/O)를 구성하여 생산유발
계수, 부가가치유발계수, 고용유발계수와 같은 각종 계수를 산출하고
이를 활용한 파급효과를 분석하였다.

---

[73] 채종훈, 「남북한 금강산관광사업의 경제적 파급효과 분석」, 『국제지역연구』 제19
권 제1호, 국제지역학회, 2015, 153~174쪽.

[74] 이들은 한국은행에서 제공하는 '북한의 산업(1995)'에서 남한 대비 북한산업의 기술
수준을 비교하여 북한의 업종별 현황을 파악하였다.

[75] 이러한 가정이 북한 자료의 제약으로 일견 타당함에도 김영봉은 다음과 같이 분석
방식의 한계와 애로를 기술한다. "자료 구독상의 문제로 북한의 경제수준을 1975년
의 남한 수준으로 보고 가정하는 것은 타당할 수 있으나 1975년 남한의 산업연관표
상의 산업들 간의 투입산출계수의 비율은 분석시점 및 체제가 다른 북한의 경우에
활용한다는 것은 무리가 따를 수 있다. 예를 들면, 노동유발계수의 경우 기술진보
에 따른 탄력성이 크므로, 1975년의 산업연관표를 이용하는 것은 실제 북한에 대한
파급효과는 과다 추정될 수 있다. 그러나 … 자료 구독상의 문제 및 대체할 만한
합리적인 접근방법이 제한되어 있으므로 본 연구에서는 북한의 파급효과 추정을
위해서 1975년의 남한의 산업연관표를 이용하여 모형을 설정하기로 한다." 김영봉
외, 「동해연안 남북접경지역에서의 교류협력사업 선정 및 파급효과 분석」, 71쪽.

1) 이론적 배경

산업연관분석모형은 산업 간 투입과 지출의 거래관계를 나타내주기 때문에 산업 간의 상호연관관계를 파악할 수 있다. 미국의 레온티에프(Leontief)가 개발한 산업연관분석모형은 산업연관표[76]에 기초하고 있는데, 이 표는 산업 간의 재화와 용역의 흐름을 기록하고 있어 상호연관관계를 알 수 있다. 산업연관분석모형을 수식으로 요약 설명하면, 한 산업부문에 대한 최종수요가 발생할 때 이를 생산하기 위하여 다른 산업부문으로부터 원재료를 구입하게 된다. 이때 이 부문이 1단위의 생산물을 생산하기 위하여 각 산업으로부터 요구되는 투입량을 투입계수라고 하며 이는 다음 식 (1)과 같다.

$$a_{ij} = x_{ij} / x_j \cdots \text{식 (1)}$$

여기서 a_{ij} = 투입계수

x_{ij} = j부문의 생산에 필요한 i부문으로부터의 투입량

x_j = j부문의 산출액

[76] "일정 기간(보통1년) 동안 국민경제 내에서 발생하는 재화와 서비스의 생산 및 처분과 관련된 모든 거래내역을 일정한 원칙과 형식에 따라 기록한 종합적인 통계표이다. 이 표의 세로 방향은 각 산업에서 생산활동을 위해 사용한 중간재, 노동, 자본 등 생산요소의 내역을 나타내는 투입 구조를, 가로방향은 각 산업에서 생산된 산출물의 처분내역을 나타내는 배분구조를 의미한다. 이 표를 통해 산업 간에 그물같이 복잡하게 얽혀있는 상호연관관계를 파악할 수 있다. 산업연관표는 1930년대 초 레온티에프(W. Leontief) 교수가 처음으로 작성 발표한 이래 선진국은 물론 개발도상국에 이르기까지 많은 나라에서 작성되고 있다. 산업연관표는 경제구조 및 정책효과 분석에 많이 이용되고 있으며 국가 간 산업연관계나 지역경제 분석 및 환경, 에너지 분야 등에까지 다양하게 활용되고 있다. 우리나라에서는 한국은행이 〈1960년 산업연관표〉를 처음 작성한 이후 매 5년마다(끝이 0과 5인 연도) 실측표를 작성하고 있으며 2006년부터는 매년 산업연관표를 작성하여 공표하고 있다." 『한국은행, 경제용어사전』(https://www.bok.or.kr/portal/ecEdu/ecWordDicary/search.do?menuNo=200688&query=%EC%82%B0%EC%97%85%EC%97%B0%EA%B4%80%ED%91%9C%28I%2FO+Tables%29&ecWordSn=284, 검색일: 2020년 11월 2일).

투입계수는 한 산업부문이 따른 산업부문으로부터 원재료를 구입함에 따라 파급되는 직접효과를 나타내며, 산업 간의 상호의존관계를 분석하는 데 기초가 된다. 즉, 한 나라의 경제가 n개의 산업부문으로 구성되고, 수입액을 M, 최종수요를 Y, 산업부문별 총 산출액을 X라고 한다면, 산업부문별 산출액은 그 부문의 중간수요와 최종수요에서 수입액을 차감한 것과 같으며, 이를 일련의 연립방정식으로 표시하면 다음과 같다(한국은행, 2010).

$$X - A \cdot X = Y$$
$$(I - A) \cdot X = Y$$
$$X = (I - A) - 1 \cdot Y$$

이때 I = 항등행렬(주 대각요소는 1, 그 밖의 요소는 0), A = 국산투입계수행렬, Y = 국산품에 대한 최종수요 벡터, X = 총산출액을 의미한다. 여기서 역행렬 [(I - A) - 1]을 생산유발계수행렬이라고 하며, 이는 최종수요 1단위가 증가할 때 경제 전반에 걸쳐 파급되는 직간접 및 유발된 생산효과를 나타낸다.[77]

선행연구와 같이 산업연관분석모형을 통해 북한의 원산-금강산국제관광지대 개발에 따른 최종수요의 증가로 인한 전 산업의 파급효과를 분석하는 경우에도 적용할 수 있다고 본다. 본 연구에서는 원산-금강산국제관광지대 관광사업 시행을 통한 관광객의 지출추정액(관광매출액)을 기준으로 북한경제에 미치는 생산, 부가가치, 고용 부문의 경제적 파급효과를 분석한다.[78] 따라서 도출하고자 하는 계수들은

---

[77] 채종훈, 「남북한 금강산관광사업의 경제적 파급효과 분석」, 157쪽.

다음과 같다.

첫째, 산업별 생산유발계수이다. 이는 어떤 산업의 최종수요(소비, 투자, 수출 등)가 1단위 증가하였을 때 해당 산업에서 최종수요를 충족시키기 위해 전 산업(해당 산업 및 타 산업)에 요구되는 생산액의 크기를 의미한다. 즉, 산업별 생산유발계수는 국산생산유발계수 (I - Ar) - 1의 해당 산업 열 합계를 의미한다.

둘째, 산업별 부가가치유발계수이다. 이는 어떤 산업의 최종수요(소비, 투자, 수출 등)가 1단위 증가하였을 때, 최종수요를 충족시키기 위해 전 산업에 유발되는 부가가치효과 크기를 의미한다. 상품에 대한 최종수요의 증가가 국내생산을 유발하고 이러한 생산활동에 의해서 부가가치가 창출되므로 최종수요의 발생은 부가가치 창출의 원천이라고 할 수 있다.

셋째, 고용유발계수이다. 이는 일정 기간 동안 생산활동에 투입된 고용량을 총산출액으로 나눈 계수로서 한 단위의 생산에 직접 필요한 노동량을 의미하며 노동생산성과 역수관계에 있다. 고용계수는 노동량에 피용자(임금근로자)만 포함한 계수를 말한다.

2) 경제적 파급효과 도출 과정

김영봉(2009), 채종훈(2015)[79] 등은 북한의 경제적 파급효과 분석의

---

[78] 관광객의 지출추정액(관광매출액)은 북한의 '투자대상 안내서' 및 개별 '투자제안서' 상에 투자대상 시설 및 투자규모가 구체적으로 명시된 경우로 한정한다.

[79] 채종훈의 방식은 다음과 같다. 첫째, 한국은행(2010)에서 발간한 전국산업연관표를 관광기반조성산업과 관광산업을 포함한 27×27 부문으로 재분류·재통합하여 작성하였다. 둘째, 관광기반조성산업 부문은 기존의 전국산업연관표상의 건설업 자료 중

경우 자료 부족으로 인해 북한의 자료를 사용하기보다는 남한 대비 북한의 주요 산업생산량을 비교 분석하여, 북한의 경제 상황을 남한의 1975년 수준으로 가정하고 1975년 한국은행 산업연관표를 바탕으로 각종 계수를 산출하였다.

본 연구는 원산－금강산국제관광지대 내 관광사업이 북한 경제에 미치는 파급효과를 분석하는 것을 목적으로 하였으나 선행연구와 같이 북한에 대한 자료 부족으로 북한의 산업연관표를 통한 파급효과 분석이 용이하지 않았다. 이에 북한의 산업구조와 유사한 시점인 1975년도 한국은행의 산업연관계수를 활용하였던 채종훈의 방식을 적용하였다. 이에 따라 1975년도 남한의 관광기반조성산업 및 관광산업에 해당하는 산업연관계수들(생산유발계수, 부가가치유발계수, 소득유발계수, 고용유발계수)을 원산－금강산국제관광지대 개발에 따른 최종수요 즉, 관광기반조성산업 투자지출액과 관광객 소비 지출액에 적용하여 경제적 파급효과를 산출하였다.

〈표 5-18〉 산업연관표상의 건설 및 관광 관련 산업 분류

통합 분류	산업연관표 기본 부문(403부문)
관광기반조성산업	주택건축, 건축보수, 도로시설, 하천사방, 상하수도시설, 토목, 전력시설, 통신시설

관광기반조성산업을 재분류하여 활용하고, 금강산관광사업 관련 관광산업부문은 2009년 산업연관표 연장표 403부문 공급표를 이용하여 관광산업 부문으로 분류·재구성하였다. 셋째, 통합된 27×27 부문 산업연관표로부터 생산유발, 부가가치유발, 소득유발, 고용유발 계수를 도출하였다. 넷째, 도출된 계수와 해당 지역 금강산관광사업의 관련 산업에 대한 관광기반조성산업 지출액 및 금강산 관광객 소비 지출액을 바탕으로 남북한 경제에 미치는 경제적 파급효과를 측정하였다. 이 과정에서 북한 경제에 미치는 파급효과 분석을 위해 한국은행의 1975년 산업연관표와 국산거래표를 이용 27개 산업으로 27×27행렬을 이용하여 작성하였다.

통합 분류	산업연관표 기본 부문(403부문)
관광산업	소매(322), 일반음식점(323), 주점(324), 기타음식점(325), 숙박(326), 철도여객운송(327), 도로여객운송(329), 연안 및 내륙수상운송(332), 외항운송(333), 항공운송(334), 육상운수보조서비스(335), 수상운수보조서비스(336), 항공운수보조서비스(337), 기계장비 및 용품임대(368), 기타사업서비스업(371), 문화서비스 국공립(386), 문화서비스 기타(387), 영화제작 및 배급(388), 영화상영(389), 연극음악 및 기타예술(390), 운동 및 경기 관련 서비스(391), 기타오락서비스(392)

출처: 채종훈, 「남북한 금강산관광사업의 경제적 파급효과 분석」, 『국제지역연구』 제19권 제1호, 국제지역학회, 2015, 165쪽.

〈표 5-18〉과 같이 한국은행의 전국산업연관표에 따라 주택건축, 건축보수, 도로시설, 하천사방, 상하수도시설, 토목, 전력시설, 통신시설 등은 산업연관표상 관광기반조성산업으로 일치시키고, 소매, 일반음식점, 주점, 기타음식점, 숙박, 철도여객운송, 도로여객운송, 연안 및 내륙수상운송, 외항운송, 항공운송, 육상운수보조서비스, 수상운수보조서비스, 항공운수보조서비스, 기계장비 및 용품임대, 기타사업서비스업, 문화서비스 국공립, 문화서비스 기타, 영화제작 및 배급, 영화상영, 연극음악 및 기타예술, 운동 및 경기 관련 서비스, 기타오락서비스 등은 관광산업으로 일치시킨다.

이처럼 산업연관분석을 통한 경제적 파급효과를 추정하기 위해서는 관련 산업에 대한 분류가 우선적으로 필요하다. 우선 전국산업연관표로부터 관광기반조성산업과 관광산업으로 분류한 후 각각에 대한 생산유발계수, 부가가치유발계수, 고용유발계수를 도출할 수 있다. 여기에 사업시행에 따른 관광객 소비지출 추정액(관광매출 추정액)을 최종수요로 하여 경제적 파급효과를 산출하였다. 최종 수요액 추정을 위해서는 북한의 투자제안서 등을 참조하여 투자규모와 연간 수입규모 추정치를 반영하였다.

〈표 5-19〉 원산-금강산국제관광지대 투자대상시설 투자 규모(단위: 만 달러)

구분	투자대상	투자규모
인프라 (4)	신성오수정화장	4,186
	원산-금강산철도	32,350
	통천수력발전소	1,040
	풍력발전소	3,900
숙박 (11)	송도원호텔	10,000
	원산호텔	초기 가능성 조사단계
	해안호텔	2,400
	동명호텔	초기 가능성 조사단계
	시중호텔	초기 가능성 조사단계
	동정호호텔	초기 가능성 조사단계
	총석정호텔	초기 가능성 조사단계
	장재늪이동식숙소	89
	삼일포호텔	초기 가능성 조사단계
	삼일포별장식호텔	초기 가능성 조사단계
	삼일포가족호텔	초기 가능성 조사단계
급양 (10)	목란관	260
	단풍관	65
	국제음식점거리	1,500
	조선음식점	455
	원산수산물종합식당	455
	장덕섬종합봉사소	초기 가능성 조사단계
	진주관	455
	두남산식당	455
	시중호해산물식당	65
	울림폭포종합봉사소	130
상업 (3)	상업거리	초기 가능성 조사단계
	원산백화점	735
	관광기념품상점	31

구분	투자대상	투자규모
봉사 (27)	국제전람장	1,000
	국제관광 및 문화 교류소	6,000
	금융봉사소	8,000
	원산종합봉사소	3,575
	건강운동관	250
	해안유희장	1,560
	원산물놀이장	4,900
	원산관광버스사업소	555
	원산택시사업소	420
	원산지열설비전시장	220
	원산연유판매소	130
	통천연유판매소	130
	시중호골프장	초기 가능성 조사단계
	시중호해수욕장	초기 가능성 조사단계
	시중호고속보트장	43
	금강산종합봉사소	455
	삼일포종합봉사소	초기 가능성 조사단계
	삼일포민속거리	초기 가능성 조사단계
	삼일포보트장	초기 가능성 조사단계
	원산-금강산관광여객선	1,600
	해금강자연공원	초기 가능성 조사단계
	해금강해수욕장	초기 가능성 조사단계
	금천민속무도장	초기 가능성 조사단계
	2만~3만 톤급 국제관광여객선	초기 가능성 조사단계
	고성해수욕장	초기 가능성 조사단계
	삼일포카지노호텔	초기 가능성 조사단계
	외금강호텔카지노장	초기 가능성 조사단계
보건 (3)	동명구급병원	760
	시중호구급치료소	36
	시중호감탕치료원	180

구분	투자대상	투자규모
산업 (12)	원산종합식료공장	130
	원산가구공장	195
	원산수지제품공장	390
	원산수산물가공공장	130
	원산조명기구공장	275
	원산맥주공장	5,247
	원산어구공장	195
	원산호텔용품공장	213
	원산빛전지조립공장	130
	총석정양식장	240
	고성무공해남새온실	780
	삼일포양어장	230

출처: 『2015년 원산-금강산 국제관광지대 투자대상안내서』, 평양: 원산지구개발
총회사, 2015 정리.

〈표 5-20〉 원산-금강산국제관광지대 투자대상시설 연간수입규모(추정, 단위: 만 달러)

구분	투자대상	투자규모	연간수입(추정)
인프라	원산-금강산철도	32,343	1,504
숙박	송도원호텔	10,420	4,245
	원산호텔	58,188	11,775
	해안호텔	2,434	1,209
급양	목란관	260	350
	단풍관	65	144
	장덕섬종합봉사구	880	532
	시중호해산물식당	67	120
상업	원산백화점	734	1,657
봉사	국제전람장	960	196
	금융종합청사	325	83
	건설장비임대합영회사	410	121
	건재전시장	162	149
	원산관광버스사업소	555	124

구분	투자대상	투자규모	연간수입(추정)
	원산여객차사업소	814	292
	원산지열설비전시장	219	550
	시중호골프장	12,318	2,104
	장재늪종합봉사구	89	169
	금강산종합봉사구	455	182
	원산-금강산관광유람선	400	140
보건	시중호감탕치료원	180	137
산업	원산조명기구공장	275	105
	원산맥주공장(소)	238	60
	원산맥주공장(대)	5,247	3,672
	원산호텔용품공장	213	582
	총석정양식장	240	149
총계		128,491	30,351

출처: 개별 투자제안서 각 권 분석, 2016.

3) 원산-금강산국제관광지대 관광산업 운영을 통한 경제적 파급효과

관광객 소비지출 추정액은 연간 3억 351만 달러(한화 3,338억 원, 달러당 환율 1,100원 가정)로 도출되었는데 이는 초기 가능성 조사단계에 있는 투자대상 및 오수정화장, 발전소 등 관광기반시설은 제외한 금액이다. 원산-금강산국제관광지대를 방문하는 관광객의 최종소비(연간수입) 추정지출을 바탕으로 북한경제에 미치는 연간 파급효과를 분석한 결과 관광사업 관련 소비지출 3,338억 원이 발생하여 북한경제에 유발된 파급효과는 다음과 같다. 우선 관광산업 운영을 통한 연간 생산유발효과가 각 산업부분에 미치는 총액은 4,596억 원으로 나타나 투자비용 대비 효과가 큰 것을 알 수 있다. 또한 관광사업 관련 소비지출을 통해 발생하는 산업 각 부문의 부가가치는 총 2,570억 원,

연간 고용창출효과는 총 3,279명이 발생하는 것으로 나타났다.

〈표 5-21〉 경제적 파급효과(단위: 억 원, 명)

구분		경제적 파급효과		
		생산 유발효과	부가가치 유발효과	고용 유발효과
관광산업	유발계수	1.3769	0.7701	0.9825
	유발액	4,596	2,570	3,279

4) 원산－금강산국제관광지대 개발계획의 경제적 파급효과 분석의 의의

북한은 2015년, 2016년 투자제안서 등을 통해 원산－금강산국제관광지대에 투자할 해외자본 유치를 위해 인프라, 숙박, 식당, 백화점, 관광지원시설, 의료, 관광산업시설에 대한 투자규모와 연간추정수입을 공개했다. 본 연구는 원산－금강산국제관광지대 내에서 본격적으로 관광사업이 진행될 경우 매년 북한의 경제에 미치는 경제적 파급효과를 산업연관분석 방식을 통해 도출하여 보았으며 이는 최초의 사례이다. 향후 북한이 해외자본 유치정책을 수립할 때와 북한 내 관광개발지 선정 및 투자효과 분석 등에 필요한 판단지표가 될 수 있다. 다만, 투자제안서 등의 자료를 통해 제한적으로 분석한 것인 바, 특히 초기 가능성 조사단계인 대상들의 경우 투자규모를 확인할 수 없었다. 투자대상 시설에 대한 연간수입 추정치의 경우 비교적 구체적이나 부분적 제한적으로 제시하고 있어 일반적으로 알려진 전체 투자희망액인 78억 달러에 해당하는 파급효과를 산출하지 못하였다.

또한 선행연구자들의 지적과 같이 북한의 산업구조는 시장경제하의 남한처럼 산업들 간의 자유로운 확산이 이루어지지 못하고, 정치적인 요인으로 인해 왜곡될 수 있는 위험이 있으므로 북한지역에 대한 경제적 파급효과를 남한과 동일한 방법론으로 분석한다는 것은 연구의 한계이다. 하지만 북한의 자료가 매우 부족한 현실에서 원산-금강산국제관광지대의 관광산업 활성화가 가져올 경제적 파급효과를 정량적으로 분석하려고 시도하였다는 점에 본 연구의 의의를 둘 수 있다.

4. 자립경제식 관광개발 병행: 삼지연시 건설

2016년 이후 국제사회의 대북제재가 확대·심화되면서 대외무역을 통한 외화 유입이 어려워지자 북한은 제재를 우회하면서 국가 이미지 제고에도 기여할 수 있는 관광산업 활성화에 더욱 관심을 쏟고 있다. 이를 반영하듯 김정은 위원장의 관광지구 시찰 및 현지지도는 2016년 2회, 2017년 1회에 그쳤으나 2018년 10회, 2019년 11회로 급증했는데, 주요 시찰 지역은 3대 핵심 관광개발지로 구분되는 삼지연시, 양덕온천문화휴양지, 원산갈마해안관광지구 등이다.[80] 이들 지역에 대해 북한은 인민군대를 위시한 자체 인력과 국가재정을 투입하여 속도전 방식으로 북한식 관광지 개발을 추진하였다.

김정일 시기 남한자본에 의한 금강산 관광지개발과 김정은 시기 해외자본 유치를 통한 관광특구와 관광개발구 개발 방식은 국제관계의 부침에 따라 성공과 실패를 거듭하였다.[81] 이에 따라 북한은 국제사회의 제재와 별개로 관광지 개발과 관광사업을 추진할 수 있도록 강

---

80) 이해정 외, 『북한의 관광정책 추진 동향과 남북 관광협력에 대한 시사점』, 65쪽.
81) 실제 2017년 9월 11일 채택된 유엔 안보리의 대북제재 결의 제2375호는 해외자본에 의한 북한과의 합작사업 설립과 운영, 유지를 전면 금지하고 있어 관광특구와 관광개발구 개발을 위한 해외 투자유치에 커다란 차질을 빚고 있다.

원도 원산갈마, 양강도 삼지연시, 평안남도 양덕군에 자력갱생식 관광지를 개발 중에 있다.

1) 산간문화도시의 표준, 사회주의 이상향 건설

김정은 시기 북한이 해안관광지구인 원산갈마와 더불어 산간문화도시의 대표도시로 자체 개발하고 있는 곳이 삼지연시이다. 북한은 백두산이 위치한 삼지연 지역을 일제강점기 '김일성 주석의 활동지'이자 '김정일 위원장의 탄생지'로서 신성한 의미를 부여하고 있다. 실제 매년 북한 주민들은 백두산 일대의 혁명전적지를 답사하기 위해 방문하고 있고, 삼지연시 일대가 주민 대상 선전교육과 체제결속을 위해 활용되고 있는 만큼 정치적 상징성이 큰 지역이다. 실제 삼지연시 개발은 혁명사적지 정비로 시작하였으나 주거, 관광인프라 건설로 확대해 나가고 있다.

[그림 5-10] 삼지연시 위치와 삼지연 현지지도 소개

출처: (좌) 『아세아프레스(www.asiapress.org)』, 2018년 10월 12일 참고; (우) 『로동신문』, 2018년 10월 30일.

본격적인 삼지연시 개발은 2016년 11월 28일 김정은 위원장의 현지
방문 시에 "위대한 장군님의 고향군이며 우리 인민의 마음의 고향인
삼지연군을 훌륭히 꾸리는 것은 우리들의 마땅한 도리"라며 삼지연시
를 본보기 군으로 꾸릴 것을 주문한 이후 본격화되었다. 김정은 위원
장은 2019년 신년사를 통해 삼지연을 사회주의의 이상향으로 만들겠
다고 공표하고, 수시로 삼지연시를 방문하여 개발 과정을 직접 현지
지도하였다.[82] 특히 삼지연시의 건설 방향에 대해 "혁명의 고향 집 뜨
락인 삼지연군을 현대문명이 응축된 산간도시로, 남들이 흉내조차 낼
수 없는 특색있는 군, 우리나라에서 제일 잘사는 군으로 꾸려 내놓아
야 한다"고 강조했다.[83]

북한 당국은 4,000세대 살림집과 380여 개의 공공건물, 산업시설[84],
스키장 등 레저스포츠시설, 위락시설, 호텔, 병원, 문화시설 및 다수
의 도시기반시설을 건설하는 2단계 공사를 완료한 양강도 삼지연군
을 2019년 12월 10일 삼지연시로 승격하였다. 한편, 북한은 삼지연시
'본보기 건설'의 사례를 다음과 같이 평가하고 있다.

> "삼지연시를 사회주의 이상향으로, 지방 도시의 본보기로 꾸
> 리려는 조선노동당의 영도와 당의 뜻을 받들고 떨쳐나선 우리
> 인민의 투쟁에 의해 지난해 건축에서 민족성과 현대성, 북부 고
> 산지대의 특성이 훌륭히 결합되고 모든 건축물들의 실용성, 다

82) 김정은 위원장은 2013년 삼지연 개발구상 이후 삼지연시를 총 9회(2013~2017년 3회,
   2018년 3회, 2019년 3회) 방문하여 삼지연 지역발전사업의 의미와 목표, 건설기한에
   대해 구체적으로 언급하였다.
83) 『조선중앙통신』, 2019년 4월 4일.
84) 북한은 2017년 삼지연시에 감자가루생산공장을, 2019년에는 가루비누공장과 들쭉
   음료공장 등을 새로 건설했다. 『로동신문』, 2019년 1월 28일.

양성, 조형 예술화가 완벽하게 실현된 인민의 이상 도시가 일떠
섰다."[85]

삼지연시는 해발고도 1,381m, 면적 1,326㎢, 총인구 약 3만 명으로
백두산 등정의 관문으로 통한다. 삼지연시의 주요 관광자원은 백두산
혁명전적지보호구와 혁명활동박물관, 동계스포츠시설, 천연기념물인
리명수폭포, 백두산천지 등이 있다. 백두산과 삼지연시 관광을 위해서
는 항공편(삼지연공항, 3.3km)과 철도편(삼지연선, 혜산-삼지연시)을
활용할 수 있다. 삼지연시의 주요 숙박시설로는 베개봉호텔이 있으며,
단계별 개발계획[86]에 따라 다수의 숙박시설이 확충되고 있다.

[그림 5-11] 북한 국가우표발행국 발행 삼지연시 소개 우표

출처: 「량강도 삼지연시는 위대한 영도자 김정일 동지께서 탄생하신 백두산 밀영
고향집이 자리잡고 있는 유서 깊은 곳」, 『조선의 오늘』, 2020년 3월 12일.

---

85) 『자주시보』, 2020년 3월 12일; "더 높이, 더 빨리, 더 황홀하게, 혁명의 성지 삼지연
시가 세상이 부러워하는 사회주의 무릉도원으로 일떠섰다", 『로동신문』, 2019년 12
월 13일.

86) "당초 삼지연시 개발계획은 2021년까지 4단계로 나누어 진행하는 것이었으나, 2018
년 10월 김정은 국무위원장이 개발을 3단계로 줄이고, 조선노동당 75주년인 2020년
10월까지 완공할 것을 지시하면서 계획이 변경되었다. 1단계 공사는 2017년(추정)
부터 2019년 4월까지 진행되었으며, 2단계 공사는 2019년 12월 3일에 완료되었다."
이해정 외, 『북한의 관광정책 추진 동향과 남북 관광협력에 대한 시사점』, 113쪽.

2) 해외자본 투자 없는 관광지 개발의 본보기 도시 건설

김정은 위원장의 대표적 역점사업인 '삼지연시 꾸리기'는 관광개방과 자립경제식 관광이라는 양면성을 가지고 있다. 김정은 위원장은 삼지연시 건설현장 현지지도를 통해 "삼지연군 꾸리기는 우리의 앞길을 가로막으려는 적대세력들과의 치열한 계급투쟁, 정치투쟁"[87]이라 규정하며 자력갱생을 강조한다. 이는 관광특구와 관광개발구 설치를 통해 해외 관광자본을 유치하고자 하는 기존의 관광정책과 맥을 달리한다. 결국 북한이 강조하는 '삼지연시 꾸리기'란 북미 간 비핵화 협상에서 진전이 없고 미국 등의 경제제재가 지속될 경우 북한으로서는 기존의 자립경제 방식으로 경제를 운영하겠다는 '자력갱생의 대승리이자 본보기' 역할에 다름 아님을 알 수 있다.[88]

[그림 5-12] 삼지연시 개발의 두 경로

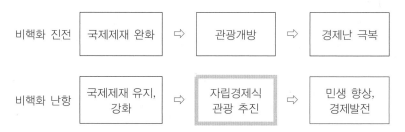

북한은 국제사회의 경제제재로 인한 자원부족, 고급 건축자재 조달

87) 『조선중앙통신』, 2019년 4월 4일.
88) 북한은 삼지연시 건설 2단계 준공과 관련하여 삼지연시를 '자력갱생의 영웅적 투쟁에 의하여 솟아난 만리마 시대의 위대한 창조물'로 극찬한다. 『조선중앙TV 2019년 12월 3일.

애로와 같은 장애물 속에서 독자적으로 삼지연시 건설공사를 시행하고 이를 단기간 내에 2단계 준공하였다. 이를 통해 북한이 향후 관광개방 환경이 여의치 않을 경우 외국자본의 투자 없는 관광지 개발을 추진하겠다는 김정은식 자력갱생의 단면을 엿볼 수 있다.[89]

89) 본 연구에서는 김정은 시기 3대 관광개발지의 하나로 선전되는 양덕온천관광지구에 대해서는 다루지 않았다. 북한에서 양덕군은 김일성과 김정일 시기에 걸쳐 별다른 주목을 받지 못했고 현지지도 역시 거의 이루어지지 않아 문헌상 특기할 만한 사항을 발견할 수 없다. 다만, 2018년 8월 김정은 위원장의 현지지도 이후 '농촌마을 건설 및 온천관광문화지구의 본보기'로 개발에 착수하여 2019년 12월 완공되었고 2020년 1월 22일 '코로나19'의 유입 차단을 위해 외국인 관광객의 북한 입국을 중단한 것으로 볼 때 양덕온천관광지구 역시 외국인 관광은 실현되지 않고 있다고 볼 수 있다.

제6장

/

마무리하며

마무리하며

제1절 김일성, 김정일, 김정은 시기의 관광정책 변화와 지속성 분석

본 장에서는 제2장에서 제5장까지 살펴본 북한 관광정책의 원형과 이후의 변화 과정을 김일성 – 김정일 – 김정은 시기로 구분하여 비교 분석하였다. 국가정책에 대한 통치자의 인식이 주요 담화를 통해 '교시'로 전달되어 당과 군, 내각에 절대적 영향력을 행사하는 북한의 의사결정 구조상, 북한 연구에 있어 가장 중요한 분석 대상은 북한의 '최고지도자'에게 집중될 수밖에 없다. 이에 따라 관광산업에 대한 해당시기 최고지도자의 인식이 곧 그 시대의 관광산업 위상이라 할 수 있다. 이와 관련하여 〈표 6-1〉의 관광정책 변화 비교를 통해 시대별 최고지도자의 관광에 대한 인식이 각 부문에 어떻게 투영되어져 현실화되었는지를 파악할 수 있다.

〈표 6-1〉 김일성, 김정일, 김정은 시기별 관광정책 변화 비교

구분	김일성 시대		김정일 시대		김정은 시대
	전기	후기	전기	후기	
대내관광 (북한주민)	통제				제한적 허용
외래관광 (외국인)	통제	제한적 허용	통제	허용	대폭 허용
관광의 개념과 역할	사치 활동, 비생산적 영역	경제에 기여	체제위협 요인	민족공조, 경제난 해소	정치적(국가이미지 개선) / 경제적(외화수입) 역할
관광인프라 구축	중공업 우선발전 노선 (관광인프라 예산투입 제한)		남한자본 (금강산)		북한자본 (원산, 삼지연, 양덕)
자립경제	유지			완화	시장과의 공존

첫째, 북한의 대내관광에 대한 인식의 차이로 인한 시기별 정책 변화를 확인할 수 있다. '경제에서의 자립'을 일관되게 주창해온 김일성 시기와 '경제에서의 참사'라 할 수 있는 고난의 행군기를 극복해야 하는 김정일 시기에 있어 관광이란 낭비적이고 비생산적인 것으로 인식되기에 충분했다. 따라서 경제자립과 경제난 극복을 위해 내부자원과 인력을 총동원해야 하는 이 시기에 북한 주민들을 대상으로 하는 관광은 사회주의 사회의 우월성을 학습하는 목적의 단체견학, 답사, 참관과 같은 제한적 범위의 활동만이 허용되었다. 반면, 김정은 시기의 대내관광은 장마당과 무역을 통해 부를 축적한 돈주들과 신흥부유층을 대상으로 하는 국가재정 확보용 유료관광이 권장되고, 주민들의 민심을 얻기 위한 복지 차원의 위락시설관광과 온천관광이 활성화되고 있다.

둘째, 외국인 관광객을 대상으로 하는 외래관광의 경우 시기별로 큰 변화를 보이고 있다. 북한의 관광산업은 사회주의 폐쇄정책으로 인해 김일성과 김정일 시기 모두 철저히 통제되었다. 관광은 자본주

의 사회의 전유물일 뿐이며 자본주의식 관광산업은 무계획적이고 퇴폐적인 돈벌이 수단으로 치부되었다. 특히 김정일은 사회주의권 붕괴의 원인이 관광산업을 허용했기 때문이라고 주장할 만큼 부정적 인식의 단면을 보여준다. 다만, 후기 김일성 시기와 후기 김정일 시기에는 합영법 제정을 통해 관광산업 육성을 추진하고, 우리민족제일주의 노선에 입각한 남북관광협력을 실현하였다. 김정은 시기의 경우 외화수입 확보수단으로 관광산업을 활용하고자 한다. 특히 기존 사회주의 체제선전을 축소하고, 수요지향적 외래관광을 통해 관광객들의 북한에 대한 이미지 개선을 유도한다.

셋째, 북한의 관광에 대한 인식과 역할에 대해 주요한 변화를 확인할 수 있다. 전기 김일성 시기와 전기 김정일 시기 모두 관광의 경제적 측면을 부정하고 사회주의 국가 간 연대 차원의 정치적 관광만을 추구하였다. 동 시기 모두 관광을 사치 활동과 관계된 비생산적 영역으로 간주하거나 전기 김정일 시기의 경우 관광을 자본주의 병폐가 침투할 수 있는 체제 위협적 요인으로 받아들였다. 다만, 김일성과 김정일 시기 각각 집권 후반기에 들어 관광이 포함된 합영법 제정과 민족공조를 통한 금강산관광에서 보듯 관광의 경제적 역할을 점차 인식하게 되었다. 김정은 시기 들어 관광은 수익의 개념이 접목된 관광경제 단계까지 확장되고 있으며, 외래관광을 통해 북한이 정상국가로 인식되도록 노력하고 있다.

넷째, 관광인프라 구축과 관련하여 김일성-김정일 시기 공히 중공업 우선발전 노선에 따라 관광산업 인프라 개발을 위한 예산 배정이 제한되었다. 특히 관광교류로 인한 사회주의 체제 훼손을 우려하여 관광인프라 건설대상은 체제선전 시설물과 정치적 기념물로 한정되었다. 이후 후기 김정일 시기 금강산관광을 필두로 남북한 관광협력

이 진전됨에 따라 남한자본에 의한 북한 내 관광인프라 구축이 진행
되었다. 김정은 시기의 북한은 전국에 관광특구를 설치하여 해외자본
을 유치하고자 하였으나 국제적 대북제재로 난관에 봉착하자 북한자
본에 의해 원산지구, 삼지연지구, 양덕지구를 독자개발하는 정책을
추진하고 있다.

다섯째, 북한의 통치자들은 자립경제에 대한 확고한 신념을 가지고
있었다. 특히 국제사회의 경제제재가 강화될수록 북한은 대외개방 대
신 자력갱생을 통한 생존 방식을 선택해 왔다. 다만 고난의 행군기를
경험하며 후기 김정일 시기 북한은 국내에 부재하거나 비교열위에 있
는 원자재와 자본재의 수입은 허용하는 등 자립경제의 원칙을 점차
완화하였다. 반면, 김정은 시기의 경우 무분별한 수입 병폐를 경계하
고 국산화를 실현할 것을 강조하는 등 자강력 제일주의가 새롭게 등
장하였다. 북한은 자립경제를 추구하는 것이 결코 대외무역을 배제하
거나 폐쇄경제가 아님을 강변한다. 이러한 자립경제 원칙은 북한의
시장과 함께 공존하고 있으며, 북한이 자기완결적 자립경제 원칙과
개방적 특성이 있는 관광산업 사이에서 어떻게 조화와 절충을 이끌어
갈지 주목할 필요가 있다.

제2절 요약 및 정책적 함의

본 연구는 북한의 변화를 추동하는 원동력으로 관광산업의 등장에
주목하여 김일성, 김정일, 김정은 시기로 이어지는 관광산업의 정치
경제적 변화 추이를 관찰하였다. 필자는 북한이 추진해 왔던 사회주
의식 관광정책 분석을 통해 북한의 관광산업은 주체이데올로기 구현

과 체제 우월성 선전이라는 본래의 역할을 넘어 경제의 개념이 더해지고 '산업으로서의 관광'으로 진화하는 과정이었다는 연구 관점을 견지했다. 또한 북한이 자립경제를 추구하는 과정에서 빚어지는 관광산업에 대한 인식과 변화 요인을 파악하고, 북한의 대내외 환경 변화가 관광정책에 미친 영향을 분석하였다.

북한의 지도자들은 오랜 기간 국제사회의 제재로 인해 국가 내에서 스스로 작동하는 자립경제가 유일한 해법이라고 확신하고 이러한 노선을 견지해 왔다. 또한 관광정책의 경우 사회주의 체제유지에 기여하는 정치적 하부단위의 역할을 관광산업에 부여해 왔다. 자체의 힘으로 사회주의 자립경제를 건설하고 이를 실현하기 위해 중공업 부문을 우선 발전시켜 왔던 북한의 전략은 상대적으로 관광산업 발전에 투자할 필요성과 여력을 상실하는 결과로 나타났다.

김일성과 김정일 시기의 북한은 이러한 인식이 절정에 달해 관광산업 자체를 사회주의 체제를 오염시키는 위협요소로 인식하였다. 제3세계와 사회주의 국가들만을 대상으로 했던 냉전시대의 관광 방식은 자본주의 진영과의 대결의식의 산물이다. 북한은 사회주의 체제의 우월성을 관광산업을 활용하여 선전하였다. 자본주의 관광을 '무계획적·무정부적·착취적인 돈벌이 수단'으로 치부하고 상대적으로 사회주의 관광을 '당의 영도와 국가의 통일적 지도'에 의해 계획적으로 관리운영되는 것으로 정의함에 따라 북한의 관광은 이윤추구가 배제되고 경제의 영역에서 멀어진다.

이러한 북한의 관광정책에 변화가 확인된 것은 후기 김일성 시기라 할 수 있다. 1984년 합영법 제정을 통해 관광산업에 대한 외국인 투자를 허용하거나, 1991년 나선경제특구 내에서의 관광기업 창설을 허용하는 조치는 큰 의미를 가진다. 이 시기 북한은 국가의 관광조직을 개

편하고 관광지원체계를 마련하며 세계관광기구에 가입하는 등 국제
무대에서 북한관광을 홍보하는 노력을 경주하였다. 그러나 1989년 개
최된 평양 세계청년학생축전은 사회주의권 청년들을 대상으로 한 무
료관광과 자본의 회수 없는 대규모 관광개발로 인해 국가재정에 심대
한 피해를 끼치고 고난의 행군의 원인 중 하나가 되었다.

북한은 고난의 행군기를 극복하기 위해 관광에 대한 부정적 인식이
강했던 김정일 시기 임에도 '우리민족제일주의'를 주창하고 1998년부
터 남한을 상대로 한 금강산관광 등 민족공조 차원의 남북한 관광협
력을 추진한다. 무엇보다 금강산관광사업은 남한자본에 의해 사업이
진행되었고, 북한은 관광사업의 대가로 단기간에 외화를 확보할 수
있었다. 이후 금강산 관광사업이 우발적 원인으로 중단됨에 따라 북
한은 북중관계 회복을 통해 관광협력을 도모하였다. 실제 본 연구는
북중 관광협력이 남북한 관광협력을 충분히 대체하고 있음을 보여주
고 있다.

한편, 본 연구의 주요 연구질문(Research Question)이었던 김정은 시
기의 북한이 왜 기존 기간산업의 정상화보다 관광산업 육성을 강조하
게 되었는가? 에 대해 분석한 결론은 다음과 같다. 북한은 한국전쟁
이후부터 '자립적 민족경제노선'을 고수해 온 결과 중화학공업을 필두
로 심각한 산업기반 붕괴현상을 보이고 있다. 1960년대 북한경제의
놀라운 발전에도 불구하고 결국 산업 각 부문 간의 균형과 유기성이
상실되고 효율적 발전이 불가능해 졌다. 김정은 시기의 북한은 이 문
제를 해결하기 위해 관광산업에서 돌파구를 찾고 있으며 이를 통해
창출된 재원을 산업기반 정상화를 위해 투입하고자 한다. 북한은 관
광산업의 장점을 다음과 같이 보고 있다.

　　"국제관광이 외화수입의 중요한 원천으로 되는 것은 우선 그
것이 큰 투자없이도 외화수입을 늘일수 있는 가장 효과적인 수
단으로 리용되고있기 때문이다. … 관광에 대한 투자는 수출품
생산기지를 꾸려 상품수출을 늘이기 위한 투자에 비하면 비할바
없이 적다."[1]

　　한편, 본 연구의 해외 사례를 볼 때 체제전환기 사회주의 국가들은
비교적 단기간에 급성장할 가능성이 높은 관광산업을 우선적으로 육
성하면서 경제개방과 함께 외화수입을 창출하고자 하는 경향을 보였
다. 실제 관광개방을 통해 해외자본 유입을 촉진하여 사회주의권 붕
괴로 발생한 경제위기를 극복하였다. 북한 역시 본 연구에서 제시했
던 몇 가지 시사점을 참고할 수 있다.

　　김정은 시기의 북한은 공식적으로 자립경제와 사회주의 관광 방식
을 유지하고 있다. 이와 반대로 해외 관광자본 유입을 기대하며 전국
에 관광개발구를 설치하고 원산－금강산국제관광지대를 지정하기도
한다. 무엇보다 국제제재로 인해 해외자본 투자유입이 여의치 않자
삼지연・양덕・원산갈마 관광지구를 자체자본을 투입하여 개발하는
방식도 병존하고 있다. 이는 북한에게 새로운 실험이라 할 수 있다.

　　본 연구는 북한의 투자제안서 등을 바탕으로 원산－금강산국제관
광지대를 방문하는 관광객의 최종소비(연간수입) 추정지출이 북한경
제에 미치는 연간 파급효과(생산유발효과, 부가가치효과, 고용창출효
과)에 대해 일부 정량분석을 시도하였다. 이는 북한의 자료가 부족한
현실에서 관광산업의 경제적 효과를 파악하려 시도하였다는 점에서

---

1)　박광전, 「관광업은 외화수입이 중요원천」, 『우리나라무역』 2016년 제2호, 평양: 공
업출판사, 2016, 19쪽.

의의가 있다. 북한의 관광특구들이 해외 투자유치를 통해 활성화된다
면 북한의 제조업, 농업, 경공업 등 타 부문의 산업성장을 견인할 마
중물 역할을 할 것으로 기대한다.

　김정은 시기 북한의 큰 변화는 관광산업에 수익성의 개념을 적용하
고 관광을 경제분야로 받아들이고 있는 것이다. 북한은 전 세계를 대
상으로 관광의 문호를 열고자 하며, 이를 위해 기존의 인식을 뛰어넘
는 관광상품을 개발하고 관광인프라 개선을 위해 자체의 국가재정과
인력을 동원한다. 김정은 위원장은 관광지 건설현장에 대한 현지방문
을 지속한다. 외국인 관광객의 입국심사를 간소화하거나 방문지역을
확대하는 등 기존의 통제도 점차 완화하고 있다. 이는 중국과 서방세
계로부터 관광수입을 창출할 수 있다는 기대와 자신감이 근저에 있
다. 실제 국제적 제재하에서도 북중 간 관광협력을 강화하여 중국인
단체관광을 추진함에 따라 중국을 통한 관광수입이 북한 경제의 버팀
목이 되고 있다.

　북한이 관광을 통해 기대하는 것이 경제적 요인만은 아니다. 본 연
구의 관점과 같이 김정은 위원장은 관광산업의 성과를 통해 대내적으
로는 최고지도자로서의 업적과 체제 우월성을 과시하고, 대외적으로
는 정상국가로서의 북한 이미지를 전달하고자 한다. 북한은 외래관광
을 통해 북한에게 가해지는 부정적 이미지와 국제적 압박이 완화되기
를 기대하고 있다. 따라서 관광산업을 통한 외화획득이라는 경제적
목표가 당초 의도와 달리 저조하더라도 이와 같은 정치적 목표를 달
성한다면 이것 역시 의미가 있다.

　북한은 관광산업을 통해 고난의 행군 이후 붕괴된 산업을 정상화하
고 자립경제가 황금기를 구가하던 1960년대로 복귀할 수 있을 것인가
의 기로에 서 있다. 북한은 이 과정에서 북중 관광협력이 북한의 중국

경제로의 예속화를 초래하지 않도록 유의할 필요가 있다. 남한 역시 남북한 관광협력과 관계없이 북한이 북중 관광협력에 의존하여 경제적으로 예속화되는 것을 방지할 대책이 필요하다. 북한이 세계를 향한 관광개방을 선택할 수 있도록 유도할 지혜가 요구된다.

참고문헌

1. 국내 문헌

1) 단행본

강채연,『김정은 시대 관광산업의 국제화전략과 관광협력의 선택적 이중구조』,
　　　서울: 통일부, 2019.
공민달,『변화하는 북한 부동산과 국토』, 서울: 리북스, 2019.
김기홍,『관광학개론』, 서울: 대왕사, 2013.
김두환,『북한 건설·개발제도 및 계획현황 연구』, 서울: LH토지주택연구원,
　　　2015.
김범수,『국제레저관광자유지대 조성 추진전략 연구』, 강원: 강원연구원, 2016.
김연철,『북한의 산업화와 경제정책』, 서울: 역사비평사, 2001.
김종선 외,『북한의 산업기술 발전경로와 수준 및 남북산업연계 강화방안』, 서
　　　울: 과학기술정책연구원, 2010.
김지연 외,『북·중 관광협력의 현황과 시사점』, 서울: 대외경제정책연구원, 2013.
김진무 외,『북한과 중국, 의존과 영향력』, 서울: 한국국방연구원, 2011.
김철원,『북한의 관광자원 실태와 전망』, 서울: 통일부 통일교육원, 2007.

김한수 외,『한반도 경제통일을 디자인하라』, 서울: 중소기업중앙회, 2017.

박순성,『북한 경제와 한반도 통일』, 서울: 풀빛, 2003.

양문수,『북한경제의 구조』, 서울: 서울대학교, 2001.

양문수 외,『북한의 서비스산업』, 서울: 산업연구원, 2017.

엘렌 브룬·재퀴스 허쉬,『사회주의 북한』, 서울: 지평, 1988.

이교덕,『김정일 현지지도의 특성』, 서울: 통일연구원, 2002.

이상국,『북중 경제교류·협력 동향과 시사점』, 인천: 인천발전연구원, 2012.

이장춘 외,『통일과 관광개발』, 서울: 한국관광진흥연구원, 1995.

이정철 외,『전환기 쿠바와 북한 비교: 정책적 함의』, 서울: 통일연구원, 2015.

이재춘,『베트남과 북한의 개혁·개방』, 서울: 경인문화사, 2014.

이종석,『새로 쓴 현대북한의 이해』, 서울: 역사비평사, 2011.

이해정 외,『북한의 관광정책 추진 동향과 남북 관광협력에 대한 시사점』, 서울: 대외경제정책연구원, 2019.

임을출 외,『북한관광의 이해』, 서울: 대왕사, 2017.

임혁빈 외,『신 관광학원론』, 서울: 신정, 2005.

전지명,『세습 3대 김정은 시대 북한의 미래』, 서울: 삼영사, 2015.

최용환 외,『북한의 특구개발전략과 경기도의 대응방안 연구』, 수원: 경기개발연구원, 2006.

Colin Michael Hall & John Michael Jenkins,『관광과 공공정책』, 서울: 일신사, 2002.

KOTRA,『미국의 쿠바 제재조치 완화와 한-쿠바 교역』, 서울: KOTRA, 2009.

통계청,『시장경제전환국가의 주요경제지표』, 서울: 통계청, 1997.

통일연수원,『통일교육』제35호(89-4), 서울: 국토통일원, 1989.

2) 연구 논문

곽재성,「관광산업의 진흥을 통해 본 쿠바의 개방정책」,『이베로아메리카연구』제11집, 서울대학교 스페인중남미연구소, 2000.

권숙도,「베트남의 체제전환 과정이 북한에 주는 함의: 정치변동과 국제협력체제를 중심으로」,『동서연구』제24권 2호, 연세대학교 동서문제연구원, 2012.

김두환, 「북한 문헌을 통해 본 경제개발구 정책의 특징과 전망」, 『북한토지주택리뷰』 제2권 제1호, LH토지주택연구원, 2018.

김미진, 「북한 연극의 인물 전형 형상화」, 『한국문화기술』 통권 제19호, 단국대 한국문화기술연구소, 2015.

김석진, 「중국·베트남 개혁모델의 북한 적용 가능성 재검토」, 『정책자료』 2008-80, 산업연구원, 2008.

김성윤 외, 「북한 관광개발계획 현황과 남북관광 협력방향」, 『Research Brief』 제27호, 경제·인문사회연구회 한반도평화번영연구단, 2018.

김양희, 『김정일 시대 북한의 식량정치 연구』, 동국대학교 대학원 박사학위논문, 2013.

김연철, 「북한의 경제개혁 전략: 쿠바사례의 적용가능성」, 『아세아연구』 제45권 1호, 고려대학교 아세아문제연구소, 2002.

김영봉 외, 「동해연안 남북접경지역에서의 교류협력사업 선정 및 파급효과 분석」, 『지역연구』 제25권 제4호, 한국지역학회, 2009.

김철원, 『중국 관광객 유치확대를 위한 관광상품 개발 방안』, 서울: 한국관광연구원, 1999.

김한규, 「북한 외래관광 조직의 구조와 특성에 관한 연구」, 『북한학연구』 제11권 제2호, 동국대학교 북한학연구소, 2015.

김형주, 「북한의 개방모델, 최선의 선택은: 자연자원 이용한 쿠바모델, 관광산업 중심의 개혁정책으로 성공」, 『통일한국』 제207호, 평화문제연구소, 2001.

나용우 외, 「김정은 시대의 대외개방정책과 남북경제협력: 경제개발구 전략을 활용한 새로운 협력모델의 모색」, 『평화학연구』 제18권 제4호, 한국평화연구학회, 2017.

남재학, 『대북 관광사업 평가와 대응전략』, 경기대학교 관광전문대학원 박사학위논문, 2008.

모순영, 『김일성 시기 북한의 대외문화교류 연구』, 이화여자대학교 대학원 박사학위논문, 2014.

민영기, 『북한 경제체제의 변화에 관한 연구』, 동국대학교 대학원 박사학위논문, 2016.

박광민, 「경제발전에 있어서 관광의 역할」, 『한국관광정책』 제29호, 한국문화관광연구원, 2007.

박순성, 「북한 경제와 경제이론」, 『현대북한연구』 제5권 2호, 북한대학원대학교, 2002.

박승식, 「북한의 민족공조의 실체」, 『통일정책연구』 제14권 제2호, 통일연구원, 2005.

박완신, 「북한의 관광정책과 관광문화」, 『월간 북한』 1990년 10월호, 북한연구소, 2017.

박은진, 「북한의 관광산업 변화와 특징」, 『KDB북한개발』 2018년 여름호, KDB산업은행, 2018.

박정진, 「국제 정치·경제적 관점에서 본 김정은 시대의 북한관광 변화 연구」, 『관광연구저널』 제32권 제6호, 한국관광연구학회, 2018.

박준홍, 「경제의 문 여는 북한, 미래의 돌파구로 활용하자」, 『PISRI 보고서』, 포스코경영연구원, 2015.

박후건, 「북한경제의 재구성: part1」, 『현대북한연구』 제16권 3호, 북한대학원대학교, 2013.

백천호, 「금강산관광사업의 성과, 한계 그리고 과제」, 『한국관광정책』 제74호, 한국문화관광연구원, 2018.

서보혁, 「평화로 가는 여권, 관광: 관광과 평화구축」, 『금강산 관광사업과 남북교류의 새로운 모색』, 2017 평화통일 국제학술 심포지엄 발표문, 2017.

서유석, 「금강산관광 중단과 해결방안」, 『한국평화연구학회 학술회의, 2009 춘계 학술세미나』, 한국평화연구학회, 2009.

신용석 외, 『신남북관광협력의 정책방향과 과제』, 서울: 한국문화관광연구원, 2019.

신정화, 「북한의 개혁·개방정책의 변화: 관광산업을 중심으로」, 『북한연구학회보』 제14권 제2호, 북한연구학회, 2010.

신제윤, 「한반도 통일과 금융의 역할 및 정책과제」, 『금융위원회 컨퍼런스』, 금융위원회, 2014.

안영훈, 『국가정책으로서 관광정책의 정치적 의미와 기능』, 경기대학교 정치전문대학원 박사학위논문, 2014.

양운철, 「베트남 개혁·개방 경험이 북한에 주는 정치경제적 함의」, 『정책브리핑』 제2018-20호, 세종연구소, 2018.

오경숙, 「관광산업의 국민경제 기여효과 분석」, 『경영경제』 제45집 제1호, 계명대학교 산학연구소, 2012.

유병희, 「북한의 관광정책과 리더십」, 『제2015년 동계학술발표논문집』, 한국행정학회, 2015.

유승훈 외, 「아시아에서의 관광수출과 경제성장에 대한 소고」, 『아시아연구』 제11권 1호, 한국아시아학회, 2008.

육동한 외, 「북강원도의 중심, 원산의 재조명」, 『정책메모』 제700호, 강원연구원, 2018.

윤인주, 「경제정책 핵심분야로 개방성 높아진 관광산업」, 『통일시대』 2019년 11월호, 민주평화통일자문회의, 2019.

이강욱 외, 「관광산업의 지역경제 기여효과 분석」, 『한국관광정책』 제29권, 한국문화관광정책연구원, 2003.

이석기, 「김정은 시대 북한산업과 남북경협에 대한 시사점」, 『KIET산업경제』 2018년 8월호, 산업연구원, 2018.

이영석, 「북한의 BOT방식 인프라개발 추진현황 및 시사점」, 『주간 KDB리포트』, KDB산업은행, 2018.

이영훈, 「중국의 대북 경제적 영향력 분석」, 『통일경제』 2011 제1호, 현대경제연구원, 2011.

이정철, 「북한의 개방 인식 변화와 신(新)자력갱생론의 등장」, 『현대북한연구』 제9권 1호, 북한대학원대학교, 2006.

이종규, 「북한의 경제특구·개발구 추진과 정책적 시사점」, 『KDI 정책연구시리즈』 2015-13, 한국개발연구원, 2015.

임기영, 『러시아의 체제전환에 따른 헌법의 변화』, 서울: 헌법재판연구원, 2015.

조봉현, 「박근혜정부의 대북정책과 남북경협」, 『KDI 북한경제리뷰』 2013년 12월호, 한국개발연구원, 2013.

조한승, 「평화 매개자로서 국제관광의 개념과 대안: 이해관계자 맥락과 국제기구의 참여」, 『국제정치논총』 제56집 제1호, 한국국제정치학회, 2016.

지봉구 외, 「산업연관분석을 통한 관광산업의 경제적 파급효과 분석」, 『한국콘
    텐츠학회논문지』 제11권 제12호, 한국콘텐츠학회, 2011.

채종훈, 「남북한 금강산관광사업의 경제적 파급효과 분석」, 『국제지역연구』 제
    19권 제1호, 국제지역학회, 2015.

최재선, 『KMI동향분석』 제92권, 한국해양수산개발원, 2018.

평화문제연구소, 「특별보고: 이것이 "평양축전(平壤祝典)"이다. 제13차 세계청
    년학생축전 총가이드」, 『통일한국』 67권, 서울: 평화문제연구소, 1989.

하동원, 「관광산업의 이해와 발전방안」, 『KIET 산업경제』 2017년 10월, 산업연
    구원, 2017.

허 극, 『탈사회주의 국가의 세계체제 이행과 관광의 관계』, 경기대학교 대학
    원 박사학위논문, 2011.

허문종 외, 「중국베트남 모델과의 비교를 통한 북한의 개혁개방 전망」, 『북한경
    제리뷰』 제1호, 우리금융경영연구소, 2018.

홍순직, 「남북관광 협력 성과와 발전 방안」, 『통일을 준비하는 문화세미나』, 국
    민대 한반도미래연구원, 2018.

현대경제연구원, 「외국인 관광객 증가와 경제적 파급효과 전망」, 『경제주평』,
    현대경제연구원, 2015.

3) 기타(정기간행물, 언론매체, 전집류 등)

『내일신문』
『동아일보』
『미국의 소리(VOA)』
『서울신문』
『세계일보』
『연합뉴스』
『위키백과』
『자유아시아방송』
『중앙일보』
『주간조선』

『주간한국』
『통일뉴스』
『통일신문』
『한겨레신문』
『한국경제신문』
『한국일보』
『CBS노컷뉴스』
『MK뉴스』
『youtube』
『민주평화통일자문회의』
『통일부 북한정보포털(nkinfo.unikorea.go.kr)』
『통계청 국가통계포털(kosis.kr)』

2. 북한 문헌

1) 단행본

리기성 외, 『조선민주주의인민공화국 경제개괄(General Overview of the DPRK
    Economy))』, 평양: 조선출판물수출입사, 2017.
박룡운, 『총서 〈불멸의 력사〉 장편소설 번영의 길』, 평양: 문학예술종합출판사,
    2001.
사회과학원, 『경제사전 2』, 평양: 사회과학출판사, 1985.
사회과학출판사, 『조선말대사전(1)』, 평양: 사회과학출판사, 1992.
송승환, 『우리 민족제일주의와 조국통일』, 평양: 평양출판사, 2004.
원산지구개발총회사, 『2015년 원산-금강산 국제관광지대 투자대상안내서』, 평
    양: 원산지구개발총회사, 2015.
정화순, 『조선에 대한 리해(경제)』, 평양: 외국문출판사, 2015.
조선경제개발협회, 『조선민주주의인민공화국 특수경제지대』, 평양: 조선경제
    개발협회, 2019.

조선대외경제투자협력위원회, 『조선민주주의인민공화국 투자안내』, 평양: 조
    선민주주의인민공화국 외국문출판사, 2016.
조선중앙통신사, 『조선중앙년감 1961』, 평양: 조선중앙통신사, 1962.
문학예술출판사, 『조선문학』 2018년 제6호, 평양: 문학예술출판사, 2018.
황봉혁, 『조선문답관광』, 평양: 조선국제여행사, 1994.

2) 연구 논문

강철억, 「국제투자방식BOT와 그 적용에서 나서는 기본요구」, 『경제연구』 2014
    년 제3호, 평양: 과학백과사전출판사, 2014.
공 혁, 「관광개발구의 특징」, 『우리나라무역』 2015년 제2호, 평양: 공업출판사,
    2015.
공 혁, 「관광개발구 개발에서 나라의 경제적 리익보장원칙」, 『우리나라무역』
    2018년 제4호, 평양: 공업출판사, 2018.
김상학, 「원산 ─ 금강산국제관광지대의 특징」, 『경제연구』, 2016년 제4호, 평양:
    과학백과사전출판사, 2016.
김영철, 「각 도에 창설되는 경제개발구들의 특징」, 『경제연구』, 2016년 제4호,
    평양: 과학백과사전출판사, 2016.
김인정, 「관광자원의 본질과 특성」, 『경제연구』 2015년 제3호, 평양: 과학백과
    사전출판사, 2015.
김일성, 「향산군을 비롯한 관광대상지들을 잘 꾸릴데 대하여」, 『김일성저작집
    42권』, 평양: 조선로동당출판사, 1995.
김일성, 「강원도를 국제관광지로 잘 꾸릴데 대하여」, 『김일성저작집 42권』, 평
    양: 조선로동당출판사, 1995.
김일성, 「과학, 교육 사업과 인민보건사업에서 새로운 전환을 일으킬데 대하여」,
    『김일성저작집 41권』, 평양: 조선로동당출판사, 1995.
김일성, 「조선민주주의인민공화국에서의 사회주의건설과 남조선혁명에 대하
    여」, 『김일성저작집 19권』, 평양: 조선로동당출판사, 1982.
김일성, 「라진 ─ 선봉자유경제무역지대 개발과 수력발전소건설을 다그칠데 대
    하여」, 『김정일저작집 44권』, 평양: 조선로동당출판사, 1996.

김일성, 「재일 조선출판보도부문 일군들앞에 나서는 몇가지 과업에 대하여」, 『김일성저작집 32권』, 평양: 조선로동당출판사, 1986.

김일성, 「『두개 조선』 조작책동을 짓부시고 조국을 통일하기 위한 투쟁을 더욱 힘있게 벌리자」, 『김일성저작집 32권』, 평양: 조선로동당출판사, 1986.

김일성, 「일본 정치리론잡지 『세까이』 편집국장이 제기한 질문에 대한 대답」, 『김일성저작집 39권』, 평양: 조선로동당출판사, 1993.

김일성, 「평안북도 경제사업에서 나서는 몇가지 과업에 대하여」, 『김일성저작집 42권』, 평양: 조선로동당출판사, 1995.

김정일, 「당원들과 근로자들이 높은 민족적 긍지와 혁명적자부심을 가지도록 하여야 한다」, 『김정일선집 증보판 제9권』, 평양: 조선로동당출판사, 2011.

김정일, 「작가, 예술인들속에서 혁명적창작기풍과 생활기풍을 세울데 대하여」, 『김정일선집 12권』, 평양: 조선로동당출판사, 2011.

김정일, 「자강도의 모범을 따라 경제사업과 인민생활에서 새로운 전환을 일으키자」, 『김정일저작집 14권』, 평양: 조선로동당출판사, 2000.

김정일, 「조선민족제일주의정신을 높이 발양시키자」, 『김정일선집 13권』, 평양: 조선로동당출판사, 2012.

김정일, 「주체사상 교양에서 제기되는 몇 가지 문제에 대하여」, 『김정일선집 11권』, 평양: 조선로동당출판사, 2011.

김정일, 「민주주의캄보쟈 주석이 제기한 질문에 대한 대답」, 『김정일선집 증보판 제11권』, 평양: 조선로동당출판사, 2011.

김진옥, 「원산갈마해안관광지구건설장을 적극 지원」, 『조선녀성』, 2019년 제6호, 평양: 근로단체출판사, 2019.

김홍기 외, 「(희곡) 오늘을 추억하리」, 『조선예술』 2011년 제11호, 평양: 문학예술출판사, 2011.

리일철, 「경제개발구의 개념과 주요류형」, 『경제연구』 2015년 제2호, 평양: 과학백과사전출판사, 2015.

문 성, 「경제개발구와 라선경제무역지대의 공통점과 차이점」, 『우리나라무역』 2016년 제2호, 평양: 공업출판사, 2016.

박광전, 「관광업은 외화수입이 중요원천」, 『우리나라무역』 2016년 제2호, 평양: 공업출판사, 2016.

박명순,「관광자원개발리용에 대한 통계적연구에서 나서는 몇가지 문제」,『경제연구』, 2015년 제3호, 평양: 과학백과사전출판사, 2015.

박정철,「관광경제에 대한 일반적리해」,『김일성 종합대학학보』 2017년 제4호, 평양: 김일성종합대학출판사, 2017.

박종훈,「관광자원과 그 류형」,『우리나라무역』 2015년 제1호, 평양: 공업출판사, 2015.

장경일,「사회주의관광업의 본질적특성」,『우리나라무역』 2015년 제2호, 평양: 공업출판사, 2015.

전영명,「관광산업의 본질과 그 특성」,『김일성종합대학학보(철학, 경제학)』 제60권 제4호, 평양: 김일성종합대학출판사, 2014.

전영명,「사회주의관광업의 본질적특징과 역할」,『김일성종합대학학보(철학, 경제학)』 제61권 제1호, 평양: 김일성종합대학출판사, 2015.

한치일,「현시기 원료, 연료의 주체화, 국산화는 자립경제강국건설의 필수적요구」,『경제연구』 2012년 제1호, 과학백과사전출판사, 2012.

3) 기타(정기간행물, 언론매체, 전집류 등)

『경제연구』

『김일성선집』

『김일성저작집』

『로동신문』

『메아리』

『조선관광(www.tourismdprk.gov.kp)』

『조선중앙통신』

3. 외국 문헌

Archer, B., "Importance of tourism for the economy of Bermuda", *Annals of Tourism Research, 22(4)*, 1995.

Andrew, B., "Tourism and the economic development of Cornwall", *Annals of Tourism Research, 24(3)*, 1997.

Brown, D. O., "The Search for an Appropriate form of Tourism for Africa: Lessons from the Past and Suggestions for the Future", *Tourism Management, 19(3)*, 1998, p. 59.

Hitchcock, M., King, V. T., & Parnwell, M. J. G., *Tourism in South-East Asia*, London and New York: Routlegfe, 1993, p. 3.

Larry, D., Peter, F., Ray, S. and Thiep, V., "Tourism's contribution to a state economy: a multi-regional general equilbrium analysis", *Tourism Economics, 9(4)*, 2003.

Oppermann, M. & Chon, K., *Tourism in Developing Country*, London: International Thomson Business Press, 1997, p. 109.

Gloria Guevara Manzo, *Travel & Tourism Economic Impact 2018 World*, London: WTTC, 2018.

Turner, L. & Ash, J., *The Golden Horde: International Tourism and the Pleasure Periphery*, New York: St Martin's Press, 1976, pp. 113~117.

ㄱ

개방형 자력갱생 94

개혁 · 개방 56, 58, 59, 72, 74, 76, 77,
   78, 80, 83, 85, 93, 176, 196

거주 · 이전의 자유 54

건축관광 202

경제개발구 27, 209, 211, 212, 213,
   214, 215, 216, 217, 218, 219, 220,
   221, 222, 223, 226, 231, 232

경제개발구법 211, 213, 214, 219,
   220, 221, 231, 232

경제에서의 자립 노선 87

경제의 심장(el turismo es el corazón
   de la economiá) 66

경제적 유발효과 38

경제특구 123, 125, 141, 142, 143,
   151, 179, 212, 213, 214, 217, 218,
   219, 220, 223, 231, 242

경화(hard currency) 62, 141

계획경제(planned economy) 19, 59,
   60, 67, 75, 87, 105, 107, 124, 140

고난의 행군 60, 133, 134, 140, 152,
   155, 156, 157, 159, 161, 167, 170,
   175, 176, 188, 190, 268, 270

고용유발계수 22, 42, 243, 246, 247,
   248

고용창출효과 42, 253, 269

고용효과 22, 38, 39

공업개발구 213, 214, 215, 217

관광 33, 34

관광 하부구조(Intrastructure) 51

관광개발구 20, 24, 27, 50, 197, 198,
　　213, 214, 215, 216, 217, 218, 222,
　　223, 224, 225, 254, 258, 269
관광개방 28, 52, 56, 58, 59, 66, 70,
　　74, 141, 151, 152, 157, 159, 162,
　　196, 211, 225, 258, 259, 269, 271
관광경영활동 106
관광비자 208
관광수출 23, 41
관광시설(Tourism Facilities) 45, 50,
　　51, 52, 65, 86, 198, 216, 242
관광자원(Tourism Resources) 24, 25,
　　36, 37, 43, 44, 45, 46, 47, 48, 50,
　　51, 52, 59, 70, 81, 202, 222, 237,
　　257
관광진흥법 35
관광행위 45, 52, 54, 115
국가경제발전 5개년 전략 191
국가관광총국 128, 129, 130, 131,
　　132, 155, 180, 199, 202, 205, 206,
　　207
국교정상화 68
국제분업 89, 92
국제청소년여행사 130, 207
굴뚝 없는 공장 38
금강산관광 24, 116, 157, 163, 168,
　　169, 170, 171, 172, 173, 174, 176,
　　178, 180, 181, 225, 234, 265, 268
금강산관광개발 의정서 170, 171

금강산관광회사 130
기능주의 173

ㄴ

나진·선봉 자유경제무역지대 141,
　　143, 145, 147
녹색시범구 213, 214, 216
농민시장(Mercados Agropecuarios) 63,
　　64
농업개발구 213, 214, 215, 217
농업협동화 97

ㄷ

대안의 사업체계 126, 127
도이머이(Doi Moi)정책 76, 77, 78,
　　85

ㅁ

마식령 속도전 229
매력성(Attractiveness) 43, 44, 50, 51,
　　52
모기장론 155
모기장식 개방 146, 217
무역외 수입 40
무형의 수출 40
민족공조 164, 168, 169, 170, 174,
　　264, 265, 268

ㅂ

부가가치유발계수 22, 42, 243, 246,
    247, 248
북중 관광협력 26, 175, 178, 179, 210,
    268, 270, 271
북중관광 152, 176, 180, 181, 210
불균형 성장(unbalanced growth)론 95
비동맹 국가 55, 117, 134

ㅅ

사상론 155
사회주의 관광산업 103, 104, 105,
    106, 107, 108, 109, 114
산업연관표 22, 24, 243, 244, 247
삼지연시 241, 254, 255, 256, 257,
    258, 259
삼지연시 꾸리기 258
생산유발계수 22, 243, 245, 246, 247,
    248
선군시대 49, 158, 159
선군정치 170
선행부문 96
세계관광기구(UNWTO) 34, 128, 131,
    268
세계여행관광협회(WTTC) 39, 81
세계청년학생축전(World Festival of
    Youth and Students) 133, 134, 136

수령공동체 154
수출가공구 213, 214, 215, 217
신(新)자력갱생론 94
신경제정책(New Economy Policy) 63,
    76, 77

ㅇ

아시아 · 태평양관광협회(PATA) 133
양덕온천문화휴양지 254
얼리 어답터(Early Adopter) 51, 203
오늘을 추억하리 158, 159, 162, 163
외국인 직접투자 65, 124, 146, 223,
    237
외국인기업법 144
외국인투자법 78, 85, 144
외래관광 28, 118, 119, 129, 194, 195,
    208, 264, 265, 270
외화가득률 40
외화관리법 144
외화와 바꾼 돈표 140
우리민족제일주의 164, 165, 166, 167,
    168, 169, 170, 174, 265, 268
원산갈마해안관광지구 20, 24, 71,
    197, 228, 230, 241, 254
원산-금강산 국제관광지대 투자대상
    안내서 28, 235, 242
원산-금강산관광지구 개발 총계획
    233

원산-금강산국제관광지대 20, 50,
  211, 214, 221, 223, 225, 226, 227,
  231, 232, 233, 234, 235, 236, 237,
  239, 240, 242, 243, 245, 247, 249,
  251, 252, 253, 254, 269
입지의존성 37

ㅈ

자력갱생 87, 88, 91, 92, 94, 155, 156,
  190, 231, 258, 259, 266
자립경제식 관광개발 254
자립적 민족경제건설 87, 89, 99, 100,
  114, 151, 152, 195
자유경제무역지대법 144
접근성(Accessibility) 50, 52
정상국가 21, 28, 70, 74, 84, 265, 270
조국방문단 103, 119
조선국제여행사 114, 117, 118, 120,
  130, 133, 206, 207
조선국제합영총회사 125
주체비료 93, 94, 187
주체섬유 93, 94, 187
주체철 93, 94, 187
중공업 우선발전 노선 86, 95, 96, 97,
  101, 264, 265
지령형 계획경제 체제 93
집단지도체제 84, 99

ㅊ

첨단기술개발구 213, 214, 216, 217
체제 우월성 21, 107, 195, 267, 270
체제선전관광 202

ㅋ

코메콘(COMECON) 62
쿠바모델 70, 71

ㅌ

토리첼리 법안 73
토지임대법 144
특수경제지대 212, 217, 221, 231

ㅍ

폐쇄경제 91, 266

ㅎ

합영법 92, 114, 121, 122, 123, 124,
  125, 126, 127, 128, 135, 142, 143,
  147, 174, 196, 265, 267
합영회사 123, 125, 126
합작법 123, 144
합작사업 121, 209
향수관광 181

헬름스－버튼 법안   73

현지지도   20, 191, 227, 228, 229, 230,
      254, 255, 256, 258

황금평－위화도경제지대법   179

회고관광   181

휴양관광단   103

2

21세기형 자력갱생   94

B

BOT방식   238, 239

O

ODA   79, 85

U

UNDP 두만강 유역 개발사업   143

장영주

동국대학교 대학원에서 북한학 박사학위를 받고 한국산업기술진흥협회
(KOITA)에 재직 중이다. 현재 중앙대학교 및 새로운 코리아 구상을 위
한 연구원(KNSI)에서 연구위원으로 참여하고 있으며, 북한 분야 언론
칼럼니스트로도 활동하고 있다.
북한의 산업과 과학기술 R&D 분야에 대한 연구에 집중하고 있으며, 남북
한의 산업 간 협력을 위한 상생 경제 생태계를 구축하는 것이 목표이다.
주요 연구 논문으로는 「북한의 '주체철' 현황과 산업적 의미(2018)」, 「북
한의 관광정책 변화 연구(2021)」 등이 있다.

dustin69@naver.com